UWE-HELMUT SCHNEIDER

Die Pflicht der Behörden zur Aktenvorlage im Strafprozeß

Schriften zum Prozessrecht

Band 16

Die Pflicht der Behörden zur Aktenvorlage im Strafprozeß

Von

Dr. Uwe-Helmut Schneider

DUNCKER & HUMBLOT / BERLIN

Alle Rechte vorbehalten
© 1970 Duncker & Humblot, Berlin 41
Gedruckt 1970 bei Alb. Sayffaerth, Berlin 61
Printed in Germany

Vorwort

Die Frage der Verpflichtung der Behörden zur Herausgabe von Beweisstücken, insbesondere von Akten, die vom Gericht für die Durchführung eines Strafverfahrens benötigt werden, hat bisher keine zusammenfassende Bearbeitung gefunden. Diese Lücke versucht die vorliegende Schrift auszufüllen. Dabei werden sowohl die Beziehungen zwischen der ersuchten Behörde und dem Gericht wie die prozessualen Auswirkungen einer verweigerten Vorlage behandelt.

Die Arbeit hat der Rechts- und Staatswissenschaftlichen Fakultät der Universität Freiburg i. Br. als Dissertationsschrift vorgelegen. Sie wurde im Januar 1970 abgeschlossen. Spätere Veröffentlichungen konnten nur noch, soweit mir das meine Tätigkeit an der Universität Edinburg erlaubte, berücksichtigt werden.

Meinem verehrten Lehrer, Herrn Professor Dr. Th. Würtenberger, und meinen Eltern bin ich für ihre ständige Förderung der Arbeit und ihre vielfachen Hinweise bei der Ausarbeitung zu tiefstem Dank verpflichtet. Ebenso danke ich Herrn Ministerialrat a. D. Dr. Johannes Broermann für seine freundliche Unterstützung bei der Drucklegung.

Edinburg, im April 1970   Uwe-Helmut Schneider

Inhaltsverzeichnis

Einleitung

A. *Einführung in die Problemstellung und Abgrenzung des Themas* .. 21

    I. Behördenakten als Beweismittel im Strafverfahren 21

   II. Abgrenzung und politische Bedeutung des Themas............ 21

        1. Die Beschränkung des Themas auf die Vorlage von Akten vor einem Strafgericht 21

        2. Die Aktenvorlage vor Behörden und das Einsichtsrecht in Behördenakten durch Privatpersonen 21

        3. Die Begrenzung der Aktenvorlagepflicht durch Geheimnisse, deren Schutz im öffentlichen Interesse liegt 22

        4. Die Begrenzung der Aktenvorlagepflicht durch private, rechtlich geschützte Geheimnisse 25

        5. Das Verhältnis der Aktenvorlagepflicht zur Auskunftspflicht gegenüber einem Strafgericht und zur Zeugnispflicht der Beamten etc. 26

        6. Die Aktenvorlagepflicht vor Gericht in anderen Verfahrensarten und die Notwendigkeit einer gleichartigen Auslegung 27

B. *Die historische Entwicklung der behördlichen Aktenvorlagepflicht* 28

    I. Urkundenbeweis und Behördenhilfe....................... 28

   II. 1. Behördenakten im römischen Strafprozeß 28

2. a) Der Urkundenbeweis im älteren deutschen Recht 29
      b) Die Pflicht zur Behördenhilfe vor dem 19. Jahrhundert und besonders im absolutistisch regierten Staat 30
      c) Die zunehmende Bedeutung von Urkundenbeweis und Behördenhilfe im 19. Jahrhundert..................... 30

  III. Zur Entstehungsgeschichte der §§ 94 ff., insbesondere des § 96 StPO 32

   1. Die Entstehungsgeschichte des 8. Abschnittes der StPO 32
   2. Die Reformentwürfe zur Frage der behördlichen Aktenvorlagepflicht nach Erlaß der StPO 33

Hauptteil

A. Das Ersuchen des Gerichts an eine Behörde um Vorlage ihrer Akten und die Entscheidung der ersuchten Behörde als doppelfunktionelle Prozeßhandlungen 34

   I. Das Vorlageersuchen und die Entscheidung der ersuchten Behörde als Prozeßhandlung 34

  II. Das Vorlageersuchen und die Entscheidung der ersuchten Behörde als Verwaltungshandlung............................ 36

  III. Die wechselseitige Abhängigkeit von prozeßrechtlicher und verwaltungsrechtlicher Zweckbeziehung 36

B. Die Pflicht der Behörden zur Vorlage ihrer Akten vor Gericht 37

(A) Die allgemeine Pflicht zur Herausgabe von Beweismitteln nach §§ 94 ff. StPO und ihr Verhältnis zur Beschlagnahmebefugnis des Gerichts 37

   I. Die Sicherstellung von Beweismitteln im allgemeinen 38

Inhaltsverzeichnis 9

    II. Die Herausgabepflicht von Privatpersonen 39

    III. Die Beschlagnahmebefugnis des Gerichts 39

    IV. Die Begrenzung der Beschlagnahmebefugnis.. 40

(B) Die Stellung des § 96 StPO zu §§ 94 f StPO, zu Art. 35 GG und zu den §§ 156 ff. GVG 41

    I. Die Herausgabepflicht von Privatpersonen und die Vorlagepflicht von Behörden 41

        1. Der Meinungsstand zur Rechtnatur des § 96 StPO 42

            a) § 96 StPO als ergänzende Regelung zu §§ 94 ff. StPO .. 42

            b) § 96 StPO als besondere Ausformung des Untersuchungsgrundsatzes 42

            c) § 96 StPO als selbständige Vorschrift, die Art. 35 GG näher bestimmt 43

        2. Rückschlüsse aus der Stellung des § 96 StPO auf seine Rechtsnatur 43

    II. Die behördliche Vorlagepflicht als Ausfluß der Pflicht zur Behördenhilfe 44

        1. innerhalb des Einheitsstaates 44

        2. im Bundesstaat 45

    III. Das Verhältnis von § 96 StPO zu §§ 156 ff. GVG 46

(C) Die Beschränkung der Amtshilfepflicht auf innerstaatliche Behörden 49

    I. 1. Nur innerstaatliche Behörden sind amtshilfepflichtig .. 49

        2. Ausländische Behörden mit Sitz im Geltungsbereich des Grundgesetzes 49

            a) Diplomatische Vertretungen 49

            b) Berufs- und Wahlkonsuln 50

II. Die Pflicht zur Amtshilfe im Verhältnis zu Behörden der DDR　　50

(D) Die nach Art. 35 GG, § 96 StPO herausgabepflichtigen Stellen ....　51

　　I. „Behörden" als herausgabepflichtige Subjekte ....　51

　　　　1. Umfassende Auslegung des Art. 35 GG ....　53

　　　　2. Umfassende Auslegung des Art. 35 GG auch im Verhältnis zwischen Bundes- und Landesbehörden sowie Behörden verschiedener Länder ....　54

　　　　3. Amtshilfe durch Behörden sonstiger juristischer Personen des öffentlichen Rechts..................................　54

　　　　4. Amtshilfe im Bereich der Leistungsverwaltung............　57

　　　　　　a) Leistungsverwaltung in privatrechtlicher Form ....　57

　　　　　　b) Amtshilfe im fiskalischen Bereich ....　59

　　　　　　c) Keine Amtshilfe bei erwerbswirtschaftlicher Betätigung der öffentlichen Hand............................　59

　　　　5. Keine Amtshilfe durch Kirchen ....　60

　　II. „Öffentliche Beamte" als herausgabepflichtige Subjekte ......　60

(E) Die Vorlagepflicht der gesetzgebenden Versammlungen und ihrer Ausschüsse ....　61

　　I. Die Vorlagepflicht von gesetzgebenden Versammlungen ......　61

　　　　1. Die Amtshilfepflicht der parlamentarischen Verwaltungen..　61

　　　　2. Keine direkte Anwendbarkeit von Art. 35 GG für gesetzgebende Versammlungen ....　62

　　　　3. Gründe für eine entsprechende Anwendung des Art. 35 GG　63

　　II. Die Hilfspflicht von Untersuchungsausschüssen ....　64

(F) Die zur Herausgabe zuständigen Behörden ....　65

Inhaltsverzeichnis

I. Die Herausgabepflicht von Beweismitteln durch den Gewahrsamsinhaber 65

II. 1. Die zur Amtshilfe zuständige Behörde 66

2. Die Herausgabepflicht des „öffentlichen Beamten" im Sinne des § 96 StPO 68

3. Keine Verfügungsgewalt der Behörden über private Gegenstände der Beamten 68

4. Kein Ersuchen um Gestattung der Verwertung, wenn Akten schon vorliegen 68

(G) Die für die Verweigerungserklärung zuständige oberste Behörde .. 69

I. Der Begriff der obersten Dienstbehörde 70

1. Die Dienstaufsicht 70

2. Die Organaufsicht 70

II. Die „oberste" Dienstbehörde bei obersten Bundes- und Landesbehörden 71

III. Die für die Verweigerungserklärung zuständige Stelle, wenn eine gesetzgebende Versammlung um Vorlage ersucht ist 72

(H) Akten und sonstige Gegenstände als Herausgabeobjekte 72

I. Keine Beschränkung der Amtshilfe auf bestimmte Objekte.... 72

II. Die entsprechende Anwendung von § 96 StPO auf sonstige Gegenstände 73

1. Der Begriff des Schriftstückes in § 96 StPO 73

2. Der Begriff der Urkunde in § 96 StPO 74

3. Der Begriff der Akten in § 96 StPO 75

(I) Die Art und Weise der Vorlegung 76

C. *Die Grenzen der Aktenvorlagepflicht* 77

(A) Die Begrenzung der Vorlagepflicht durch den Untersuchungszweck   77

   I. Die allgemeinen Grenzen der Amtshilfe   77

   II. Die Auswirkung der beschränkten gerichtlichen Aufklärungspflicht auf den Umfang der Amtshilfe   78

(B) Die Vorlage unter der Bedingung des Kostenersatzes   80

(C) Die Begrenzung der Vorlagepflicht durch Geheimnisschutz   83

   I. Der Verfolgungszwang und der Grundsatz der Öffentlichkeit des Strafverfahrens im Verhältnis zum Geheimnisschutz   83

   II. Zum Begriff „Wohl des Staates"   85

   III. Die Verweigerung der Aktenvorlage als Ermessensentscheidung   87

      1. Abgrenzung — Ermessen — unbestimmter Rechtsbegriff ..   88

      2. Das Wohl des Bundes oder eines deutschen Landes als unbestimmter Rechtsbegriff   88

      3. Die Vorlage bei überwiegendem Interesse der Wahrheitsfindung   89

(D) Die Geheimhaltungsinteressen der Allgemeinheit   91

   I. Der Begriff des „Wohl des Bundes oder eines deutschen Landes" in § 96 StPO   91

   II. Allgemeine Anhaltspunkte für das Vorliegen von rechtlich-geschützten Geheimhaltungsgründen   95

(E) Die einzelnen Geheimhaltungsgründe   97

   I. Geheimnisse, deren Schutz vornehmlich im öffentlichen Interesse liegt   97

      1. Geheimnisse, deren Bekanntwerden dem Staatsinteresse nachteilig ist   97

Inhaltsverzeichnis 13

    2. Verwaltungsgeheimnisse 99

    3. Das Wahlgeheimnis 100

    4. Das gerichtliche Beratungsgeheimnis 101

    5. Die Geheimhaltung der Personalakten 102

    6. Das Prüfungsgeheimnis 104

  II. Geheimnisse mit doppeltem Schutzcharakter................. 104

    1. Das Steuergeheimnis 105

    2. Sonstige bei der Verwaltung bekanntgewordene privaten Wirtschaftsgeheimnisse 107

    3. Der Schutz von Gewährsleuten 107

    4. Das Berufsgeheimnis des Arztes und des Rechtsanwalts als im Interesse des Staates geschütztes Geheimnis........... 109

(F) Der Schutz von privaten Geheimnissen 111

  I. Der Schutz der Privatsphäre nach Art. 2 I GG 111

  II. Der verfassungsrechtliche Schutz des ärztlichen Berufsgeheimnisses 113

  III. Zur Anwendbarkeit des § 96 StPO auf private bei einer Behörde hinterlegte Schriftstücke 115

  IV. Der Schutz des Postgeheimnisses und die Rechtsnatur des § 99 StPO 117

  V. Der fehlende Schutz sonstiger Privatgeheimnisse 117

(G) Die Vorlage unter der Bedingung der vertraulichen Benutzung.... 117

D. *Die Wirkung der Weigerungserklärung auf das Strafverfahren* 119

(A) Die wechselseitige Abhängigkeit von Amtshilfeverhältnis und Strafverfahren 119

(B) Die Verweigerungserklärung der obersten Dienstbehörde als Beweisverbot 120

    I. Der Begriff des Beweisverbots............................. 120

        1. Die Ansicht von Beling 121

        2. Die Ansicht von Peters 121

        3. Die Ansicht von Dünnebier 122

    II. Enthält § 96 StPO ein Verwertungsverbot? 122

        1. Verwertungsverbot bei wesentlich bekanntgewordenem Akteninhalt? 123

        2. Die nachträgliche Abgabe der Verweigerungserklärung 123

(C) Die sich aus der Verweigerungserklärung ergebenden Folgen für die Beweiswürdigung 124

    I. Unterliegt die Verweigerung der Aktenvorlage der Beweiswürdigung? 124

    II. Die Unzulänglichkeit des Grundsatzes „in dubio pro reo" 125

    III. Besteht ein prozessualer Anspruch auf Verwertung der Akten, nachdem diese ohne Beschränkung vorgelegt wurden? 126

(D) Die Wirkung der rechtswidrigen Verweigerung auf das Strafverfahren 127

    I. Die Verweigerung nach Bekanntwerden des Akteninhaltes .. 127

    II. Die Verweigerung vor der Verlesung 128

(E) Rechtsmittel des Gerichts gegen die Verweigerung der Aktenvorlage und die Beschlagnahme von Behördenakten 129

    I. Die verfahrensrechtliche Pflicht des Gerichts auf Beiziehung der Behördenakten 130

    II. Die Rechtsbehelfe 134

(F) Rechtsmittel der Staatsanwaltschaft und des Angeklagten gegen
die rechtswidrige Verweigerungserklärung 138

    I. Rechtsmittel der Staatsanwaltschaft 138

    II. Rechtsmittel des Angeklagten, des Nebenklägers etc........... 140

    III. Zusammenfassung der Teilergebnisse 141

Zusammenfassung der Ergebnisse   142

Literaturverzeichnis   147

Abkürzungsverzeichnis

a. A.	=	anderer Ansicht
a.a.O	=	an angegebenem Ort
abgedr.	=	abgedruckt
ABl.	=	Amtsblatt
Abs.	=	Absatz
a. E.	=	am Ende
a. F.	=	alte Fassung
AG	=	Aktiengesellschaft
amtl. Begr.	=	amtliche Begründung
AngVersG	=	Gesetz zur Neuregelung des Rechts der Rentenversicherung der Angestellten i. d. F. vom 23. 2. 1957
Anm.	=	Anmerkung
AO	=	Reichsabgabenordnung von 1919 i. d. F. vom 22. 5. 1931
AOK	=	Allgemeine Ortskrankenkasse
AöR	=	Archiv des öffentlichen Rechts
ArchPF	=	Archiv für das Post- und Fernmeldewesen
Art.	=	Artikel
AtomG	=	Gesetz über die friedliche Verwendung der Kernenergie und den Schutz gegen ihre Gefahren (Atomgesetz) vom 23. 12. 1959
Aufl.	=	Auflage
AußenwirtschaftsG	=	Außenwirtschaftsgesetz i. d. F. vom 28. 4. 1961
BABl	=	Bundesarbeitsblatt
BadFGG	=	Badisches Landesgesetz über die freiwillige Gerichtsbarkeit vom 13. 10. 1925
BArbG	=	Bundesarbeitsgericht
BaWü	=	Baden-Württemberg, baden-württembergisch
BaWüGemO	=	Gemeindeordnung für Baden-Württemberg vom 25. 7. 1955
BaWüLBG	=	baden-württembergisches Landesbeamtengesetz
BaWüStGHG	=	baden-württembergisches Gesetz über den Staatsgerichtshof vom 13. 12. 1954
BaWüVBl	=	baden-württembergisches Verwaltungsblatt
Bay.	=	Bayern, bayerisch
BayBgm	=	Der Bayerische Bürgermeister
BayGVBl	=	Bayerisches Gesetz- und Verordnungsblatt
BayLBG	=	Bayerisches Beamtengesetz i. d. F. vom 20. 12. 1966
BayObLGSt	=	Entscheidungen des Bayerischen Obersten Landesgerichts in Strafsachen
BayVBl	=	Bayerische Verwaltungsblätter
BayVGHE	=	Sammlung von Entscheidungen des Bayerischen Verwaltungsgerichtshofs mit Entscheidungen des Bayerischen Verfassungsgerichtshofs

BB	=	Der Betriebsberater
BBG	=	Bundesbeamtengesetz von 1953 i. d. F. vom 23. 10. 1961
Bd.	=	Band
BEG	=	Bundesgesetz zur Entschädigung für Opfer der nationalsozialistischen Verfolgung (Bundesentschädigungsgesetz) vom 29. 6. 1956
Begr.	=	Begründung
Bek.	=	Bekanntmachung
Beschl.	=	Beschluß
Bespr.	=	Besprechung
BFH	=	Bundesfinanzhof
BMF	=	Bundesministerium der Finanzen
BGB	=	Bürgerliches Gesetzbuch
BGBl	=	Bundesgesetzblatt
BGH	=	Bundesgerichtshof
BGHSt	=	Entscheidungen des Bundesgerichtshofs in Strafsachen
BGHZ	=	Entscheidungen des Bundesgerichtshofs in Zivilsachen
BK	=	Kommentar zum Bonner Grundgesetz
BMI	=	Bundesministerium des Innern
BRRG	=	Rahmengesetz zur Vereinheitlichung des Beamtenrechts (Beamtenrechtsrahmengesetz) von 1957 i. d. F. vom 22. 10. 1965
BT	=	Bundestag
BundeskindergeldG	=	Gesetz über die Gewährung von Kindergeld und Ausbildungszulage (Bundeskindergeldgesetz) vom 14. 4. 1964
BVerfG	=	Bundesverfassungsgericht
BVerfGE	=	Entscheidungen des Bundesverfassungsgerichts
BVerfGG	=	Gesetz über das Bundesverfassungsgericht vom 12. 3. 1951
BVerwG	=	Bundesverwaltungsgericht
BVerwGE	=	Entscheidungen des Bundesverwaltungsgerichts
BWahlG	=	Bundeswahlgesetz vom 7. 5. 1956
bzw.	=	beziehungsweise
DBG	=	Deutsches Beamtengesetz vom 26. 1. 1937
DDB	=	Der Deutsche Beamte
DDR	=	Deutsche Demokratische Republik
ders.	=	derselbe
dgl.	=	desgleichen
DieJ	=	Die Justiz, Amtsblatt des BaWü Justizministeriums
Diss. jur.	=	juristische Dissertation
DJ	=	Deutsche Justiz
DJZ	=	Deutsche Juristenzeitung
DÖV	=	Die Öffentliche Verwaltung
DRechtsZ	=	Deutsche Rechtszeitung
DRiZ	=	Deutsche Richterzeitung
Drucks. BT	=	Bundestagsdrucksache
DStRdsch	=	Deutsche Steuerrundschau
Dt. Juristentag	=	Deutscher Juristentag
DVBl	=	Deutsches Verwaltungsblatt

EALR	=	Einleitung zum allgemeinen Landrecht für die preußischen Staaten
EGGVG	=	Einführungsgesetz zum Gerichtsverfassungsgesetz vom 27. 1. 1877
Einl.	=	Einleitung
Entw.	=	Entwurf
EntwVerwVerfG	=	Musterentwurf eines Verwaltungsverfahrensgesetzes mit Begründung aus dem Jahre 1963
Erl.	=	Erlaß
ESVGH	=	Entscheidungssammlung des Hessischen Verwaltungsgerichtshofes und des Verwaltungsgerichtshofes Baden-Württemberg
etc.	=	und so weiter
Festschr.	=	Festschrift
FGG	=	Gesetz über die Angelegenheiten der freiwilligen Gerichtsbarkeit vom 20. 5. 1898
FinGO	=	Finanzgerichtsordnung vom 6. 10. 1965
FN	=	Fußnote
FinRdsch	=	Finanzrundschau
GA	=	Archiv für Strafrecht und Strafprozeßrecht, begründet von Goltdammer
GBO	=	Grundbuchordnung i. d. F. vom 5. 8. 1935
GeneralAnz	=	Generalanzeiger
GeschlKrG	=	Gesetz zur Bekämpfung der Geschlechtskrankheiten vom 23. 7. 1953
GeschO BT	=	Geschäftsordnung des Bundestages vom 1. 1. 1952
GeschO LT	=	Geschäftsordnung des Landtages
GG	=	Grundgesetz für die Bundesrepublik Deutschland vom 23. 5. 1949
GKG	=	Gerichtskostengesetz von 1878 i. d. F. vom 26. 7. 1957
GmbH	=	Gesellschaft mit beschränkter Haftung
GMBl	=	Gemeinsames Ministerialblatt
GVBl	=	Gesetz- und Verordnungsblatt
GVG	=	Gerichtsverfassungsgesetz von 1877 i. d. F. vom 12. 9. 1950
GWB	=	Gesetz gegen Wettbewerbsbeschränkungen i. d. F. vom 3. 1. 1966
Hess	=	Hessen, hessisch
HessFGG	=	hessisches Gesetz über die freiwillige Gerichtsbarkeit
HessVGH	=	Hessischer Verwaltungsgerichtshof
h. L.	=	herrschende Lehre
h. M.	=	herrschende Meinung
i. d. F.	=	in der Fassung
i. d. R.	=	in der Regel
i. R. d.	=	im Rahmen des
i. R. e.	=	im Rahmen eines
i. S. d.	=	im Sinne des
i. V. m.	=	in Verbindung mit
i. w. S.	=	im weiteren Sinn
JöR	=	Jahrbuch des öffentlichen Rechts der Gegenwart
JR	=	Juristische Rundschau
JuS	=	Juristische Schulung

JW	=	Juristische Wochenschrift
JZ	=	Juristenzeitung
KG	=	Kammergericht
Kom	=	Kommission
Komm.	=	Kommentar
krit.	=	kritisch
KStZ	=	Kommunale Steuerzeitschrift
KWG	=	Gesetz über das Kreditwesen i. d. F. vom 10. 7. 1961
LB	=	Lehrbuch
LBG	=	Landesbeamtengesetz
LebensmittelG	=	Gesetz über den Verkehr mit Lebensmitteln und Bedarfsgegenständen (Lebensmittelgesetz) von 1936 i. d. F. vom 21. 12. 1958
LG	=	Landgericht
LT	=	Landtag
LVG	=	Landesverwaltungsgericht
MDR	=	Monatsschrift für deutsches Recht
MinBl	=	Ministerialblatt
m. w. Nachw.	=	mit weiteren Nachweisen
NDBZ	=	Neue Deutsche Beamtenzeitung
Nds	=	Niedersachsen, niedersächsisch
NdsLBG	=	Niedersächsisches Landesbeamtengesetz i. d. F. vom 1. 6. 1967
NdsMinBl	=	Niedersächsisches Ministerialblatt
NdsRechtspflege	=	Niedersächsische Rechtspflege
n. F.	=	neue Folge
NJW	=	Neue Juristische Wochenschrift
NrhW	=	Nordrhein-Westfalen, nordrhein-westfälisch
NrhWLBG	=	Beamtengesetz für das Land Nordrhein-Westfalen
o.	=	oben
OLG	=	Oberlandesgericht
OVG	=	Oberverwaltungsgericht
OVGE	=	Entscheidungen der Oberverwaltungsgerichte für Nordrhein-Westfalen, Niedersachsen und Schleswig-Holstein
PolG	=	Polizeigesetz
Prot.	=	Protokoll
PrVBl	=	Preußisches Verwaltungsblatt
RdErl.	=	Runderlaß
Rdschr.	=	Rundschreiben
Ref.	=	Reform
Reg.	=	Regierung
RegBl	=	Regierungsblatt
RGSt	=	Entscheidungen des Reichsgerichts in Strafsachen
RiA	=	Das Recht im Amt
RiVASt	=	Richtlinien für den Verkehr mit dem Ausland in strafrechtlichen Angelegenheiten
RiStV	=	Richtlinien für das Strafverfahren
RJWG	=	(Reichs-)Jugendwohlfahrtsgesetz vom 9. 7. 1922 i. d. F. vom 11. 8. 1961
RMJ	=	Reichsministerium für Justiz
RN	=	Randnummer

RV 1871	=	Reichsverfassung von 1871
RVO	=	Reichsversicherungsordnung vom 19. 7. 1911 i. d. F. vom 15. 12. 1924 mit zahlreichen Änderungen
S.	=	Seite
SGG	=	Sozialgerichtsgesetz von 1953 i. d. F. vom 23. 8. 1958
s.	=	siehe
STA	=	Staatsanwaltschaft
staatl.	=	staatlich
StGB	=	Strafgesetzbuch von 1871 i. d. F. vom 25. 6. 1968
StPO	=	Strafprozeßordnung von 1877 i. d. F. vom 17. 9. 1965
str.	=	streitig
tw	=	teilweise
UnterhaltssicherungsG	=	Bundesgesetz über die Sicherung des Unterhalts der zum Wehrdienst einberufenen Wehrpflichtigen und ihrer Angehörigen von 1957 i. d. F. vom 31. 5. 1961
Urt.	=	Urteil
u. U.	=	unter Umständen
VA	=	Verwaltungsakt
VereinhG	=	Gesetz zur Wiederherstellung der Rechtseinheit i. d. F. vom 20. 9. 1950
VerwArch	=	Verwaltungsarchiv
VG	=	Verwaltungsgericht
VGH	=	Verwaltungsgerichtshof
vgl.	=	vergleiche
Vorb.	=	Vorbemerkung
VVdStRL	=	Veröffentlichungen der Vereinigung der Deutschen Staatsrechtslehrer
VwGO	=	Verwaltungsgerichtsordnung vom 21. 1. 1960
WHG	=	Gesetz zur Ordnung des Wasserhaushalts i. d. F. vom 27. 7. 1957
WRV	=	Verfassung des Deutschen Reiches vom 11. 8. 1919
z. B.	=	zum Beispiel
ZBR	=	Zeitschrift für Beamtenrecht
Ziff.	=	Ziffer
ZPO	=	Zivilprozeßordnung vom 30. 1. 1877 mit zahlreichen Änderungen
ZStW	=	Zeitschrift für die gesamte Strafrechtswissenschaft
ZStWiss	=	Zeitschrift für die gesamte Staatswissenschaft
ZuSEG	=	Gesetz über die Entschädigung von Zeugen und Sachverständigen i. d. F. vom 26. 9. 1963
zust.	=	zustimmend
ZZP	=	Zeitschrift für Zivilprozeß

Einleitung

A. Einführung in die Problemstellung und Abgrenzung des Themas

I. Eine der entscheidenden Aufgaben des Strafverfahrens ist festzustellen, ob der gegen einen Beschuldigten erhobene Vorwurf wahr ist und damit die Voraussetzungen einer Bestrafung vorliegen. Diese Klärung des Sachverhalts darf sich jedoch nicht auf die willkürlichen Zugeständnisse der Parteien beschränken. Vielmehr hat das Gericht unter Heranziehung aller möglichen Beweismittel zu erkunden, was der Wirklichkeit entspricht (Untersuchungsgrundsatz); denn Verurteilungsgrundlage darf nur sein, was das Gericht als wahr erkannt hat.

Diese Überzeugung vom Vorliegen einer Tatsache kann sich das Gericht durch persönliche Beweismittel (Beschuldigte, Zeugen etc.) beschaffen. Sachliche Beweismittel aber — Augenschein- und Urkundenbeweis — sind infolge ihres objektiven Charakters sicherer und zuverlässiger. Ein Gericht wird daher stets bestrebt sein, derartige Beweismittel heranzuziehen. Zu diesen sachlichen Beweismitteln gehören auch Schriftstücke und Akten, die von Organen des Staates angelegt oder zumindest in dessen amtlicher Verwahrung sind. Dabei kann ihre Vorlage und Verwendung im Einzelfall von großer Bedeutung für den Ausgang des Verfahrens sein.

II. 1. Die vorliegende Untersuchung beschränkt sich auf die Bedeutung von behördlichen Akten für das Gericht. Berücksichtigt wird die Stellung der Staatsanwaltschaft — soweit diese zur Ermittlung auf amtliche Schriftstücke angewiesen ist — nur in dem Umfang, in dem dies mit der Fragestellung nach der Vorlage vor Gericht zusammenhängt.

2. Scharf zu trennen sind: die Aktenvorlage, um die Behörden untereinander ersuchen und die Aktenvorlage gegenüber einer Privatperson (Einsichtsrecht). Die Strafgerichte sind ebenso wie die ersuchte Behörde Organe desselben Gemeinwesens, oder sie stehen doch zumindest, verbunden durch besondere öffentlich-rechtliche Treue- und Loyalitätspflichten, auf derselben Rangstufe, wobei Art. 35 GG eine selbständige Pflicht zur gegenseitigen Behördenhilfe verfassungsrechtlich verankert hat.

Dagegen bildet die Frage nach einer Einsichtsmöglichkeit in Behördenakten durch eine Privatperson hier nur ein Randproblem zum Hauptgegenstand. Der einzelne Bürger, der auf Grund eines Antrags auf Akteneinsicht zu einer Behörde in Beziehung getreten ist, etwa um Anhaltspunkte für seine Entlastung als Angeklagter zu finden, steht dieser nicht gleichgeordnet gegenüber. Zwischen beiden: Behörde und Bürger, besteht vielmehr im Regelfall ein Verhältnis der Über- und Unterordnung. Soweit sich nicht aus besonderen Vorschriften ein Recht auf Akteneinsicht ergibt, steht es im Ermessen der Behörde, ob sie Einsicht gewähren will oder nicht[1].

3. Dem Gericht oder den Beteiligten am Strafverfahren Behördenakten vorzulegen, kann sowohl dem Interesse des Gemeinwesens wie dem eines einzelnen Unbeteiligten oder dem des Beschuldigten an der Geheimhaltung des Akteninhalts zuwiderlaufen. Das führt zu der materiellen Frage, inwieweit andere Behörden zur Unterstützung der Gerichte verpflichtet sind und auf der anderen Seite, wie es sich auf das Verfahren auswirkt, wenn auf behördliche Akten verzichtet werden muß.

§ 96 StPO gibt den Behörden die Möglichkeit, die Herausgabe von Akten oder von anderen in amtlicher Verwahrung befindlichen Schriftstücken zu verweigern, wenn das Bekanntwerden des Inhalts dieser Akten oder Schriftstücke dem Wohl des Bundes oder eines deutschen Landes Nachteile bereiten würde. Das gilt, gleichgültig, ob das Gericht lediglich die „Vorlegung" der Akten bei der ersuchten Behörde begehrt oder aber die „Auslieferung", d. h. die Übersendung an sich. Maßstab für die Verweigerung nach § 96 StPO ist lediglich, daß das Bekanntwerden das Wohl des Bundes oder eines deutschen Landes beeinträchtigen würde. Was aber ist unter dem Wohl des Bundes oder eines deutschen Landes zu verstehen? Woraus läßt sich ein Maßstab zur Bestimmung dieser vagen Begrenzung entnehmen?

Die Auslegung dieser allenthalben wiederkehrenden Begriffe „Wohl des Bundes oder eines deutschen Landes", „Allgemeinwohl", „öffentliches Wohl" etc. ist in den Mittelpunkt der gegenwärtigen wissenschaftlichen Diskussion gerückt[2].

Diese Arbeit will hierzu einen Beitrag leisten, soweit es um den Begriffsinhalt des § 96 StPO geht.

[1] Für viele: Wolff, 3. Bd. S. 243 m. zahlreichen w. Nachw. (str.).
[2] Vgl. z. B. die 36. Staatswissenschaftliche Tagung in Speyer vom 3. bis 5. April 1968 mit dem Generalthema „Wohl der Allgemeinheit und öffentliche Interessen"; s. dazu den Bericht von Rüggeberg, DVBl 1968, 631 ff. Die dort gehaltenen Vorträge wurden in der Schriftenreihe der Hochschule Speyer 39. Bd. veröffentlicht.
Eine zusammenfassende Darstellung des gegenwärtigen Standes der Diskussion und der Entwicklung der Rechtsprechung befindet sich bei Martens, S. 173 ff., und Häberle, AöR 95. Bd. (1970), S. 86, m. w. Nachw.

A. Einführung in die Problemstellung und Abgrenzung des Themas 23

Die Folgen dieser noch fehlenden schärferen Bestimmtheit sollen hier beispielhaft aufgezeigt werden: Die weite Fassung des § 96 StPO und die dadurch geschaffenen Ablehnungsmöglichkeiten tragen die Gefahr in sich, daß lediglich aus untergeordneten Belangen die Auslieferung verweigert wird, wodurch der Rechtspflege im allgemeinen wie einem Beschuldigten im besonderen in seiner Verteidigung schwerwiegende Nachteile entstehen können; schlimmer noch: Minister oder Beamte können unter dem Vorwand des Staatsnutzens Akten oder Aktenteile zurückhalten, deren Bekanntwerden ihren persönlichen Belangen oder denen ihrer Partei zuwiderlaufen oder gar eigene Unregelmäßigkeiten aufdecken würden. Die große Gegenwartsbezogenheit dieses Problems wird jedem offenbar sein, der die Tagespresse der letzten Jahre aufmerksam verfolgt hat, mehr noch, Erfahrungen aus einem nicht weit zurückliegenden deutschen geschichtlichen Zeitabschnitt müssen uns vor Augen stehen, als die weite Formulierung von Gesetzen der pseudorechtlichen Absicherung staatlicher Willkür diente.

Einige wenige Vorfälle der jüngeren Vergangenheit sollen hier anstelle weiterer stehen und die über die rechtlichen Fragen hinausgehende mögliche politische Bedeutung der aufgezeigten Problemlage veranschaulichen.

a) Der Direktor des Landtags von Baden-Württemberg K. war wegen Untreue, Geheimnisbruch und Urkundenbeseitigung im Amt vor der Großen Strafkammer in Stuttgart angeklagt. Zur Klärung der einzelnen Vorgänge begehrte der Vorsitzende der Strafkammer die Herausgabe des Wortprotokolls über die 23. Sitzung des Ältestenrats vom 18. Juni 1957. Die Vorlegung wurde jedoch vom Präsidenten des Landtags von Baden-Württemberg unter Hinweis auf § 96 StPO versagt, woraufhin der auf Beiziehung des Protokolls gerichtete Beweisantrag des Verteidigers des Angeklagten als unzulässig abgelehnt wurde.

Die Revision des Angeklagten K. gegen das landgerichtliche Urteil rügt die Verweigerung der Vorlage durch den Landtagspräsidenten als unzulässig, weil dieser keine oberste Dienstbehörde i. S. d. § 96 StPO sei[3].

b) Das Amtsgericht in Lohr fahndete nach einem Brief, weil ein Oberlehrer gegen den Verfasser des Briefes Privatklage eingereicht hatte. Dieser Brief, der grobe und böswillige Verleumdungen enthalten sollte, war von dem Adressaten, der Landesleitung der Christlich-Sozialen Union in München, dem bayerischen Kultusministerium vorgelegt worden und hatte zur Versetzung des Oberlehrers geführt. Aus dem Kultusministerium erhielt das Amtsgericht jedoch am 27. Juli 1965 den Be-

---

[3] BGH Urt. vom 23. März 1965 (1 StR 549/64) tw. abgedr. in BGHSt 20, 189; vgl. auch den unten S. 98 genannten Fall.

scheid, daß „das Schriftstück nicht mehr vorliege". Bemühungen von Mitgliedern des bayerischen Landtags zur Wiederauffindung des Briefes blieben ohne Erfolg. Es war aber nicht anzunehmen, daß vom Ministerium Amtshandlungen veranlaßt wurden, ohne daß sich die Unterlagen in den Akten befanden. Es ergab sich daher für das Amtsgericht die Frage, ob ein Beschlagnahmebeschluß gegenüber dem Kultusministerium möglich war[4].

Wo endet die gerichtliche Aufklärungspflicht, wo beginnt die Pflicht der Verwaltung, Akten oder Teile derselben zurückzuhalten, damit dem Gemeinwesen kein schwerwiegender anderer Schaden entsteht?

Justiz und Verwaltung berühren, beeinträchtigen sich hier in ihrer Aufgabenerfüllung. Es treffen aufeinander: einerseits

— das öffentliche Interesse an der Abwehr und Verfolgung von Straftaten und die Pflicht der Gerichte zur Erforschung der Wahrheit, verbunden mit

— dem Recht des Angeklagten auf rechtliches Gehör und dem Grundsatz der Öffentlichkeit der Hauptverhandlung

und andererseits:

— der gegebenenfalls gebotene Geheimnisschutz von bestimmten Verwaltungsvorgängen.

Die Erforschung der Wahrheit in Strafverfahren ist wichtiges Ziel, aber dieses darf nicht um jeden Preis verfolgt werden, wenn dadurch der Staat durch Preisgabe seiner Geheimnisse sich selbst und damit die Gemeinschaft aller Bürger gefährden würde, selbst wenn es — wie im Strafverfahren — um die Durchsetzung und den Schutz sozialethischer Werte geht.

Aus dem Prinzip der Trennung der Gewalten die grundsätzliche Verneinung der Herausgabepflicht herzuleiten, wäre aber eine petitio principii. Das Prinzip der Trennung der Gewalten bedeutet nicht, daß eine Behörde nicht zur Hilfeleistung einer anderen Behörde verpflichtet sein kann, wie Art. 35 GG beweist, sondern nur, daß sie sich nicht in die Entscheidungsbefugnisse der anderen einmischen soll. Die Verwaltungsbehörde soll hier nur die Entscheidung des Gerichts unterstützen, sie ermöglichen, von einer Verlagerung der Entscheidungszuständigkeit kann keine Rede sein.

---

[4] Die Welt vom 13. 12. 1965: „Der Verdacht einer Verschleierung liegt nahe". Im Rahmen eines NS-Ermittlungsverfahrens gegen Michalsen u. a. haben ein Kieler und zwei Hamburger Staatsanwälte neuerdings im Innenministerium von Schleswig-Holstein Akten beschlagnahmt, nachdem deren Vorlage verweigert worden war, s. Der Spiegel, vom 19. 5. 1969, Heft Nr. 21 S. 58, vgl. auch unten S. 48.

A. Einführung in die Problemstellung und Abgrenzung des Themas 25

Es gilt daher, nähere Anhaltspunkte für einen Ausgleich zu finden einmal zwischen dem Staat, dem das Recht und die Pflicht zur Strafverfolgung und folglich auch der Wahrheitsfindung obliegen, sowie dem Interesse des einzelnen Bürgers bei seiner Verteidigung und auf der anderen Seite dem Staat als Wahrer des Gemeinwohls, das im Einzelfall die Geheimhaltung erfordern kann[5].

4. Die Beschränkung der Herausgabepflicht und der gerichtlichen Beschlagnahmebefugnis ist genauer gefaßt, soweit es um Beweismittel geht, die sich im Gewahrsam von Privatpersonen befinden (§§ 95 Abs. 2, 97 StPO). Daran zeigt sich, daß der Gesetzgeber die Wahrheitsermittlung nicht als oberstes Gebot ansah, denn sie findet ihre Beschränkung in zum Teil verfassungsrechtlich garantierten Rechten des Angeklagten und Dritter. Neben das mehr formelle Problem der Durchführbarkeit der Aktenvorlage im Verhältnis von Justiz und Verwaltung tritt daher die materielle Frage nach dem Schutz der Beteiligten vor Eingriffen des Staates in ihre verbürgten Rechte. Mag auch das Bekanntwerden des Akteninhalts für das Wohl der Allgemeinheit ohne Belang sein, für den Einzelnen kann dies schwerwiegende Folgen haben.

Die sich hierbei überlagernden Interessen sind zahlreich:
— die Notwendigkeit für das Gericht, in öffentlicher Verhandlung die erforderlichen Beweise zu erheben,
— die Möglichkeit für den Angeklagten, sich zu verteidigen,
— der Schutz des Angeklagten und unbeteiligter Dritter davor, daß nicht ihr gesamtes Individualleben, ihre gesamte Privatsphäre an die Öffentlichkeit gezerrt wird.

Das Bestehen eines solchen eigenen privaten, gegenüber staatlichen Eingriffen grundrechtlich geschützten, Lebensbereiches ist allgemein anerkannt (Art. 1, 2 GG). Es zeigt sich im Strafprozeß in Vorschriften wie den genannten §§ 95 Abs. 2, 97 sowie §§ 52 ff. StPO.

Das Strafverfahren ist folglich in seiner Zuordnung zu anderen sittlichen und rechtlichen Werten und besonders im Verhältnis zur verfassungsrechtlichen Rangordnung zu sehen. Einen Grundsatz, „daß die Wahrheit um jeden Preis erforscht werden müßte", gibt es nicht[6].

Eine solche Beschränkung der Wahrheitsaufklärung steht im Gegensatz zu der noch von *Beling* vertretenen Auffassung der grundsätzlich unbeschränkten gerichtlichen Ermittlungspflicht[7]. Sie ist auf die heute allgemein vertretene, die Persönlichkeit, insbesondere die Gewissens- und Entscheidungsfreiheit schützende Betrachtungsweise der Rechts-

---
[5] Vgl. zur selben Problematik bei § 99 VwGO: die amtliche Begründung, BT-Drucksache 55, 3. Wahlperiode S. 41.
[6] BGHSt 14, 365. Ähnlich: Peters, LB S. 253; Kleinknecht, NJW 1966, 1537.
[7] Beling, Beweisverbote S. 2; so noch: Sauer, JR 1949, 501.

ordnung zurückzuführen, wie sie durch die Wertung und die hervorragende Betonung der Grundrechte im Grundgesetz vorgeschrieben ist[8]. Diese unmittelbare verfassungsrechtliche Beschränkung der Wahrheitsermittlung kann aber nicht ohne Auswirkungen bleiben, wenn es um das Verhältnis des Strafgerichts zu anderen Behören geht.

Vielmehr verlangen das einerseits immer tiefere Eindringen staatlicher Verwaltung in die Privatsphäre des Einzelnen und andererseits deren verstärkter verfassungsrechtlicher Schutz, daß die Beziehungen zwischen den einzelnen Behörden — hier zum Strafgericht — neu durchdacht werden und untersucht wird, wieweit auch private Geheimhaltungsinteressen die Vorlage behördlicher Akten vor Gericht hindern können.

5. Die Beschränkung der Vorlagepflicht ist schließlich im Zusammenhang zu sehen mit dem Erfordernis einer Genehmigung zur Aussage für Richter, Beamte oder andere Personen des öffentlichen Dienstes, die als Zeugen vernommen werden sollen, § 54 StPO.

Zur Geheimhaltung genügt nämlich nicht allein, daß die Schriftstücke, deren Geheimhaltung die Behörde für notwendig hält, nicht einsehbar sind, sondern es muß hinzukommen, daß nicht beliebig Auskünfte erteilt werden und Beamte nicht nach außen tragen, was sie im Dienst erfahren haben. Was nützt die Zurückhaltung von Schriftstücken, wenn der Beamte, der sie kennt, doch über deren Inhalt als Zeuge aussagt. Die Beschränkung der Offenbarungspflicht nur in einer Hinsicht würde völlig ihren Sinn verfehlen, wenn auf andere Weise doch der betreffende Gegenstand bekannt werden könnte.

Grundsätzlich obliegt jedem Beamten daher die Pflicht zur Amtsverschwiegenheit, die sich aus seiner Treuepflicht gegenüber dem Dienstherrn herleitet und die als hergebrachter Grundsatz des Berufsbeamtentums angesehen wird[9]. Sie hat im geltenden Recht ihre Regelung in § 61 f. BBG, § 39 BRRG und in den Beamtengesetzen der Länder gefunden. Zur Verschwiegenheit verpflichtet ist der Beamte hinsichtlich aller Angelegenheiten seines gesamten Dienstbereiches. Zur Aussage vor Gericht kann jedoch die Aussagegenehmigung nur unter den engen in § 54 StPO i. V. m. den entsprechenden Vorschriften in den Beamtengesetzen genannten Voraussetzungen versagt werden.

Auch besteht für Behörden keine materiell-rechtliche Verpflichtung auf Auskunftserteilung an Privatpersonen; ebensowenig gibt es ein allgemeines Recht auf Akteneinsicht[10]. Dagegen folgt für Behörden zum

---

[8] Peters, Gutachten S. 93; Würtenberger, Geistige Situation S. 30 f.; Habscheid, S. 853; Rupp, Gutachten S. 170 ff.
[9] v. Mangoldt-Klein, Art. 33 GG Anm. VII 3 d 6.
[10] HessVGH v. 24. 8. 1961, DÖV 1962, 757; Wolff, 1. Bd. S. 257; 3. Bd. S. 242; Perschel, JuS 1966, 233 Anm. 21 ff. m. w. Nachw.

A. Einführung in die Problemstellung und Abgrenzung des Themas

Zweck der gegenseitigen Unterstützung ein solches Auskunftsrecht aus dem Recht auf Behördenhilfe. Wo ihre Grenzen liegen, ist jedoch gesetzlich nicht geregelt[11].

Da alle Geheimhaltungsmittel auf ein gemeinsames Ziel ausgerichtet sind, stehen sie in einer Wechselbeziehung. Beweis über eine bestimmte Tatsache kann durch Beiziehung von Akten einer Behörde, u. U. durch behördliche Auskunft, wie durch Vernehmung des zuständigen Sachbearbeiters erhoben werden.

Die Anwendung der Geheimhaltungsmittel sollte daher an die gleichen Bedingungen geknüpft sein, da andernfalls das eine durch das andere unterlaufen werden könnte. Das gilt jedoch nur soweit, wie nicht die Einschränkung eines Geheimhaltungsmittels wenigstens teilweise das Aufklärungsbedürfnis befriedigt. So kann bei einer geheimen Akte unter Umständen ein Beamter, der den Inhalt kennt, doch über die Teile Auskunft geben, für die kein Geheimhaltungsinteresse besteht[12].

Für die Begrenzung der behördlichen Vorlagepflicht müssen sich daher Anhaltspunkte für die jeweilige Auslegung auch in den sich inhaltlich ergänzenden Regelungen über die Erteilung einer Aussagegenehmigung für Beamte finden lassen.

6. Ähnliche Vorschriften wie § 96 StPO sind auch in die neueren Verfahrensordnungen des BVerfGG (§§ 26 Abs. 2, 27), der VwGO (§ 99), des SGG (§ 119) und der FinGO (§ 86) aufgenommen. Im Gegensatz zu der dem Umfang nach bescheidenen Rechtsprechung zu § 96 StPO finden sich zu den entsprechenden Vorschriften jedoch bereits zahlreiche gerichtliche Erkenntnisse[13]. Dasselbe gilt für wissenschaftliche Untersuchungen.

Diese an sich überraschende Feststellung ergibt sich aus doppeltem Grund: Schon aus der Natur des Verfahrens versteht sich, daß im Verwaltungsstreitverfahren behördliche Schriftstücke viel häufiger, ja regelmäßig als Beweismittel in Frage kommen, wobei die Behörden als Beteiligte eher geneigt sind, diese zurückzuhalten.

Hinzu kommt, daß es im Strafverfahren im Gegensatz zur VwGO (§ 99 Abs. 2) an einer besonderen Regelung darüber fehlt, ob die Ver-

---

[11] Vgl. über eine entsprechende Anwendung von § 96 oder § 54 StPO: Düwel, S. 38 ff. m. w. Nachw.
[12] Zu weitgehend, daher Düwel, S. 37.
[13] Anstelle vieler: BVerwG vom 7. 6. 1956, NJW 1956, 1493; OLG Düsseldorf vom 8. 1. 1957, DVBl 1957, 215; BaWü VGH vom 29. 3. 1961, BaWüVBl 1961, 75; OVG Münster vom 20. 10. 1961, DÖV 1963, 771; VG Köln vom 23. 3. 1962, DVBl 1962, 606; BVerwG Beschl. vom 9. 11. 1962, DÖV 1963, 154; LG Bonn vom 24. 5. 1965, JZ 1966, 33; OVG Münster vom 22. 6. 1965, DÖV 1965, 859.
Vgl. im übrigen auch die im Folgenden zitierten Entscheidungen.

28 A. Einführung in die Problemstellung und Abgrenzung des Themas

weigerungserklärung nachprüfbar ist. Das hat zur Folge, daß nur selten ein gerichtlicher Ausspruch hierüber vorliegt.

Es bietet sich jedoch an zu untersuchen, bis zu welchem Grad sich die gesetzlichen Ausgestaltungen in den einzelnen Prozeßordnungen entsprechen, wieweit sich gerichtliche und wissenschaftliche Erkenntnisse aus anderen Verfahrensarten auf das Strafverfahren übertragen lassen, bzw. wieweit gerade die Eigenart des Strafverfahrens besonderer Ausformung des Vorlagevorgangs bedarf.

B. Die historische Entwicklung der behördlichen Aktenvorlagepflicht

I. Die Entwicklung der Aktenvorlagepflicht der Behörde in den einzelnen Abschnitten der Strafverfahrensgeschichte hing im wesentlichen von der jeweiligen Stellung zu zwei Problemen ab: einmal, welchen Wert man den Urkunden als Beweismittel zumaß, und zum zweiten, ob man Behörden zu Unterstützungshandlungen zu Gunsten des Gerichts, d. h. zur Herausgabe von Urkunden, als verpflichtet ansah; war man dem Urkundenbeweis gegenüber zurückhaltend, so kam es im Zweifel auf eine Pflicht zur Behördenhilfe weniger an.

II. 1. Nach dem im *römischen Strafprozeßrecht* geltenden Akkusationsprinzip war der Angeklagte nicht verpflichtet, Urkunden vorzulegen, die gegen ihn verwendet werden konnten; denn derjenige, der Anklage erhob, mußte die erforderlichen Beweise haben[1], und zu einer Verurteilung kam es nur dann, wenn das Gericht nach freier Beweiswürdigung von der Schuld des Angeklagten überzeugt war[2].

Anders war die Rechtslage hinsichtlich der Akten, die sich im Besitz Dritter, des Fiskus oder des Staates befanden. Eine Editionspflicht Dritter wurde aus der allgemeinen Zeugnispflicht abgeleitet[3]. Da dem Urkundenbeweis im römischen Prozeßrecht besondere Bedeutung zukam, versuchte man in einem streitigen Verfahren, sich auf Schriftstücke zu stützen[4].

---

[1] Codex Justinianus 2, 1, 4; vgl. dagegen Cicero pro Cluentio 30, 82; Broggini S. 379 f.
[2] Mommsen, S. 400; Kaser, S. 283, 389; Digesta, 48, 19, 5; Digesta, 22, 5, 3, 2; Digesta, 22, 5, 21, 3.
[3] Const. 22, 1, 4, 21.
[4] Kaser, S. 389; Geib, S. 352, 643 f.

B. Die historische Entwicklung der behördlichen Aktenvorlagepflicht 29

Im Zivilprozeß wurden zu diesem Zweck von behördlichen Akten Abschriften gegeben unter der Bedingung, daß sie nicht gegen den Fiskus oder den Staat verwendet wurden[5].

Im Strafprozeß konnte der zuständige Richter Amtpersonen die Vorlage der öffentlichen Zivil- wie Strafakten aufgeben, damit sie zur Erforschung der Wahrheit eingesehen werden konnten[6]. Die Berechtigung, die Vorlage der amtlichen Aufzeichnungen der Municipalbehörden und deren Archive zu verlangen, stand auch dem Ankläger zu[7], dagegen hatte der Angeklagte dieses Recht nicht[8].

2. a) Im älteren deutschen Recht galt ein formales Beweissystem, das erst allmählich unter dem Einfluß fremder Rechte, insbesondere des italienischen Prozeßrechts, im 16. Jahrhundert durch eine natürliche Beweisauffassung verdrängt wurde[9].

Vor dem 16. Jahrhundert findet sich wenig über die Vorlage von Urkunden. Die gemeinrechtliche Lehre des 16. und des sich anschließenden Jahrhunderts befaßt sich mit dem Beweismittel der Urkunde, soweit dies überhaupt geschah, im Regelfall nur unter dem Gesichtspunkt der Beweiswürdigung, nicht aber mit deren Vorlagepflicht durch den Bürger oder durch staatliche Stellen.

So regelt das canonische Recht zwar die Erfordernisse einer Urkunde, damit sie als Beweismittel herangezogen werden konnte[10], Gerichtsordnungen wie etwa die *Constitutio Criminalis Carolina* enthalten dagegen nichts über deren Vorlage und Beweiskraft. Ebensowenig befassen sich die älteren landesrechtlichen Kriminalordnungen mit dem Urkundenbeweis; eine Ausnahme hinsichtlich der Beweiswürdigung bildet nur die *bayerische Malefizordnung von 1616*[11], die jedoch gleichfalls betonte, daß eine „Übeltat" durch Urkunden nicht hinreichend bewiesen werden könne. Der Grund lag darin, daß man die Urkunden nicht als besondere Beweismittel ansah, weil diese keine selbständige Beweiskraft hatten[12].

---

[5] Digesta 49, 14, 45, 6.
[6] Codex Justinianus 2, 1, 2, Is apud quem res agitur, acta publica tam criminalia quam civilia exhiberi inspicienda ad investigandam veritatis fidem iubebit.
[7] Cicero in Verrem, 4, 63, 140.
[8] Mommsen, S. 419.
[9] Krause, S. 7 ff., sowie S. 88; Brunner — v. Schwerin, 2. Bd. S. 560 ff.
[10] C. II. X. de probat.
[11] Titel IV. Art. 3; C. J. A. Mittermaier, S. 384 f.; Spangenberg, S. 5; Schoetensack, S. 49.
[12] Vgl. etwa: Oester. Gesetzbuch von 1803 II. Teil Art. 262 Buchst. e; J. Mittermaier, S. 341; i. d. S. auch noch C. J. A. Mittermaier, S. 135.

b) Für die fehlende besondere Regelung hinsichtlich der Vorlage von Akten anderer Gerichte oder Verwaltungsbehörden kam aber noch ein weiterer Grund hinzu. Nicht nur der Beweiswert von Urkunden war gering; sondern in einem Staat, in dem Verwaltungs- und Gerichtsorgane wenig gegliedert sind, kommt der Frage des planmäßigen Zusammenwirkens innerhalb des Behördensystems nur untergeordnete Bedeutung zu, anders wie in dem heutigen Staat mit seinen unzähligen Behörden und Amtsstellen mit abgegrenzten Zuständigkeitsbereichen. Personen gegenüber aber, die sich im Besitz von Beweisgegenständen befanden, hielt sich der Inquisitionsrichter ohnehin für befugt, die Herausgabe zu erzwingen, so daß es einer Sonderregelung für Urkunden nicht bedurfte[13].

In einem absolutistisch regierten Staat war die gesamte Verwaltung und Rechtsprechung zudem so auf den Herrscher hin ausgerichtet, daß ein Organ nicht die Behördenhilfe hätte verweigern können, wenn nicht gerade die Treuepflicht dem Monarchen gegenüber und die Staatsräson dies erfordert hätten[14].

Allerdings findet sich auch keine ausdrückliche gemeinrechtliche Vorschrift, nach der Staatsbeamte dem Richter gegenüber das Zeugnis verweigern konnten, weil dies gegen das Gemeinwohl verstoßen hätte[15]. Daß die Staatsräson im absolutistisch regierten Staat zur Verweigerung der Aktenvorlage und im entsprechenden Fall einen Beamten zur Verweigerung des Zeugnisses gleichwohl berechtigte, wird man aber angesichts des Verhältnisses zum Monarchen annehmen können.

c) Erst allmählich mit dem Zugeständnis an den Richter, daß er die Beweise frei würdigen konnte, wurde das Verfahren der Vorführung der Beweismittel im Prozeß der Beweisaufnahme näher geregelt[16]. Diese große Wendung zum geltenden Beweisrecht, die Anerkennung der freien richterlichen Beweiswürdigung, vollzog sich aber erst im Laufe des 18./19. Jahrhunderts. Die partikularen Gesetzgebungen jener Zeit befassen sich daher dann auch mit der Herbeischaffung und Beschlagnahme der Urkunden und den sonstigen Akten der Behörden zu Beweiszwecken.

Gleichzeitig fiel in diese Zeit auch die schärfere Trennung der Zuständigkeit der einzelnen Staatsorgane, was zwangsläufig die Klärung der Zusammenarbeit zwischen diesen verlangte[17]

---

[13] Binding, S. 140; Henkel, 1. Aufl., S. 149.
[14] Moll, RiA 1957, 214; Hentschel, S. 3; Wolff, 2. Bd. § 79 f.
[15] Zachariae, 2. Bd. S. 192; Beling, Beweisverbote S. 6 Anm. 2.
[16] Krause, S. 15.
[17] Hentschel, S. 5; Henkel, 1. Aufl. S. 149; Berg, S. 55 ff.

B. Die historische Entwicklung der behördlichen Aktenvorlagepflicht 31

So hatten nach königlich sächsischem Verfahrensrecht von 1783 obrigkeitliche Personen innerhalb von 8 Tagen Urkunden vorzulegen, andernfalls eine Strafe von 10 Thalern drohte[18].

Solche Vorschriften waren jedoch nur vereinzelt anzutreffen.

Teilweise wird in der Literatur § 89 EALR als erste allgemeine Ausformung der behördlichen Hilfspflicht angesehen[19]. § 89 EALR lautet:

„Wem die Gesetze ein Recht geben, dem bewilligen sie auch die Mittel, ohne welche dasselbe nicht ausgeübt werden kann."

Damit schafft aber § 89 EALR lediglich eine Verbindung von materiellem und formellem Recht, begründet jedoch nicht selbständig materielle Rechte.

Hinzu kommt, daß die Unbestimmtheit der Formulierung nicht gerade die Behörden als Anspruchsberechtigte auszeichnet[20].

Auch die Preussische Criminalordnung vom 11. 12. 1805 verpflichtet zwar Dritte zur Urkundenherausgabe (§ 305), nicht jedoch die Behörden oder andere Staatsorgane.

Eine allgemeine Vorschrift über gegenseitige Behördenhilfe findet sich erst in § 38 der Verordnung vom 2. Januar 1849 über die Aufhebung der Privatgerichtsbarkeit und des eximierten Gerichtsstandes sowie über die anderweitige Organisation der Gerichte. Sie lautet:

„In dem Verhältnis der Gerichte zu den Verwaltungsbehörden wird durch das gegenwärtige Gesetz nichts geändert. Sie sollen sich gegenseitig bei der Erledigung der ihnen obliegenden Geschäfte innerhalb ihres Ressorts Unterstützung leisten..."

Daraus wurde auch eine Herausgabepflicht hergeleitet[21].

Die Strafprozeßordnungen der einzelnen Bundesstaaten aus der Folgezeit, wie etwa die von Oldenburg vom 2. November 1857, enthalten bereits Vorschriften, die § 96 der geltenden Strafprozeßordnung sowohl in ihrer Wertung wie in ihrer Formulierung bereits sehr ähnlich waren[22].

---

[18] Stübel, 5. Bd. § 2685.
[19] Delius, PrVBL Bd. 30, S. 349; Schirmeister, S. 17; Walther Schmidt, S. 41; a. A.: Dreher, S. 2; Hentschel, S. 61; Kormann, in JöR a. F., 7. Bd.; S. 12; Berg, S. 60.
[20] Maus, S. 249; Nass, RVBl Bd. 56, S. 951; Berg, S. 59.
[21] Berg, a.a.O.
[22] Art. 132 der StPO von Oldenburg lautet: „Amtliche Akten und Urkunden müssen von den Beamten oder der Behörde, in deren Gewahrsam sich dieselben befinden, auf richterliches Ersuchen mitgeteilt werden. Insoweit jedoch die Akten oder Urkunden Gegenstände enthalten, deren Geheimhaltung durch ein überwiegendes Interesse des Staates geboten wird, ist die Mitteilung zu verweigern. Die Gerichte sind nicht befugt, die Verweigerung ihrer Beurteilung zu unterziehen." (entsprechend StPO für das

82 B. Die historische Entwicklung der behördlichen Aktenvorlagepflicht

Mit der ständig wachsenden Zahl der Staatsaufgaben und dem damit zusammenhängenden laufenden Ansteigen der Zahl der Behörden kam es folgebedingt auch zu häufigeren Auseinandersetzungen zwischen Behörden und Gerichten um die Vorlage von deren Akten.

Waren vorher Behördensystem und Beamtenapparat übersehbar und auch für Außenstehende daher leichter der Kontrolle zugänglich, so war jetzt naturgemäß eher die Möglichkeit gegeben, die Vorlageverweigerung nach Außen zwar mit dem Wohl der Allgemeinheit zu begründen, in Wirklichkeit aber den einzelnen Beamten oder andere Interessen zu schützen, die der gerichtlichen Aufklärungspflicht nachstanden[23].

Nicht nur auf tatsächlichem Gebiet ergaben sich neue Schwierigkeiten für die Gerichte, sondern auch bei der Abwägung der Gründe, die eine Geheimhaltung der Schriftstücke erforderlich machten, und andererseits der Gründe, die im Hinblick auf eine nachdrückliche Verbrechensverfolgung zur Sühne und zum Schutz von Einzelnen und der Gesellschaft die Vorlage geboten erscheinen ließen.

III. 1. Die Schilderung der weiteren Entwicklung der behördlichen Aktenvorlage soll sich hier beschränken auf die Entstehung und die Änderungsvorschläge zu § 96 StPO, der einzigen allgemeinen Vorschrift, die sich zu unserer Frage in der gegenwärtig gültigen Strafverfahrensordnung findet.

Im Reichstag und in seinen Kommissionen waren die Regelungen des achten Abschnitts der Strafprozeßordnung Gegenstand langwieriger Diskussionen. Dies war vor allem auf die Suche nach einem möglichst liberalen Verfahren zurückzuführen[24].

Dagegen wurde § 96 StPO ohne größere Aussprache in den verschiedenen Beratungen und Lesungen angenommen. Der erste Entwurf war nur insoweit abweichend, als er kein Verbot für ein Herausgabeverlangen und dessen Verweigerung enthielt, sondern lediglich die Berechtigung zur Editionsverweigerung aussprach. Ein Antrag des Abgeordneten Schwarze wurde zurückgezogen. Danach sollte § 96 StPO beigefügt werden: „ . . . oder wenn das Schriftstück von einer Privatperson behufs der zeitweiligen oder fortdauernden Geheimhaltung bei einer Behörde niedergelegt und die Geheimhaltung nach den Landesgesetzen gestattet ist[25]."

Großherzogtum Baden v. 18. 3. 1864 § 129; StPO für die Provinzen Starkenburg und Oberhessen v. 1865 Art. 156).
Vgl. Zachariae, 2. Bd., S. 176.
[23] Vgl. z. B. den bei v. Kries, S. 289, Anm. 1 aufgeführten Fall.
[24] Löwe-Rosenberg, Vorb. § 94 StPO, Anm. 1 a.
[25] C. Hahn, 1. Bd., S. 622.

B. Die historische Entwicklung der behördlichen Aktenvorlagepflicht 33

Unter diese Schriftstücke wären vor allem Testamente gefallen. Gegen eine solche Bestimmung wandte sich aber die Regierung, da die Gefahr des Mißbrauchs entstehe und nicht einzusehen sei, weshalb gefälschte Testamente nicht sofort beschlagnahmt werden könnten.

2. Seinem Inhalt nach ist § 96 StPO seit Inkrafttreten der Strafprozeßordnung nicht geändert worden. Jedoch war die Regelung wiederholt Gegenstand von Änderungsvorschlägen. In dem Entwurf einer Strafprozeßordnung und einer Novelle zum Gerichtsverfassungsgesetz aus dem Jahre 1908 war der Wirkungsbereich auch auf gesetzgebende Versammlungen ausgedehnt, und § 96 StPO sollte nicht nur für Akten und andere Schriftstücke, sondern für alle Gegenstände anwendbar sein[26].

---

[26] Entw. 1908: § 92; ebenso Entw. 1920: § 113; Entw. 1936/7: § 215.

Hauptteil

A. Das Ersuchen des Gerichts an eine Behörde um Vorlage ihrer Akten und die Entscheidung der ersuchten Behörde als doppelfunktionelle Prozeßhandlungen

I. Hält ein Gericht es für notwendig, Akten einer Behörde zur Wahrheitsfindung heranzuziehen und stellt es das entsprechende Ersuchen um Auslieferung, so hat dies Folgen für den weiteren Verfahrensgang, denn wie auch die Behörde entscheiden wird, ob sie vorlegt oder die Vorlage verweigert, in jedem Fall wirkt sich dies prozeßrechtlich aus.

Werden die Akten vorgelegt, so vollzieht sich ihre Verwertung nach den Vorschriften der Strafprozeßordnung über den Urkunden- und Augenscheinsbeweis. Darf aber das Gericht, wenn es feststellt, daß die Akten ein Staatsgeheimnis enthalten, ihre Verwertung im Prozeß ablehnen? Auf der anderen Seite erhebt sich für das Gericht die Frage, falls es eine Verweigerung für nicht gerechtfertigt hält, ob es mit prozessualen Zwangsmitteln die Vorlage durchsetzen kann. Unterläßt es das Gericht, mit allen ihm zur Verfügung stehenden Mitteln die Vorlage herbeizuführen, so kann es dadurch seine Aufklärungspflicht verletzen[1].

Für Handlungen, die sich auf den formellen Ablauf des Prozesses beziehen und deren Voraussetzungen und Wirkungen sich nach Prozeßrechts-Grundsätzen beurteilen, hat die Strafprozeßrechtslehre aus dem Zivilprozeßrecht den Begriff der Prozeßhandlung übernommen. Die Übernahme des dort in einzelnen Vorschriften auftauchenden Begriffes[2] hat sich für den Strafprozeß als nützlich erwiesen, um die Gültigkeit, Wirksamkeit, Zulässigkeit und Begründetheit[3] der Handlung im Fortgang des Prozesses nachprüfen zu können.

Ob dem obengenannten Ersuchen des Gerichts und der Entschließung der Behörde der Charakter einer Prozeßhandlung zukommt, hängt von deren Begriffsbestimmung und der Abgrenzung gegenüber sonstigen

---

[1] §§ 155 Abs. 2, 244 Abs. 2 StPO (RGSt 72, 275).
[2] Z. B. §§ 81, 295 ZPO.
[3] Sauer, Grundlagen S. 167 ff. i. V. m. S. 148 f.

A. Das Ersuchen des Gerichts an eine Behörde um Aktenvorlage

Handlungen ab. Darüber bestehen aber in der Rechtsprechung und der Literatur verschiedene Meinungen.

Von *Kern*[4] werden nur Erklärungen, die eine Rechtsfolge im Prozeß willensgemäß auslösen, die also den Prozeß in Richtung eines erklärten Willens voranbringen wollen, als Prozeßhandlungen angesehen. Nach der umfassendsten Gegenmeinung[5] fallen dagegen auch alle reinen Tathandlungen und Wissenserklärungen darunter, soweit sie nur irgendwie prozeßbedeutsam sind (z. B. Öffnen der Tür zum Gerichtssaal zur Herstellung der Öffentlichkeit der Verhandlung; Zeugenaussage).

Die Bildung eines eigenen Prozeßhandlungsbegriffes ist jedoch nur dann sinnvoll, wenn er sich auch dazu eignet, allgemeine Grundsätze aufzustellen, um die Nachprüfung in den oben genannten vier prozessualen Wertkategorien zu ermöglichen.

Die Auslegung, wie Beling sie vertritt, ist dafür aber zu weitgehend, denn sie umgreift auch Tathandlungen am Verfahren nur mittelbar Beteiligter, was zu Abgrenzungsschwierigkeiten führt. Fraglich wird es dagegen, wenn es sich um die willensmäßigen Handlungen Dritter, am Verfahren nicht unmittelbar Beteiligter, handelt, wozu die Entscheidung der ersuchten Behörde gehört.

Die Strafprozeßordnung regelt selbst an verschiedenen Stellen, wie bei Handlungen Dritter vorzugehen ist, die das Verfahren unmittelbar beeinflussen. Dazu gehört etwa die Verweigerung einer Aussage durch einen Zeugen. Abgrenzungsmerkmal kann daher nicht sein, ob die Handlung von einem unmittelbar Prozeßbeteiligten stammt oder nicht[6]. Entscheidend für das Vorliegen einer Prozeßhandlung ist vielmehr, daß die in Frage stehende Handlung prozeßgestaltende Betätigung ist und prozeßrechtlicher Beurteilung unterliegt. Dabei kann es auch nicht darauf ankommen, ob die Handlung hoheitlicher oder privater Natur ist.

Prozeßhandlung ist folglich die Entscheidung des Gerichts, die behördlichen Akten beizuziehen; Prozeßhandlung ist aber auch die Entscheidung der Behörde, dem Ersuchen zu entsprechen oder aber die Vorlage zu verweigern[7].

---

[4] Strafverfahrensrecht, S. 94; ders. Lenel, Festschr. S. 59 ff.
[5] Beling, LB S. 162; ähnlich Schwarz-Kleinknecht, Einl. 4 A; Sauer, Grundlagen a.a.O., Mittelmeinungen vertreten: Peters, LB S. 210 ff., Goldschmidt, S. 362 ff.; Bruns, JZ 1959, 204; Eb. Schmidt, Kolleg RN 114 ff.; KMR-Müller-Sax, Einl. 10.
[6] a. A.: Kriegler, S. 41; Eb. Schmidt, JZ 1962, 760; ders.: Kolleg, RN 115.
[7] Ebenso ausdrücklich: Schwarz-Kleinknecht, § 96 StPO Anm. 2; Peters, LB S. 378; Eyermann-Fröhler, § 99 VwGO RN 8; ausdrücklich a. A.: Eb. Schmidt, S. 762, 760; Kriegler, S. 41.

A. Das Ersuchen des Gerichts an eine Behörde um Aktenvorlage

II. Diese prozeßrechtliche Natur wird teils übersehen, teils unberücksichtigt gelassen von denen, die ausschließlich untersuchen, auf welcher Rechtsgrundlage das Gericht die Vorlage verlangen kann und woraus sich die Grenzen der Vorlagepflicht ergeben, da die Verpflichtung, die andere Behörden zur Unterstützung des Gerichts bei seiner Sachverhaltsaufklärung zwingt, materiell-rechtlicher Natur ist.

Für die materiell-rechtliche Seite stellt sich dann die Frage nach der Art des Ersuchens und der Verweigerungserklärung als Verwaltungshandlung. Sie können außer Prozeßhandlung auch innerdienstliche Anordnung, justizfreier Hoheitsakt, Verwaltungsakt oder rechtsgeschäftliche Willenserklärung sein, die im Zuge verwaltungsrechtlicher Rechtsgeschäfte ergehen, denn der Charakter einer Maßnahme als Prozeßhandlung schließt nicht notwendig aus, daß sie gleichzeitig in den Bereich der Verwaltungshandlungen eingeordnet werden kann. Die Zuordnung als Prozeßhandlung kennzeichnet vielmehr lediglich, daß eine Handlung auf den Prozeßgang gerichtet ist und sich auf den formellen Gang des Verfahrens bezieht[8]. Entscheidend für eine gleichzeitige Zuordnung in den Bereich der Verwaltungshandlungen ist die materielle Selbständigkeit der Maßnahme, daß sie nicht lediglich Teilstück innerhalb des einheitlichen Verfahrensablaufs ist.

Wendet sich das Gericht mit dem Ersuchen um Behördenhilfe an eine andere Behörde, so bestimmt sich deren Verpflichtung nicht lediglich nach Prozeßvorschriften. Im Gegenteil: Es ist darüber hinaus auch die Gesamtheit aller Verwaltungsvorschriften heranzuziehen, um zu entscheiden, ob vorgelegt werden kann und muß: Zuständigkeit etc. Das Gericht steht insoweit als Organ der Rechtspflege gleichgeordnet dem ersuchten Organ der Verwaltung gegenüber, das selbst im Rahmen seiner Vorschriften verpflichtet ist, seine Aufgaben zu erfüllen.

Das zeugt von der Eigenständigkeit der materiellen Seite. Wir befinden uns an der Nahtstelle von Strafprozeßrecht, Staats- und Verwaltungsrecht.

III. Die prozessuale Funktion des gerichtlichen Ersuchens und der entsprechenden Entscheidung der angegangenen Behörde steht damit aber in einem sich gegenseitig in ihren Auswirkungen ergänzenden Zusammenhang zu der materiell-rechtlichen Seite. Die einerseits prozessuale Funktion der Prozeßhandlung, die über ihre Zulässigkeit und Unzulässigkeit im Prozeß bestimmt, verknüpft sich mit ihrer materiell-rechtlichen Wirkung. Das betrifft das Verhältnis des Gerichts zur ersuchten Behörde, soweit für diese materielle Verpflichtungen begründet

---

[8] Düwel, S. 222, Anm. 5; Löwe-Rosenberg, § 23 EGGVG Anm. 6 b; Wolff, 1. Bd., S. 258; a. A.: Eyermann-Fröhler, § 99 VwGO RN 8; Peters, Gutachten S. 107.

werden, und entscheidet über ihre Rechtmäßigkeit oder Rechtswidrigkeit im materiellen Bereich.

Für eine solche janusköpfige, unmittelbar zusammenhängende Zweckbeziehung zwischen der prozessualen und materiellen Funktion einer Handlung hat *Niese* den Begriff der *doppelfunktionellen Prozeßhandlung* geprägt[9].

Der doppelte Charakter der jeweiligen Entscheidung erweist seine rechtliche Problematik, wenn im Rahmen ihrer materiellen oder prozessualen Funktion Mängel hervortreten.

— Schlägt die prozessuale Unzulässigkeit der Prozeßhandlung notwendig in ihre materielle Rechtswidrigkeit um? Kann eine ersuchte Behörde die Aktenvorlage verweigern mit der Begründung, die Verwendung sei im Prozeß ohnehin aus prozessualen Gründen unzulässig?

— Und umgekehrt: Welchen Einfluß hat die rechtswidrige Aktenvorlage durch die Behörde auf den Prozeß? Kann das Gericht Akten, die ihm von der Behörde nicht hätten vorgelegt werden dürfen, als Beweismittel verwenden?

— Schließlich fragt sich, wie die Verweigerung der Aktenvorlage beweisrechtlich zu werten ist, d. h. ob die durch den Akteninhalt zu beweisenden Tatsachen zu Gunsten des Angeklagten je nach dem als erwiesen oder als nicht erwiesen anzusehen sind.

Bevor hierauf eingegangen werden kann, ist eine nähere Untersuchung des gerichtlichen Ersuchens und der ihr entsprechenden Entscheidung durch die ersuchte Behörde als Verwaltungshandlung und in einem weiteren Teil als Prozeßhandlung notwendig.

B. Die Pflicht der Behörden zur Vorlage ihrer Akten vor Gericht

(A) Die allgemeine Pflicht zur Herausgabe von Beweismitteln nach §§ 94 ff. StPO und ihr Verhältnis zur Beschlagnahmebefugnis des Gerichts

Gegenstände, die als Beweismittel für die Untersuchung von Bedeutung sein können, können sich im Gewahrsam von Personen befinden oder gewahrsamslos sein. Um sie sicherzustellen und in der Hauptver-

---
[9] Niese, S. 31 ff., 47 ff., 51, 140; Baumgärtel, S. 99; v. Hippel, ZZP 65 (1952), 424 ff.
Gegen den Begriff in diesem Umfang: KMR-Müller-Sax, Einl. 10a, S. 55.

handlung als Beweismittel verwenden zu können und um sie gegebenenfalls auch einzuziehen, hat das Gericht verschiedene Möglichkeiten.

Zu unterscheiden sind:
a) die behördliche Inbesitznahme oder sonstige Sicherstellung von Beweismitteln (§ 94 Abs. 1 StPO),
b) die Herausgabepflicht (= Editionspflicht) nach § 95 Abs. 1 StPO,
c) die Beschlagnahme (§ 94 Abs. 2 StPO) von Gegenständen.

Dabei genügt es, daß die Verwendung dieser Beweismittel nach Sachlage in der Hauptverhandlung voraussichtlich notwendig wird; nicht erforderlich ist dagegen, daß sie mit Sicherheit auch tatsächlich als Beweismittel im Verfahren herangezogen werden. Denn vielfach läßt sich zu Anfang eines Verfahrens bei der Aufklärung noch nicht vorhersagen, welche Beweisstücke im Einzelnen in der Hauptverhandlung gebraucht werden und welche nicht.

Andererseits besteht keine Pflicht zur Herausgabe und kein Recht zur Sicherstellung und Beschlagnahme nach §§ 94 ff. StPO, wenn nicht ein gerichtliches Verfahren sich anschließen wird; denn die entsprechenden Anordnungen dürfen nur ergehen, wenn die Gegenstände als Beweismittel von Bedeutung sein können, oder wenn sie der Einziehung unterliegen[1].

Die Vorschriften über die allgemeine Herausgabepflicht für Personen sowie deren gesetzliche Beschränkungen und die Vorschriften über die Beschlagnahmebefugnis des Gerichts könnten auf das Verhältnis des Gerichts zu anderen Behörden entsprechend übertragbar sein, soweit sich Beweismittel, unter diesen vor allen Dingen Akten und sonstige Schriftstücke, in deren Gewahrsam befinden, zumindest aber könnten diese Anhaltspunkte für die Auslegung des § 96 StPO geben. Die allgemeinen Regelungen über die Sicherstellung und die Herausgabepflicht für Personen sowie die Beschlagnahmebefugnis sollen hier daher kurz dargestellt werden.

I. Gegenstände, die gewahrsamslos sind, oder sich bereits im Besitz des Gerichts befanden, als die Ermittlungen eingeleitet wurden, können ohne weiteres sichergestellt werden. Dabei erfolgt die Sicherstellung von beweglichen Gegenständen regelmäßig durch behördliche Inverwahrungnahme[2] bzw. durch Aufrechterhaltung bestehender Verwahrung; so kann die auf der Flucht weggeworfene Beute in Verwahrung genommen werden. Dasselbe gilt für beim Transport verlorene Aktenbündel einer Behörde; wobei eine andere Frage ist, ob damit auch ohne Einschränkung eine Verwertung im Verfahren möglich ist[3].

---
[1] BGHSt 9, 351 (355).
[2] § 94 II StPO: „herausgegeben".
[3] Schwarz-Kleinknecht, § 94 StPO, Anm. 5 A; Holtzendorff, 1. Bd., S. 313.

Bewegliche Sachen können jedoch auch wie andere Gegenstände, z. B. Grundstücke, durch sonstige Maßnahmen gesichert werden.

II. Hat ein Dritter Gewahrsam an einem Beweismittel, so ist er nach Aufforderung zur Herausgabe verpflichtet, § 95 Abs. 1 StPO. Auch hier genügt die anschließende schlichte Sicherstellung durch die Behörde, wenn die Herausgabe freiwillig erfolgte.

Dieser öffentlich-rechtlichen Herausgabepflicht unterliegt grundsätzlich jede natürliche und juristische Person des Privatrechts. Sie hat, ähnlich wie die allgemeine Zeugnispflicht, eine prozeßrechtliche und eine materiell-rechtliche Seite.

Prozeßrechtlich bedeutet die Zulässigkeit der Vorlage von Beweismitteln je nachdem eine Verschlechterung oder Verbesserung der Lage des Angeklagten. Die Pflicht zur Vorlage von Beweismitteln selbst aber ist materiell-rechtlicher Natur. Sie ist grundsätzlich jedem Bürger im öffentlichen Interesse auferlegt.

Sie betrifft das Verhältnis des einzelnen Bürgers zum Staat, zu den Gerichten (Gerichtspflicht). Der Einzelne als Staatsbürger ist insoweit in seinen grundgesetzlich garantierten Rechten, seinem Eigentum und seiner allgemeinen Handlungsfreiheit beschränkt und zur Mitwirkung bei der Rechtspflege berufen. Die Aufforderung des Gerichts an den einzelnen Bürger zur Herausgabe ist ebenfalls doppelfunktionelle Prozeßhandlung[4].

Ausgenommen von der Herausgabepflicht ist der Beschuldigte selbst, was aus § 95 Abs. 2 StPO gefolgert wird. Denn diese Vorschrift verweist auf die Zeugnispflicht, die für den Beschuldigten jedoch gerade nicht besteht[5]. Die Editionspflicht geht andererseits noch über die Zeugnispflicht hinaus, da sie auch den Privatkläger trifft, obgleich dieser nicht Zeuge sein kann[6]. Zur Erfüllung der Herausgabepflicht können jedoch gleichfalls wie bei der Verweigerung der Zeugnispflicht die Zwangsmittel des § 70 StPO angewendet werden.

III. Wird die freiwillige Herausgabe verweigert, so kann das Gericht — bei Gefahr im Verzug auch die Staatsanwaltschaft und ihre Hilfsbeamten — die Beschlagnahme anordnen: das ist die zwangsweise Sicherstellung eines Gegenstandes.

---

[4] Eb. Schmidt, Kommentar, Teil I, RN 36, 64—74 sowie die Anm. 74.

[5] C. Hahn, Prot. d. Komm. S. 621; Löwe-Rosenberg, § 95 StPO Anm. 3; John, Einl. zu § 94 StPO S. 761; Bennecke-Beling, S. 162; Ullmann, S. 315; Eb. Schmidt, § 95 StPO Anm. 1; Niese, Doppelfunktionelle Prozeßhandlungen S. 140; a. A.: Binding, S. 101; Birkmeyer S. 498; v. Hippel, Über die Grenzen der Beschlagnahme S. 528, 530; Düwel, S. 221 Anm. 3.

[6] Peters, LB S. 289, 377; Löwe-Rosenberg, § 95 StPO Anm. 3 d; Eb. Schmidt, § 95 StPO RN 2; BayObLGST 1953, 27.

40   B. Die Pflicht der Behörden zur Vorlage ihrer Akten vor Gericht

Eine solche zwangsweise Sicherstellung durch Beschlagnahme kann bzw. muß erfolgen

a) wenn die Herausgabe durch den Besitzer des Beweisgegenstandes nicht erfolgt,

b) in den sonstigen Fällen der Sicherstellung (z. B. einer nach § 70 StPO erzwungenen Herausgabe), wenn der Untersuchungszweck durch die bloße Vorlage nicht erfüllt wird oder eine Vorlagepflicht nicht besteht (z. B. beim Beschuldigten) und die besonderen Rechtsfolgen der Beschlagnahme eintreten sollen[7].

Auch Herausgabepflicht und Beschlagnahmebefugnis entsprechen jedoch einander nicht. Denn beschlagnahmt werden können auch Beweisermittlungsgegenstände, sowie das ganze oder Teile eines Vermögens[8], während die Herausgabepflicht sich nur auf einzelne Gegenstände erstreckt, die unmittelbar als Beweismittel in Betracht kommen.

Herausgabepflicht für Privatpersonen und Beschlagnahmebefugnis verhalten sich demnach wie zwei ineinanderliegende Kreise.

IV. Von der zwangsweisen Durchsetzung der Herausgabe sind bestimmte Gewahrsamsinhaber gesetzlich ausgenommen, § 95 Abs. 2 StPO; jedoch gilt dies zum Teil nur hinsichtlich einzelner Gegenstände. § 95 Abs. 2 StPO **verweist insoweit auf die entsprechenden Vorschriften, wonach die Verweigerung des Zeugnisses zulässig ist.**

Ob allerdings diejenigen, die berechtigt sind, das Zeugnis zu verweigern, zur Herausgabe verpflichtet sind, ist umstritten. Es wird die Auffassung vertreten, daß eine solche Pflicht zwar besteht, daß sie aber nicht mit den Zwangsmitteln des § 70 StPO durchgesetzt werden kann[9]. Nach anderer Ansicht besteht eine solche Pflicht für sie nicht[10].

Für die erste Auffassung spricht der Wortlaut des Gesetzes. Würde man aber eine solche nicht durchsetzbare Pflicht annehmen, so würde das im Rahmen von § 95 Abs. 2 i. V. m. § 53 StPO zu dem merkwürdigen Ergebnis führen, daß eine Verpflichtung bestünde, sich der Verletzung der beruflich zugegangenen Privatgeheimnisse schuldig zu machen. Gegen diese Auffassung spricht auch, daß § 52 StPO den nahen Verwandten von einer sonst allgemeinen Zeugnispflicht entbindet, um nicht einen Angehörigen belasten zu müssen; im Rahmen von § 95 StPO wäre er aber dann doch zur Aufklärung des Delikts mitverpflichtet.

---

[7] Löwe-Rosenberg, § 95 StPO Anm. 1; Schwarz-Kleinknecht, § 94 StPO Anm. 5 A.

[8] §§ 284, 290, 433 StPO.

[9] So Löwe-Rosenberg, § 95 StPO Anm. 3 c; KMR-Müller-Sax, § 95 StPO Anm. 2 b.

[10] Der letzteren Ansicht sind: Peters, LB S. 377; Bennecke-Beling, S. 162; Ullmann, S. 315.

§ 95 Abs. 2 StPO ist daher so zu verstehen, daß für Zeugnisverweigerungsberechtigte keine Pflicht zur Herausgabe von Gegenständen besteht.

Aus der Verweisung auf das Zeugnisverweigerungsrecht ergibt sich, daß für den nach § 53 StPO zur Verweigerung des Zeugnisses berechtigten Personenkreis das Recht zur Verweigerung der Herausgabe nur hinsichtlich der Gegenstände besteht, die der Vertrauensperson in der in § 53 StPO bezeichneten Eigenschaft anvertraut oder von ihr in Besitz genommen worden sind oder soweit die Voraussetzungen des § 53 Nr. 5 und 6 StPO vorliegen; denn nur insoweit ist dieser Personenkreis zur Verweigerung des Zeugnisses berechtigt.

Beweismittel, die sie in anderer Eigenschaft erlangt haben, sind von ihnen herauszugeben. Werden daher von den bezeichneten Personen Akten angelegt, so sind nur die Teile ausgenommen, die gerade auf Grund der Vertrauensstellung erlangt sind, falls sich die anderen Aktenteile von ihnen trennen lassen[11].

Die Frage, wieweit diese Bestimmungen über die allgemeine Herausgabepflicht, ihre Beschränkungen und wieweit die Bestimmungen über die Beschlagnahmebefugnis des Gerichts auf Beziehungen des Gerichts zu anderen Behörden übertragbar sind, drängt zur Untersuchung der Rechtsnatur der behördlichen Herausgabepflicht gegenüber dem Gericht. Ist die Anwendung der §§ 94 ff. StPO entsprechend auch für Behörden möglich, so werden sich daraus auch Rückschlüsse auf die Auslegung des Begriffes *„Nachteile für das Wohl des Bundes oder eines deutschen Landes"* in § 96 StPO ergeben. Soweit der Einzelne die Herausgabe verweigern kann, wäre zu prüfen, ob dies entsprechend auch für Behörden gilt; insbesondere würde sich daraus aber ergeben, wie weit auch Privatgeheimnisse die Herausgabeverweigerung einer Behörde rechtfertigen können.

(B) Die Stellung des § 96 StPO zu §§ 94 f. StPO zu Art. 35 GG und zu den §§ 156 ff. GVG

I. Die Strafprozeßordnung geht — wie im vorigen Kapitel aufgezeigt wurde — grundsätzlich davon aus, daß Beweisgegenstände vom Gewahrsamsinhaber herauszugeben sind.

Das Verhältnis des um Akten ersuchenden Gerichts zu anderen Behörden unterscheidet sich jedoch von den Beziehungen zwischen dem Gericht und den einzelnen Staatsbürgern. In beiden Fällen handelt es

---
[11] Entspr. zu § 97 StPO: Löwe-Rosenberg, § 97 StPO Anm. 3 c bb.

sich zwar um ein öffentlich-rechtliches Rechtsverhältnis. Gerichts- und Verwaltungsbehörden aber sind Organe desselben Gemeinwesens, zumindest aber durch besondere öffentlich-rechtliche Pflichten miteinander verbunden wie im Verhältnis Bund - Länderbehörde. Es fehlt an einem Über- Unterordnungsverhältnis, wie es zwischen dem Gericht und dem herausgabepflichtigen Bürger besteht.

Trotz dieser Verschiedenheit der Verhältnisse Bürger-Gericht und Gericht-ersuchte Behörden enthält die Strafprozeßordnung im selben Abschnitt: „*Beschlagnahme und Durchsuchung*" sowohl Vorschriften über die Herausgabepflicht der einzelnen Bürger wie die der Behörden. Demgegenüber stehen die § 96 StPO entsprechenden Vorschriften in den neueren Verfahrensordnungen (z. B. § 99 VwGO, § 86 FinGO; § 119 SGG)[12] im Abschnitt über das Verfahren im ersten Rechtszug.

1. a) Die Stellung des § 96 StPO im 8. Abschnitt der StPO könnte darauf hindeuten, daß § 96 StPO die §§ 94, 95 StPO ergänzt und damit eine eigene prozessuale Pflicht der Behörden ausgestaltet. Dabei kommt man entweder zu dem Ergebnis, daß die §§ 94 ff. StPO die Editionspflicht für natürliche Personen wie für Behörden einheitlich behandeln. Das hätte zur Folge, daß — soweit § 96 StPO nicht eine Sonderregelung schafft — die §§ 94 ff. StPO auch auf Behörden Anwendung finden[13].

Aus dieser Betrachtungsweise des § 96 StPO ergäben sich weiter Rückschlüsse auf die Auslegung der Grenzen und die Zwangs- und Rechtsmittel gegen die Herausgabeverweigerung durch eine entsprechende Heranziehung der §§ 94 ff. StPO.

Man kann jedoch auch in §§ 94 Abs. 1, 95 Abs. 1 StPO zwar die Herausgabepflicht von Beweismitteln durch Behörden und deren Editionspflicht mitverankert sehen. Wegen der unterschiedlichen Stellung der Behörden im übrigen ergibt sich daraus jedoch nicht zwingend auch eine Anwendung der §§ 94 ff. StPO, insbesondere § 94 Abs. 2 StPO, d. h. eine Beschlagnahmebefugnis des Gerichtes ihnen gegenüber[14].

b) Rein prozeßrechtliche Bedeutung käme § 96 StPO dann zu, wenn man § 96 StPO lediglich als Folgerung aus dem Untersuchungsgrundsatz wertet, wie er in § 244 Abs. 2 StPO für das Strafverfahren vorgeschrieben ist. Das Gericht wäre demnach innerhalb der dort genannten Grenzen verpflichtet und befugt, auch die Akten von Behörden zur Auf-

---

[12] Der entsprechende § 26 der österreichischen StPO steht im Abschnitt: „Verhältnis der Strafgerichte zu anderen Behörden."
[13] LG Hannover vom 26.11.1958, NJW 1959, 351; LG Bremen vom 22. 9. 1955, NJW 1955, 1850; Düwel, S. 221; KMR-Müller-Sax, § 96 StPO Anm. 1 a; Schwarz-Kleinknecht, § 96 StPO Anm. 1.
[14] Stratenwerth, JZ 1959, 693.

klärung des Sachverhalts anzufordern. Abgesteckt würden nur die Grenzen, wieweit die *gerichtliche* Aufklärungspflicht reicht[15].

Offen bliebe aber, nach welcher Rechtsgrundlage das Strafgericht die Herausgabe von der ersuchten Behörde fordern könnte.

c) § 96 StPO läßt sich schließlich als Vorschrift ansehen, die selbst die Herausgabepflicht der Behörden nur begrenzt. Angesichts der heute im Grundgesetz niedergelegten Pflicht zur Rechts- und Amtshilfe wäre die Vorschrift dann Ausfluß aus Art. 35 GG[16]. Zwischen § 94 Abs. 1 StPO und § 96 StPO bestünde dann nur insoweit ein Zusammenhang, als § 94 StPO die prozessuale Pflicht des Gerichts enthält, Beweismittel sicherzustellen, während § 96 StPO dagegen i. V. m. Art. 35 GG allein das materielle Verhältnis des Gerichts zu den anderen Behörden regelt.

Die Begrenzung der materiell-rechtlichen Pflicht der Behörden zur Vorlage und der prozessualen Pflicht des Gerichts auf Aktenbeiziehung sind Betrachtungsweisen des § 96 StPO, die sich freilich nicht gegenseitig ausschließen. Es bleibt dann nur zu bestimmen, worin das Schwergewicht der Bestimmung liegt.

Stellung und der sich an § 95 StPO anschließende Wortlaut deuten darauf hin, daß § 96 die §§ 95 ff. ergänzt. Die Stellung des § 96 StPO erklärt sich jedoch aus der historischen Entwicklung der Rechts- und Amtshilfe und der Entstehungsgeschichte des Gesetzes.

2. Nach Art. 35 GG sind alle Behörden des Bundes und der Länder zur gegenseitigen Rechts- und Amtshilfe verpflichtet. Diese verfassungsrechtliche Niederlegung der allgemeinen Rechts- und Amtshilfe steht am Ende der Entwicklung der Frage, ob und wieweit Behörden verpflichtet sind, sich gegenseitig zu unterstützen[17]. Vor der Einführung des Art. 35 GG fehlte es für die Amtshilfe an einer solchen allgemeinen gesetzlichen Regelung. Zwar enthielt Art. 7 Ziff. 3 WRV eine Bestimmung über die Kompetenz zu Gunsten des Reichsgesetzgebers, die Amtshilfe zu regeln, wie sie bereits nach Art. 4 Ziff. 11 der Reichsverfassung von 1871 bestand, soweit es sich um die wechselseitige Vollstreckung von Erkenntnissen in Zivilsachen und die Erledigung von Requisitionen überhaupt handelte.

Aber nur in Einzelfällen kam es zu einer speziellen gesetzlichen Ausgestaltung, so in § 2 FGG, § 32 PatentG, § 5 RJWG.

---

[15] Linke, GA 1957, 253 für die Staatsanwaltschaft (§ 161 StPO); für § 99 VwGO: Ule, in Anm. zu OVG Münster vom 17. 4. 1961, DVBl 1962, 23; Maetzel, DVBl 1966, 668; Staege, RiA 1963, 52.

[16] h. M.: Löwe-Rosenberg, § 96 StPO Anm. 1 a; Eb. Schmidt, § 96 StPO Anm. I.

[17] Vgl. S. 31.

44   B. Die Pflicht der Behörden zur Vorlage ihrer Akten vor Gericht

Dabei hielt man in der Zeit vor der Weimarer Republik vielfach ein Ersuchen um Amtshilfe nur dann für verbindlich, wenn es auf Grund eines besonderen Gesetzes erging, oder die Amtshilfepflicht insoweit mindestens als auf ein allgemeines gewohnheitsrechtliches Prinzip gegründet angesehen wurde. Das galt innerhalb eines Staates, besonders aber für den Verkehr zwischen den einzelnen Bundesstaaten[18].

So ging John in seinem in der damaligen Zeit führenden Kommentar zur Strafprozeßordnung davon aus, daß nur für den Fall, daß landesrechtliche Vorschriften eine Amtshilfe vorschrieben, eine Aktenvorlagepflicht für Behörden bestand. § 96 StPO sollte nur deren Umfang festlegen[19].

Eine solche Auffassung war erst nach dem ersten Weltkrieg nicht mehr vertretbar, als man die Amtshilfepflicht als ein allgemeines gewohnheitsrechtliches Prinzip anerkannte[20]. Auch bei Fehlen von landesrechtlichen Vorschriften bestand daher eine Pflicht zur Amtshilfe, die sich auf Gewohnheitsrecht gründete. Nach der staatsrechtlichen Auffassung zur Zeit der Entstehung der Strafprozeßordnung war aber eine besondere Vorschrift erforderlich, um den Gerichten eine Handhabe zur Erlangung behördlicher Akten anderer Behörden zu bieten. In Betracht wäre allerdings damals gekommen, die Regelung des § 96 StPO ins Gerichtsverfassungsgesetz aufzunehmen, das zur selben Zeit wie die Strafprozeßordnung erging, denn das Gerichtsverfassungsgesetz enthielt Vorschriften über die Verpflichtung zur Rechts- und Amtshilfe für Gerichte in den §§ 156 ff.

Dieser Schluß ist jedoch nicht zwingend, denn das Gerichtsverfassungsgesetz gilt nicht nur für Strafsachen, sondern auch für Gerichte, die für bürgerliche Streitigkeiten zuständig waren. In § 168 GVG wurde daher die Regelung der Amtshilfe grundsätzlich den Landesgerichten überlassen.

Für das Strafverfahrensrecht mußte jedoch — davon abweichend — eine bundeseinheitliche Vorschrift aufgenommen werden. Das zeigt, daß aus der Stellung des § 96 StPO sich nichts für seine Rechtsnatur entnehmen läßt.

II. 1. Untersucht man aber den Rechtsgrund der allgemeinen Editionspflicht von Privatpersonen und den für eine Vorlagepflicht der Behörden, so zeigt sich, daß sie von völlig verschiedenen Voraussetzungen

---
[18] Berg, S. 65; Maus, S. 243; Dreyer, JW 1912, 623 f.; Kormann, JöR a. F. 7. Bd. S. 12; Kreis, DÖV 1961, 56 f.; W. K. Schmidt, DJ 1940, 589 f.; a. A.: Delius, Handbuch S. 82.
[19] John, § 96 StPO Anm. 4; ebenso Puchelt, § 96 StPO Anm. 3.
[20] Dreher, S. 3; Moll, DVBl 1954, 697; von Mangold-Klein, Art. 35 GG Anm. 1; Berg, S. 65, 67.

(B) Stellung des § 96 StPO zu §§ 94 f. StPO, Art. 35 GG und §§ 156 ff. GVG

ausgehen. Ähnlich wie der Zeugnispflicht liegt der allgemeinen Editionspflicht der Gedanke zugrunde, daß grundsätzlich jeder, der sich im Gebiet der Bundesrepublik Deutschland aufhält, verpflichtet ist, durch bestimmte Tätigkeiten zur Aufklärung einer strafbaren Handlung mitzuwirken. Ohne ergänzende Beweismittel läßt sich selbst bei einem Geständnis des Täters nicht ohne weiteres eine Verurteilung und damit Sühne und Sicherung der Gesellschaft bewirken. An der Aussage der Zeugen und der Vorlage von Beweismitteln ist daher die Gesellschaft selbst sehr interessiert. Ohne eine solche unterstützende Tätigkeit durch alle Mitbürger ist eine Justizgewährung nicht möglich[21].

Schon die Rechtsprechung des Preussischen Oberverwaltungsgerichts[22], der sich auch ein Teil der damaligen Literatur angeschlossen hatte[23], führte dagegen die behördliche Hilfspflicht letztlich auf die Einheitlichkeit der Staatsgewalt zurück. Denn diese wird zwar von verschiedenen staatlichen Behörden ausgeübt, ist aber auf einen gemeinsamen Zweck gerichtet: Sicherheit nach Außen, Ordnung im Innern und Wohlfahrt[24].

Die gegenseitige behördliche Hilfspflicht ergibt sich demnach zwangsläufig aus der Trennung der Gewalten und der Vielfalt der staatlichen Aufgaben. Dies gilt jedenfalls für die Behörden innerhalb eines Einzelstaates, bzw. für die Behörden des Bundes.

2. Aber auch zwischen den Behörden der Länder und des Bundes wurde nach Einführung des Art. 35 GG die „*Zweckeinheit der gesamten Bundesgewalt*" — wie Wolff es ausdrückt[25] — und der Grundsatz der Bundestreue als der tragende Grund für die Amtshilfepflicht angesehen, der letztlich in Art. 35 GG seine Ausformung gefunden habe. Die Tätigkeit der einzelnen Behörden ist nicht losgelöst voneinander, die verschiedenen Institutionen dürfen daher nicht gegeneinander tätig werden, sondern unterliegen einer gegenseitigen Unterstützungspflicht. Diese Pflicht findet nur dort ihre Grenzen, wo bei ihrer Durchführung das Wohl des Bundes oder eines deutschen Landes Nachteile erleidet.

Eine solche Begrenzung des Umfangs der Beistandspflicht gibt Art. 35 GG aber nicht an; er stellt lediglich eine Rahmenvorschrift dar, die in den einzelnen Verfahrensordnungen ihre Ausgestaltung findet[26]. Solche

---

[21] Eb. Schmidt, Teil I. RN 64 ff.
[22] OVGE 20, 445 (448).
[23] Nachweise bei Berg, S. 65 Anm. 194 ff.
[24] Eschenburg, S. 92 ff.; BVerfGE 7, 190; Maunz-Dürig, Art. 35 GG RN 4.
[25] Wolff, 2. Bd. S. 91; Berg, S. 83; Dreher, S. 40; BVerfGE 1, 131; 3, 57; 12, 254 ff.; 13, 75 ff.
[26] OLG Düsseldorf vom 8. 1. 1957, DVBl 1957, 215; Löwe-Rosenberg, § 96 StPO Anm. 1 a; Blaeser, S. 6; Dreher, S. 97; Wilhelm, in Anm. zu BVerwG vom 19. 8. 1964, ZBR 1965, 155; Kienzle, DieJ 1955, 257; Maunz-Sigloch, § 27 BVerfGG RN 1; Görg-Müller, § 86 FinGO RN 441; Redeker-v. Oertzen, § 99 VwGO Anm.; Kreis, DÖV 1961, 57.

46   B. Die Pflicht der Behörden zur Vorlage ihrer Akten vor Gericht

Regelungen enthalten §§ 26 Abs. 2, 27 BVerfGG, § 99 VwGO, § 86 FinGO, § 119 SGG, auf dem Gebiet des Landesrechtes z. B. § 19 BaWüStGHG. Für das Strafverfahren ist dies § 96 StPO.

§ 96 StPO ist daher keine Vorschrift, die sich folgerichtig an § 95 StPO anschließt. Sie ist vielmehr Ausfluß der heute in Art. 35 GG verfassungsrechtlich verankerten Rechts- und Amtshilfepflicht, wiederholt und begrenzt diese. In der österreichischen Strafprozeßordnung befindet sich die entsprechende Regelung (§ 26) daher auch in einem gesonderten Abschnitt über das Verhältnis der Strafgerichte zu anderen Behörden. Allerdings geht die Pflicht der Behörden zur Vorlage vor Gericht noch über die Amtshilfe hinaus, da der Verteidiger volles Einsichtsrecht in die Akten erhält, was sonst bei einer einer anderen Behörde vorgelegten Akte nicht der Fall ist. Auch insoweit behält § 96 StPO seine selbständige Bedeutung.

Diese materiell-rechtliche Natur von § 96 StPO schließt nicht aus, daß die Vorschrift gleichzeitig auch prozessuale Bedeutung hat, nämlich die Untersuchungspflicht des Gerichts auch auf Behördenakten erstreckt und insoweit § 244 Abs. 2 StPO näher erläutert. Da aber § 244 StPO ohnehin weit auszulegen ist[27], tritt diese Funktion hinter der materiellrechtlichen zurück[28].

III. Vorschriften über die Rechts- und Amtshilfe finden sich auch im GVG (§§ 156 ff.). Dabei ist der Teil, der sich mit der Rechtshilfe befaßt, sehr umfangreich; Rechtsmittel, Vollstreckung, Kosten etc. sind geregelt. Mit der Amtshilfe befaßt sich lediglich § 168 GVG, wo auf landesrechtliche Vorschriften verwiesen wird; nur wenn solche vorhanden sind, sollen diese auch im Verhältnis zwischen den einzelnen Bundesländern gelten. Bei der Untersuchung, in welchem Verhältnis § 96 StPO zu den §§ 156 ff. GVG steht, kommt es darauf an, ob es sich bei der Anforderung und Vorlage von Akten um Rechts- oder um Amtshilfe handelt.

Wie Rechts- und Amtshilfe voneinander abgegrenzt werden, wird in Literatur und Rechtsprechung verschieden beantwortet. Die Abgrenzung erfolgt entweder

a) *nach der Art der ersuchten bzw. ersuchenden Behörde.* Ist dies ein Gericht, so soll Rechtshilfe vorliegen, ist dies eine Verwaltungsbehörde, soll es sich um Amtshilfe handeln[29],

---

[27] Löwe-Rosenberg, § 244 StPO Anm. 9 sowie Einl, Kap. 11 B 4.

[28] Demgegenüber betonen die prozessuale Ermächtigung und Verpflichtung zu sehr für § 99 VwGO: Staege, RiA 1963, 52; Maetzel, DVBl 1966, 668; Ule in Anm. zu OVG Münster vom 17. 4. 1961, DVBl 1962, 23.

[29] Forsthoff, LB 9. Aufl. S. 97; Hamann, Art. 35 GG Nr. 1; Moll, DVBl 1954,

b) *nach der Art der Handlung.* Nur wenn um eine richterliche Handlung ersucht wird, wird Rechtshilfe angenommen, andernfalls Amtshilfe. Maßgeblich ist die Funktion der ersuchten Tätigkeit[30].

c) *nach der Zuständigkeit.* Dabei wird die Art der Handlung, ob sie richterliche ist oder nicht, vielfach mitberücksichtigt. Rechtshilfe soll nur dort vorliegen, wo das Gericht selbst die Handlung vornehmen könnte, während Amtshilfe dann geleistet werden soll, wenn die ersuchende Behörde die Handlung nicht vornehmen darf[31].

Ein Vergleich der §§ 156 ff. GVG mit anderen Vorschriften zeigt, daß dann, wenn man die Abgrenzung nach der Art der ersuchenden und der ersuchten Behörde vornimmt, die Begriffe Amtshilfe und Rechtshilfe nicht überall dasselbe bedeuten können. So müssen nach § 46 PatG Gerichte dem Patentamt „Rechtshilfe" leisten, obwohl das Patentamt gerade doch kein Gericht ist; ähnlich lauten §§ 191 Abs. 3 BEG; § 1571 Abs. 2 RVO i. d. F. d. § 220 Nr. 2 SGG[32]. Daraus ergibt sich, daß es sich empfiehlt, darauf abzustellen, was sachlich vorliegt, ob die geleistete Tätigkeit im rechtsprechenden oder im verwaltungsmäßigen Bereich geleistet wird.

Das Ersuchen um Auslieferung von Akten zu Beweiszwecken ist aber in jedem Fall verwaltungsmäßiger Natur. Es richtet sich auch gegenüber Gerichten, jedenfalls nach abgeschlossenem Verfahren, an die Gerichtsverwaltung und nicht an das Gericht in seiner rechtsprechenden Funktion. Wieweit dies auch für Akten eines noch schwebenden Verfahrens gilt, ist zweifelhaft. Auskünfte des Richters über den Akteninhalt bezieht der Bundesgerichtshof in seinem Urteil vom 6. 12. 1968[33] in den Bereich richterlicher Tätigkeit, da sie nicht dem Bereich äußerer Ordnung zugehöre. Das überzeugt nicht, da doch die Akten nur Hilfs-

---

698; Müller, in Anm. zu KG v. 20. 6. 1957, DVBl 1957, 792; v. Mangold-Klein, Art. 35 GG Anm. V 3; John, 1. Bd. § 96 StPO Anm. 4 a/b; W. K. Schmidt, DJ 1940, 589 f.; Schwarz-Kleinknecht, Vorbem. 1 vor § 156 GVG.

[30] Schmidt-Bleibtreu-Klein, Art. 35 GG RN 6, 7; Dreher, S. 6 ff.; Hartwig, S. 44; Hentschel, S. 47 ff.; Maunz-Sigloch-Schmidt-Bleibtreu-Klein, § 27 BVerfGG RN 9; Maunz-Dürig, Art. 35 GG RN 3; Redeker-v. Oertzen, § 14 VwGO RN 2.

[31] Von Wieczorek als h. M. bezeichnet (§ 156 GVG Anm. B); RGZ 115, 368; Baumbach-Lauterbach, Übers. vor § 156 GVG Ziff. 2; Rosenberg-Schwab, S. 78 f.; Lent-Jauernig, S. 33; Miesbach-Ankenbrank, § 4 SGG Erl. 1; Eyermann-Fröhler, § 14 VwGO RN 1; Schunk-de Clerk, § 14 VwGO Erl. 2, 3; Löwe-Rosenberg, Vorbem. vor § 156 GVG Anm. 1, 6; Eb. Schmidt, Teil III, Vorbem. vor § 156 GVG RN 3, 4.

[32] Auf den unsorgfältigen Gebrauch der Begriffe Rechts- und Amtshilfe in der Gesetzessprache weisen ausdrücklich hin: Baumbach-Lauterbach, Übers. vor § 156 GVG Anm. 2; Löwe-Rosenberg, Vorbem. 1 vor § 156 GVG; OLG Celle v. 1. 12. 1966, NJW 1967, 993; Müller in Anm. zu KG Berlin v. 20. 6. 1957, DVBl 1957, 792.

[33] BGHZ 51, 193 im Anschluß an BGHZ 42, 163 (172).

mittel zur Rechtsfindung sind. Auskünfte daraus können daher auch keine richterliche Handlung sein. Das Urteil bezeichnet diesen Fall auch richtig als Amtshilfe; mit seiner Begründung ist dies aber folgewidrig. Zu dem selben Ergebnis gelangt man auch, wenn man zur Abgrenzung von Rechts- und Amtshilfe auf die Zuständigkeit der ersuchenden Behörde abstellt, denn das Gericht ist nicht befugt, über die Akten anderer Behörden zu verfügen.

Nach der ganz überwiegenden Meinung handelt es sich daher beim Ersuchen um die Vorlage von Akten und deren Vorlage durch die ersuchte Behörde um das Ersuchen und um die Gewährung von Amtshilfe[34].

Das bedeutet, daß für ein Aktenersuchen des Gerichts § 168 GVG Anwendung findet. Für landesrechtliche Regelungen, wie sie § 168 GVG voraussetzt, bleibt für den Strafprozeß jedoch nur Raum, wenn diese nicht den Umfang der Herausgabepflicht betreffen; denn insoweit wird man § 96 StPO als abschließende bundesrechtliche Norm ansehen müssen; Raum bleibt daher nur noch für Vorschriften, die beispielsweise die Art und Weise der Vorlegung behandeln[35, 36].

Entsprechend ist daher auch § 15 des schleswig-holsteinischen Gesetzes zur Beendigung der Entnazifizierung[37] auszulegen, wonach in die die einzelnen Entnazifizierungsverfahren betreffenden Akten Behörden weder Einsichtnahme gestattet noch Auskunft aus ihnen erteilt werden darf. Dies kann nur insoweit gelten, als die Akten nicht in einem Strafverfahren zur Wahrheitsfindung benötigt werden, also beispielsweise zur Prüfung der Geeignetheit bei der Berufung ins Beamtenverhältnis. Für die Grenzen der Verweigerungsmöglichkeit bei Anforderung zum Zweck eines Strafverfahrens ist allein § 96 StPO ausschlaggebend[38].

---

[34] Begr. des Reg. Entwurfes des GVG zu den §§ 127—128 (jetzt §§ 156—168) in Hahn, S. 168; RG, in JW 1910, S. 717 Nr. 30; RG, in Recht 1927, Nr. 1257; Nebinger, S. 10 f.; Bennecke, S. 249 Anm. 7; Baumbach-Lauterbach, § 168 GVG Anm. 1; Hellwig, 2. Bd. S. 285 Anm. 6; Zöller, Anm. zu § 168 GVG; Stein- Jonas-Schönke, § 432 ZPO Anm. II, 1; Geiger, § 27 BVerfGG Anm. 3; Peters, LB S. 133; a. A.: Wieczorek, § 156 GVG Anm. B IIa 4; Ule, § 99 VwGO Anm. II, 3; jedoch wie hier: § 14 VwGO Anm. II 2. Beide jedoch ohne weitere Begründung.

[35] z. B. § 18 BadFGG; Art. 32 f. des HessFGG.

[36] Feisenberger, § 96 StPO Anm. 3; Jansen, § 168 GVG Anm. 3; Löwe-Rosenberg, 20. Aufl. § 96 StPO Anm. 9; Stenglein, § 96 StPO Anm. 5.

[37] Gesetz vom 17. März 1951, schleswig-holsteinisches GVBl 1951, 85.

[38] Vgl. dazu auch den in: Der Spiegel 1969 Heft Nr. 21, vom 19. 5. 1969, S. 58 erwähnten Fall, vgl. oben S. 24 Anm. 4.

(C) Die Beschränkung der Amtshilfepflicht auf innerstaatliche Behörden

I. 1. Aus dem Grundsatz der Einheit der Staatsgewalt, aus dem die Amtshilfepflicht hergeleitet wird, ergibt sich, daß alle Behörden des einen Staatsorganismus zur gegenseitigen Mitwirkungspflicht berufen sind, gleichgültig, wo sie ihren Sitz haben. Zu eng ist daher die Formulierung, daß nur Behörden im Geltungsbereich des Grundgesetzes (Art. 23 GG) bzw. der Strafprozeßordnung zur Amtshilfe bzw. zur Herausgabe der Akten verpflichtet sind[39]. Vielmehr kann ein deutsches Gericht auch eine deutsche diplomatische Vertretung im Ausland um Unterstützung angehen[40]; denn auch insoweit liegt ein innerstaatlicher und kein zwischenstaatlicher Verkehr vor. Wieweit dagegen ein Amtshilfeverkehr mit ausländischen Behörden stattfindet, richtet sich nach den maßgeblichen Staatsverträgen[41].

2. Andererseits ergibt sich aus dem Fehlen einer gemeinsamen einheitlichen Staatsgewalt, daß auch Behörden innerhalb des Geltungsbereichs des Grundgesetzes bzw. der Strafprozeßordnung nicht zur Amtshilfe berufen sind, wenn sie Behörden eines ausländischen Staates sind (z. B. diplomatische Vertretungen). Gegenstände und folglich auch Akten und Schriftstücke in ihrem Gewahrsam brauchen von ihnen nicht nach Art. 35 GG, § 96 StPO herausgegeben zu werden, denn sie sind nicht in das deutsche Behördensystem eingegliedert.

a) Da darüber hinaus die Leiter und Mitglieder der bei der Bundesrepublik Deutschland beglaubigten diplomatischen Vertretungen der deutschen Gerichtsbarkeit nicht unterliegen und polizeiliche, staatsanwaltschaftliche und richterliche Maßnahmen in ihren Wohn- und Diensträumen unzulässig sind, besteht keine Möglichkeit für das Gericht, eine Herausgabe ihrer Akten zu verlangen oder sich zwangsweise den Besitz an den Beweismitteln zu verschaffen[42].

Neben den in § 18 Satz 1 GVG genannten Personen erstreckt sich der Schutz der Exterritorialität auch auf solche Personen, die auf Grund

---

[39] So aber v. Mangoldt-Klein, Art. 35 GG, Anm. III 3; Löwe-Rosenberg, § 96 StPO Anm. 3 a; Dennewitz, in BK Art. 35 GG, Anm. 4.
[40] Vgl. auch: RiVASt Nr. 170.
[41] Zusammenstellung bei Keidel, § 2 FGG RN 47 ff.
[42] §§ 18 f. GVG; Rdschr. des BMI v. 1. 2. 1966 „Diplomaten und andere bevorrechtigte Personen" (GMBl 1966, 126): III A 1, 2; III C 1 a, sowie RiVASt Nr. 179, wonach ein Ersuchen an eine ausländische diplomatische Vertretung durch Bericht bei der obersten Justiz- oder Verwaltungsbehörde anzuregen ist.
KMR-Müller-Sax, Vorbem. 2 a vor § 94 StPO; Schwarz-Kleinknecht, § 18 GVG Anm. 2; Löwe-Rosenberg, § 94 StPO Anm. I 5 a.

von völkerrechtlichen Verträgen oder nach allgemein anerkannten Regeln des Völkerrechts von der deutschen Gerichtsbarkeit befreit sind[43]. Wer dies im einzelnen ist, kann von den Gerichten selbständig festgestellt werden. Die Auffassung des Auswärtigen Amtes, das den seiner Ansicht nach von der deutschen Gerichtsbarkeit befreiten Personen Diplomatenausweise ausstellt, bindet die Gerichte nicht[44].

b) Unter diesen Personenkreis fallen Konsuln (Berufs- wie Wahlkonsuln) nicht; jedoch sind auch sie insoweit von der Gerichtsgewalt des Aufenthaltsstaates befreit, als sie gerade amtlich für einen anderen Staat handeln. Diese Regel, soweit sie nicht schon in völkerrechtlichen Verträgen festgelegt ist, ist Bestandteil des internationalen Völkerrechts[45, 46]. Da gerade wegen der auf das Gastland gerichteten Tätigkeit des Konsuls sich bei ihm bzw. im Konsulatsarchiv häufig Akten befinden, die für das Gericht von Bedeutung sein können, ist im Einzelfall zwischen der dienstlichen und der privaten Betätigung des Konsuls zu unterscheiden; und nur soweit die Schriftstücke in den Konsulatsarchiven sowie die sonstigen Akten im Gewahrsam eines Konsuls unabhängig von privaten Papieren sind, brauchen sie nicht herausgegeben zu werden.

II. Keine Pflicht zur Amtshilfe besteht nach Art. 35 GG im Verhältnis zu Behörden der DDR. Dies wird aus dem Wortlaut des Art. 35 GG hergeleitet, wonach die Behörden des Bundes und der Länder nur „sich" Hilfe leisten[47]. Gleichwohl ist der Gedanke der Staatseinheit in diesem Bereich nicht vollständig aufgegeben. Vielmehr regelt das Gesetz über die innerdeutsche Rechts- und Amtshilfe vom 2. 5. 1953[48] näher, wann einem Ersuchen aus der DDR nachzukommen ist.

Die Aktenübersendung bedarf dabei der Genehmigung der obersten Behörde der Landesjustizverwaltung, die jedoch ihre Befugnis zur Genehmigung anderen Stellen übertragen kann[49].

---

[43] §§ 18 S. 2, 21 GVG.

[44] Löwe-Rosenberg, § 18 GVG Anm. 2 a m. w. Nachw.; a. A.: KMR-Müller-Sax, § 18 GVG Anm. 1 a.

[45] Vgl. etwa Art. 10 Ziff. 5 des Konsularvertrags zwischen der Bundesrepublik Deutschland und dem Vereinigten Königreich von Großbritannien und Nordirland vom 30. 7. 1956; BGBl II 1957, 284.

[46] Dahm, I S. 369; Löwe-Rosenberg, § 21 GVG Anm. 1; Rdschr. d. BMI a.a.O. II C, IV A 1 b; Bennecke, S. 249 Anm. 8.

[47] Maunz-Dürig, Art. 35 GG RN 2; v. Mangoldt-Klein, Art. 35 GG Anm. III 3; Hentschel, S. 169; Dennewitz, in BK Art. 35 GG Anm. 4; vgl. näher auch Stoetter, S. 42 ff.

[48] BGBl I, 161 i. d. F. v. 19. 12. 1964, BGBl I, 1067.

[49] § 3, I, II Gesetz über die innerdeutsche Rechtshilfe.

Voraussetzung für eine solche Genehmigung ist, daß nicht die Gefahr besteht, daß die Akten „*im Widerspruch zu rechtsstaatlichen Grundsätzen*" verwendet werden[50].

Im Verhältnis der Strafverfolgungsbehörden West-Berlins und der Justizbehörden der DDR ist seit April 1967 jede Behördenhilfe eingestellt, da durch die Behörden der DDR eine Bearbeitung Westberliner Ersuchen nur bei Beachtung der Formen des „*zwischenstaatlichen Verkehrs*" erfolgt[51]. Das wurde bisher von den Behörden West-Berlins aus politischen Gründen abgelehnt.

(D) Die nach Art. 35 GG, § 96 StPO herausgabepflichtigen Stellen

I. Ist § 96 StPO Ausfluß der allgemeinen Pflicht zur Behördenhilfe und begrenzt diese, so ergibt sich aus dieser Feststellung allein noch nicht ohne weiteres, welche Stellen des Staates und sonstiger juristischer Personen des öffentlichen oder Privatrechts, die öffentliche Aufgaben wahrzunehmen haben, zu den Berechtigten bzw. den Verpflichteten gehören.

Durch Art. 35 GG wird allen „*Behörden*" im Geltungsbereich des Bonner Grundgesetzes die Pflicht zur Amtshilfe auferlegt; § 96 StPO nennt ebenfalls die Behörden als „pflichtig", stellt daneben aber noch den *öffentlichen Beamten*". Es müßte sich daher durch einfache Auslegung des Begriffs der „Behörde" bzw. des „öffentlichen Beamten" der Kreis derjenigen Stellen ermitteln lassen, die zur Amtshilfe berechtigt und verpflichtet sind.

Im Gegensatz zu § 161 StPO, wo von „öffentlicher" Behörde gesprochen wird, fehlt dieser Zusatz bei § 96 StPO. Daraus läßt sich jedoch für die Auslegung des Begriffes „*Behörde*" in § 96 StPO nichts entnehmen, da auch im übrigen im Strafgesetzbuch und in der Strafprozeßordnung wahllos teils von Behörde (z. B. § 196 StGB), teils von öffentlicher Behörde (z. B. § 256 StPO) die Rede ist. Diese Formulierung ist viel mehr rein geschichtlich bedingt und ist heute zum Pleonasmus geworden[52]. Ob jedoch der Behördenbegriff für das gesamte Prozeßrecht oder wei-

---

[50] § 2, I Ziff. 2, 3 Gesetz über die innerdeutsche Rechtshilfe; BVerfGE 10, 150.
Gegen jede Verpflichtung zur Aktenversendung: Keidel, § 2 FGG RN 42; Jansen, § 168 GVG Anm. 3.
[51] Vgl. dazu näher: Rosenthal, Deutsche Fragen 1968, 4.
[52] Rasch, Die Behörde, S. 24; Puchelt, § 96 StPO Anm. 3; H. J. Wolff, 2. Bd. S. 75.

tergehend für alle gesetzlichen Bestimmungen derselbe ist, wird nicht übereinstimmend beantwortet.

Der Bundesgerichtshof geht in seinem Beschluß vom 20. 9. 1957[53] davon aus, daß grundsätzlich alle gesetzlichen Vorschriften den Begriff Behörde einheitlich verstehen und zwar im Sinne des Staats- und Verwaltungsrechts, sofern nicht das betreffende Gesetz selbst den Begriff der Behörde weitergehend faßt.

Dabei liegt der Entscheidung des Bundesgerichtshofs eine Definition zugrunde, die die Vereinigten Strafsenate des Reichsgerichts im Zusammenhang mit § 156 StGB entwickelt haben[54]: Diese lautet:

> „Eine öffentliche Behörde ist ein in den allgemeinen Organismus eingefügtes Organ der Staatsgewalt, welches dazu berufen ist, unter öffentlicher Autorität für die Erreichung der Zwecke des Staates oder der von ihm geförderten Zwecke tätig zu sein, gleichviel, ob das Organ unmittelbar vom Staat oder von einer dem Staate untergeordneten Körperschaft zunächst für deren eigene Zwecke bestellt ist, sofern die Angelegenheiten zugleich in den Bereich der bezeichneten Zwecke fallen, wobei es für den Begriff der Behörde nicht wesentlich ist, ob die ihr übertragenen Befugnisse Ausübung obrigkeitlicher Gewalt sind oder nicht."

Zu den öffentlich-rechtlichen Körperschaften, denen kraft gesetzlicher Vorschrift keine Behördeneigenschaft zukommen soll, rechnet der Bundesgerichtshof Krankenkassen und Berufsgenossenschaften[55].

Es läßt sich dagegen schon durch eine Untersuchung des Grundgesetzes widerlegen, daß der Behördenbegriff in allen gesetzlichen Vorschriften angeblich ein einheitlicher ist. Eine solche Untersuchung zeigt nämlich, daß schon innerhalb eines Gesetzes der Begriff der Behörde verschieden weit ausgelegt werden muß.

Art. 37 GG, wonach zur Durchführung des Bundeszwanges die Bundesregierung oder ihr Beauftragter gegenüber allen Ländern und ihren Behörden das Weisungsrecht hat, versteht *„Behörde"* im weitesten Sinn und meint damit sowohl die obersten Landesorgane wie die der nachgeordneten Instanzen; er schließt aber wegen Art. 92, 97 Abs. 1 GG nicht die Gerichte eines Landes mit ein[56].

Art. 36 GG versteht den Begriff der Behörde dagegen weiter und umgreift auch die Gerichtsorganisation; die Verpflichtung zur landsmannschaftlichen gleichen Besetzung der obersten Bundesbehörden erstreckt

---

[53] NJW 1957, 1673 (1674) und BGHZ 3, 110 (122); ebenso Rasch, Die Behörde, S. 23.
[54] RGSt 18, 246.
[55] a.A.: May in Anm. zu BGH vom 20. 9. 1957, NJW 1957, 1922; Meikel-Imhof-Riedel, § 29 GBO Anm. 47.
[56] Maunz-Dürig, Art. 37 GG RN. 56; v. Mangoldt-Klein, Art. 37 GG Anm. V, 2.

(D) Die nach Art. 35 GG, § 96 StPO herausgabepflichtigen Stellen

sich nicht nur auf Verwaltungsbehörden, sondern auch auf die oberen Bundesgerichte[57].

„Behörden" in der Gesetzesterminologie können daher alle möglichen Organe, die in den allgemeinen Organismus der Staatsgewalt eingefügt sind, aber beschränkt auch nur „Verwaltungsbehörden" sein.

Auch der Vergleich mit anderen Gesetzen zeigt, daß es an einem einheitlichen Behördenbegriff in der deutschen Gesetzes- und Gerichtsterminologie fehlt. Unter „Behörde" werden zwar meist die Organe des Staates oder eines anderen Trägers öffentlicher Verwaltung verstanden. Nur diese umgreift die vom Reichsgericht[58] herausgearbeitete Definition. Teilweise werden aber auch die Rechtspersönlichkeiten, d. h. die juristischen Personen selbst, als Behörden bezeichnet (z. B. § 3 Gesetz über Aufbau und Befugnisse der Ordnungsbehörde v. NrhW. vom 25. Oktober 1956[59]).

Auf die Aufgliederung der verschiedenen Behördenbegriffe in den einzelnen Vorschriften kommt es in diesem Zusammenhang jedoch nicht an. Der Kreis der Stellen, die zu Rechts- und Amtshilfe verpflichtet sind, kann sich nicht aus einer allgemeinen Definition der Behörde ergeben. Behörde bedeutet vielmehr, wie gezeigt, nicht jeweils dasselbe. Was hier in diesem Zusammenhang „Behörde" ist, muß daher aus Zweck und Aufgabe des Prinzips der gegenseitigen Behördenhilfe selbständig hergeleitet werden. Erst dann läßt sich im einzelnen bestimmen, welche „Behörden" zur Amtshilfe verpflichtet sind.

1. Mit der Aufnahme der allgemeinen Amtshilfepflicht in Art. 35 GG kam es dem Verfassungsgeber auf die Zusammenarbeit nicht nur der verschiedenen juristischen Personen des öffentlichen Rechts an, die Träger öffentlicher Verwaltung sind, sondern aller Organe, die Aufgaben öffentlicher Verwaltung wahrnehmen[60]. Art. 35 GG begreift unter Behörden demnach die Organe, nicht die juristischen Personen selbst[61]. Außerdem ergibt sich daraus, daß der Begriff der Behörde möglichst umfassend auszulegen ist.

Folglich sind selbstverständlich auch die Organe der Gerichte als Behörden i. S. d. Art. 35 GG anzusehen[62].

---

[57] Maunz-Dürig, Art. 36 GG RN 2; v. Mangoldt-Klein, Art. 36 GG Anm. III, 1 d.
[58] RGSt 18, 246.
[59] Vgl. auch bei Wolff, 2. Bd. S. 75 ff. und die dort angeführten Beispiele; Obermayer, S. 62; Ernst Böckenförde, S. 31 Anm. 36; Buß, DÖV 1959, 293.
[60] Entwurf des Verfassungskonvents Herrenchiemsee, Bericht S. 30.
[61] Löwe-Rosenberg, § 96 StPO Anm. 3 a.
[62] Maunz-Dürig, Art. 35 GG RN 3; Dreher, S. 41; Schirrmeister, S. 2, 17.

Keinen Unterschied kann es auch machen, ob die ersuchte Behörde der Unter-, Mittel- oder Oberstufe im Behördenaufbau angehört[63].

2. Im Verhältnis des Bundes zu den Ländern und unter diesen läßt sich die Amtshilfe zwar nicht auf eine einheitliche Staatsgewalt zurückführen, da die Länder jeweils über eine eigene Staatsgewalt verfügen, die sich nicht von der Bundesgewalt ableiten läßt[64]. Aber aus dem Grundsatz der Bundestreue ergibt sich auch hier ein Verhältnis von Pflichten des Bundes zu den Ländern und umgekehrt, als auch für die einzelnen Länder untereinander[65], ohne daß hier eine Einschränkung auf einen Teilbereich erfolgt.

Dem kann auch nicht entgegengehalten werden, daß dadurch dem Bund die versteckte Ausübung einer erweiterten und unzulässigen Bundesaufsicht möglich wäre; denn bei mißbräuchlicher Aufforderung besteht eben gerade kein Recht auf Behördenhilfe. Wenn daher Art. 35 GG von Bundes- und Landesbehörden spricht, so ist auch in diesem Verhältnis von einer weiten Auslegung auszugehen[66]. Die Landesgerichte können sich folglich auch an den Verfassungsschutz oder etwa das Bundeskriminalamt wenden, die Behörden des Bundes sind.

3. Große Teile der Verwaltungsarbeit, insbesondere auf dem Gebiet der Daseinsvorsorge, werden aber nicht durch die unmittelbare Staatsverwaltung erledigt, sondern durch selbständige juristische Personen des öffentlichen Rechts (Körperschaften etc.). Diese Institutionen, wie auch der Staat selbst, werden dabei vielfach auf dem Gebiet des Privatrechts tätig, teils um dadurch unmittelbar, teils um mittelbar der Erledigung ihrer Aufgaben nachzukommen.

Die Frage, ob hier die Organisation, der Aufgaben- und Tätigkeitsbereich oder der Grad der Unabhängigkeit gegenüber staatlicher Aufsicht entscheidend dafür sein soll, ob noch eine Zurechnung zum amtshilferechtlichen Behördenbegriff erfolgen kann, hat in der Literatur — auch für § 96 StPO — wenig Beachtung gefunden. *Giese-Schunk*[67] rechnen grundsätzlich alle Organe öffentlich-rechtlicher Körperschaften, *Hentschel*[68] grundsätzlich die Organe aller juristischen Personen des

---
[63] Maunz-Dürig, Art. 35 GG RN 4.
[64] Maunz-Dürig, Art. 20 GG RN 11 m. w. Nachw.; BVerfGE 6, 309; 1, 34; a.A.: Zinn, AöR 75 (1949), 291 (hier S. 296).
[65] Berg, S. 82 ff.; Zur Natur der Verpflichtung zu bundesfreundlichem Verhalten: v. Mangoldt-Klein, Art. 20 GG Anm. III 3 b; BVerfGE 1, 315; 2, 52; 12, 255.
[66] Entwurf des Verfassungskonvents Herrenchiemsee Bericht S. 30; Maunz-Dürig, Art. 35 GG RN 4; Krit.: Dennewitz, in BK, Art. 35 GG, Erl. 2.
[67] Giese-Schunck, Art. 35 GG Anm. II 1; Eb. Schmidt, § 96 StPO RN 2.
[68] Hentschel, S. 79 ff.

(D) Die nach Art. 35 GG, § 96 StPO herausgabepflichtigen Stellen

öffentlichen Rechts zu den Amtshilfepflichtigen; *Löwe-Rosenberg* nennt für § 96 StPO jedenfalls die aller Gebietskörperschaften[69]. Dabei wird von diesen Autoren allerdings nicht besonders hervorgehoben, daß sie gerade darin das entscheidende Kriterium der Abgrenzung sehen, daß die Behörden solche des Bundes, der Länder oder der Gemeinden sind.

Dreher macht die Behördeneigenschaft für die Amtshilfe und damit deren Umfang von dem der Stelle zugewiesenen Aufgabenbereich abhängig[70]; nur wenn dieser ein Teilgebiet der staatlichen Pflichten (öffentliche Aufgaben) betrifft, liegt nach seiner Meinung eine amtshilfepflichtige Behörde vor.

Fehlt es daher an einer Ausrichtung auf das letztlich einheitliche Staatsziel, so liegt keine Behörde im Sinne des Amtshilferechts vor, selbst wenn die juristische Person, um deren Organ es sich handelt, öffentlich-rechtlich organisiert ist.

Damit hat Dreher sich an dem Zweck der Amtshilfe orientiert und nicht daran, in welcher Form — öffentlich-rechtlich oder privat-rechtlich — diese Aufgaben wahrgenommen werden; denn es sind gerade die ihnen jeweils gestellten Aufgaben, die nur durch die verläßliche Zusammenarbeit aller Behörden weitestgehende Erfüllung finden können. Das bedürfte an sich keiner weiteren Erklärung, soweit es sich um Verwaltung in Form des öffentlichen Rechts handelt. Es zeigt sich hier jedoch wieder einmal, daß die Schwierigkeiten gerade dann anfangen, wenn es im Einzelfall darum geht zu bestimmen, was noch als öffentliche Aufgabe anzusehen ist.

Dreher untersucht zu diesem Zweck die einzelnen Dienststellen, prüft, welche Aufgaben ihnen zufallen und stellt fest, ob diese unter die öffentlichen Aufgaben gezählt werden können.

Eine solche spricht er beispielsweise den öffentlich-rechtlichen Rundfunkanstalten ab. Diese seien zwar öffentlich-rechtlich organisiert, um ihre politische Unabhängigkeit zu sichern, von der Staatsaufsicht aber weitgehend freigestellt[71]. Ihr Ziel sei Aufklärung, Unterrichtung, Förderung der internationalen Zusammenarbeit etc., nicht aber die Wahrnehmung staatlicher Aufgaben.

Dasselbe gelte auch für Universitäten, deren Tätigkeit, soweit die Forschung reiche, nicht auf den Staatszweck abziele, sondern der Klä-

---

[69] Löwe-Rosenberg, § 96 StPO Anm. 3 a; über die verschiedenen Arten von Körperschaften vgl.: Wolff, 2. Bd. S. 159 m. w. Nachw.
[70] Dreher, S. 53, 59; ebenso die h. M.: Dennewitz, in BK, Art. 35 GG Anm. 2; v. Mangoldt-Klein, Art. 35 GG Anm. 2; Moll, DVBl 1954, 698; Kreis, DÖV 1961, 57.
[71] Dreher, S. 56; Über die gesetzlichen Voraussetzungen hierzu vgl.: Forsthoff, LB 9. Aufl. S. 461 Anm. 6.

rung der Wahrheit diene. Das Recht auf Amtshilfe erstrecke sich daher nur auf den Teilbereich der Vermögens- und Personalverwaltung der Universität, nicht aber auf den „*außerstaatlichen lediglich wissenschaftlichen Betrieb*"[72]. Mit dieser einschränkenden Auslegung des Zweckes einzelner Institutionen geht Dreher aber an seiner eigenen These, daß der Behördenbegriff für Art. 35 GG möglichst umfassend sein soll[73], vorbei.

Dem Forschungs- und Lehrbereich der Universität und dem Rundfunk eine solche „*Förderung des Staatszweckes*" abzusprechen, erscheint gekünstelt. Nach der h. M. ist der Definition der juristischen Person des öffentlichen Rechts bereits immanent, daß sie Träger mittelbarer Staatsverwaltung ist[74]. Für das Rundfunkwesen hat das Bundesverfassungsgericht in dem Urteil zum Fernsehstreit unter ausführlicher Begründung zudem herausgearbeitet, daß die von den Rundfunkanstalten öffentlichen Rechts erfüllten Aufgaben zum Bereich der öffentlichen Verwaltung gehören[75].

Die einzelnen Landesgesetze über die Errichtung und Aufgaben einer Rundfunkanstalt bestimmen darüber hinaus ausdrücklich, daß sie zur Zusammenarbeit untereinander verpflichtet sind[76].

Eine solche Pflicht zur Zusammenarbeit besteht aber ganz allgemein, soweit sie nicht durch den besonderen Zweck der Rundfunkanstalten eingeschränkt ist.

Dasselbe gilt auch für die Universitäten, die als „*integrierender Bestandteil des Organismus des Staates*"[77] in die Reihe der Stellen eingefügt sind, die der staatlichen Aufgabenwahrnehmung dienen.

Man wird daher auch für Rundfunkanstalten und für Universitäten annehmen können, daß sie amtshilfepflichtig sind. Daß sich aus ihrer Funktion heraus Einschränkungen ergeben können (Informationsfreiheit, Lehrfreiheit), versteht sich bei ihnen wie bei jeder anderen Behörde; denn die Amtshilfepflicht ist nur Nebenpflicht und darf nicht dazu führen, daß die ersuchte Behörde in ihrer Tätigkeit behindert wird[78].

---

[72] Dreher, S. 77, 81.
[73] Dreher, S. 41.
[74] Wolff, 1. Bd. S. 212, 213.
[75] BVerfGE 12, 205 (246 ff. m. w. Nachw).
[76] Vgl. z. B.: § 3 Ges. über die Errichtung und die Aufgaben einer Anstalt des öffentlichen Rechts, Der Bayerische Rundfunk vom 10. 8. 1948 i. d. F. v. 22. 12. 1959 (BayGVBl 48, 135; 59, 314); § 6 Gesetz Nr. 806 über die Veranstaltung von Rundfunksendungen im Saarland v. 2. 12. 1964, ABl Saar 1964, 1111.
[77] VGH Freiburg v. 12. 9. 1955, JZ 1956, 18 ff.; Waibel, S. 21.
[78] Maunz-Dürig, Art. 35 GG RN 6.

Bei Krankenkassen und Berufsgenossenschaften, denen der Bundesgerichtshof[79] die Behördeneigenschaft für § 29 Abs. 3 GBO abspricht, ergibt sich aus § 115 Abs. 1 RVO, daß sie jedenfalls Behörden im amtshilferechtlichen Sinn sind[80].

Die Organe der juristischen Personen des öffentlichen Rechts sind somit grundsätzlich als amtshilfepflichtige Behörden anzusehen, soweit sie gerade den ihnen zugewiesenen Aufgaben, jedenfalls in der Form des öffentlichen Rechts, nachkommen. Dreher hat daher mit Recht wie die h. M. auf die Wahrnehmung der öffentlichen Aufgabe abgestellt, um den Rahmen abzustecken, welche Behörden amtshilfepflichtig sind. Dabei ist jedoch die Grenze soweit wie möglich zu ziehen.

4. Eine Einschränkung könnte sich allerdings daraus ergeben, daß die Durchführung dieser öffentlichen Aufgaben durch den staatlichen Verwaltungsapparat sich nicht auf das Gebiet des öffentlichen Rechts beschränkt, sondern, daß auch in privatrechtlicher Form unmittelbar Zwecke öffentlicher Verwaltung verfolgt werden (unmittelbar öffentliche Verwaltung in privatrechtlicher Form [a]).

Darüber hinaus wird der Staat auch erwerbswirtschaftlich-fiskalisch tätig; die Mittel, derer er zur Durchführung seiner Aufgaben bedarf, werden im Wege privatrechtlicher Verträge beschafft (b).

Schließlich beteiligt sich die Verwaltung auch selbst aktiv am Wirtschaftsleben als Hersteller und Verteiler von Bedarfsgütern (c).

a) Es ist fraglich, ob das Amtshilferecht auch im Bereich privatrechtlicher Tätigkeit des Staates Anwendung finden kann, denn hierbei handelt es sich doch um ein Institut des öffentlichen Rechts.

Setzt man „nichthoheitlich" mit „nichtbehördlich" gleich, so handelt eine Dienststelle nicht mehr in ihrer Behördeneigenschaft, wenn sie ihren Funktionsbereich wechselt[81]. Nach der vom Reichsgericht erarbeiteten Definition kommt es für den Behördenbegriff jedoch nicht darauf an, ob in Ausübung öffentlicher Gewalt gehandelt wird[82]. Die rechtliche Würdigung richtet sich danach — wie auch nach dem vorher Gesagten — nur nach der Zielsetzung. Begreift man die Leistungsverwaltung als diejenige öffentliche Verwaltung, die durch gewährende Tätigkeit unmittelbar die Interessen der Bürger fördert, so muß es gleichgültig bleiben, in welcher Form sie geschieht[83], in jedem Fall

---

[79] BGH vom 20. 9. 1957 in NJW 1957, 1922.
[80] Vgl. auch: § 5 SGG.
[81] Rasch, S. 34.
[82] RGSt 18, 246; Löwe-Rosenberg, § 96 StPO Anm. 3 a.
[83] Forsthoff, 9. Aufl. S. 342; Wolff, 3. Bd. S. 125 f.; Ernst Böckenförde, S. 31 Anm. 36 a.

58 B. Die Pflicht der Behörden zur Vorlage ihrer Akten vor Gericht

bleibt es öffentliche Verwaltung. Dann kann es für das Recht und die Pflicht zur Amtshilfe aber auch keinen Unterschied machen, ob Leistungsverwaltung im Wege des öffentlichen oder des Privatrechts verwirklicht wird. Sie unterliegt in jedem Fall den Grundsätzen über die Amtshilfe[84].

Es wäre auch nicht einzusehen, weshalb allein durch die Wahl der Handlungsform sich die Behördenhilfe beschränken sollte, wenn man die Gleichwertigkeit beider Arten des Verwaltungshandelns anerkannt hat.

Entscheidend ist das Verhältnis zwischen ersuchter und ersuchender Behörde. Dies bleibt in jedem Fall öffentlich-rechtlich, gleichgültig, ob sich das Verhältnis zwischen der Behörde und dem Dritten nach öffentlich-rechtlichen oder privatrechtlichen Grundsätzen bestimmt.

Kommt es aber lediglich darauf an, daß es sich um die Wahrnehmung von öffentlichen Aufgaben handelt, nicht aber auf die Handlungsform, so dürfte es auch gleichgültig sein, ob die wahrnehmende Stelle öffentlich-rechtlich organisiert ist oder nicht; denn der Verwaltung steht es auch frei, den jeweiligen Aufgabenträgern, die der Versorgung der Allgemeinheit dienen sollen, eine privatrechtliche Organisationsform zu geben (Eigengesellschaft wie z. B. Gaswerk, E-Werk als GmbH oder AG)[85].

Gegen eine unmittelbare Anwendung des Art. 35 GG spricht jedoch, daß nur Organe juristischer Personen des öffentlichen Rechts als Behörden bezeichnet werden, niemals solche des Privatrechts.

Mit einer solchen Argumentation verfällt man jedoch wieder in den Fehler, vom Begriff der Behörde aus, sofern er nicht teleologisch verstanden wird, den Kreis der Verpflichteten bestimmen zu wollen. Er bildet aber nur ein Indiz für die Beschränkung.

Mit der Wahl der privatrechtlichen Organisationsform hat sich der einrichtende Verwaltungsträger jedoch der Möglichkeit begeben, die Durchführung der Aufgaben gleichwohl öffentlich-rechtlich zu gestalten. Vielmehr steht damit fest, daß ausschließlich die Normen des Privatrechts anwendbar sind.

Damit befindet sich diese Einrichtung aber so weit außerhalb des öffentlichen Organisationsbereichs, — ist ins Privatrecht verlagert — daß von einer Trennung nur der Zuständigkeit nicht mehr die Rede sein kann.

---

[84] Kreis, DÖV 1961, 58.
[85] BVerwGE 13, 54; BGHZ 38, 50; sowie die eingehende Darstellung bei Rüfner, S. 253 ff.

(D) Die nach Art. 35 GG, § 96 StPO herausgabepflichtigen Stellen

Köttgen[86] und *Dreher*[87] stellen daher auch auf den Willen des Gesetzgebers ab, dem eine Gleichstellung der Rechtssubjekte des Privatrechts mit den öffentlich-rechtlichen Verwaltungsträgern widersprechen würde. Die Handlungsträger müssen daher mindestens in der Lage sein, auch öffentlich-rechtlich tätig zu werden, um Amtshilfe beanspruchen zu können, bzw. um zu ihr verpflichtet zu sein, denn privatrechtlich organisierte Leistungsträger können nur die Rechte und Pflichten haben, die einer Privatperson zustehen können. Auch im Verhältnis zu anderen Organen des Staates ist es ihnen daher nicht möglich, den öffentlich-rechtlichen Anspruch auf Amtshilfe geltend zu machen. Daher besteht aber auch kein Anspruch auf Amtshilfe gegen sie.

Ihnen gegenüber finden jedoch §§ 94 ff. StPO ebenso Anwendung wie gegenüber sonstigen juristischen Personen des Privatrechts. Daß hinter diesen der Staat steht, hindert dies nicht.

b) Schließlich können Behörden auf dem Gebiet des Privatrechts nicht nur tätig sein, um damit unmittelbar öffentliche Aufgaben wahrzunehmen, sondern auch mittelbar durch die Beschaffung der für eine ordnungsgemäße Verwaltung notwendigen Sachgüter diese erst vorbereiten. Diese Betätigung gehört zum fiskalischen Bereich der Verwaltung.

Eine Anwendung von Art. 35 GG lehnt *Forsthoff* hier ab[88]. Dem ist aber entgegenzuhalten, daß die gesamte Kenntnis, die einer Behörde aus ihrem hoheitlichen Tätigkeitsbereich bekannt ist, ihr auch auf fiskalischem Bereich offensteht, soweit sie selbst handelt.

Die organisatorische Trennung der einzelnen Behörden bezieht sich lediglich auf den Zuständigkeitsbereich. Es ist jedoch nicht gerechtfertigt, darüber hinaus die Folgerung zu ziehen, daß ein Auskunftsverlangen abgelehnt werden kann, wenn es der eigenen behördlichen Bedarfsdeckung dienen soll; denn die Bereitstellung der Verwaltungsmittel ist die Vorstufe zu anschließendem Verwaltungshandeln und soll dieses ermöglichen und erleichtern.

c) Anders ist die Lage, wenn die öffentliche Hand am allgemeinen Wirtschaftsleben zu Erwerbszwecken teilnimmt (staatl. Brauereien etc.); dann muß sie sich behandeln lassen wie jeder Dritte, und dies nicht nur gegenüber ihren Lieferanten, Kunden und Konkurrenten, sondern auch gegenüber den anderen Stellen des Staates[89].

---

[86] Köttgen, Die rechtsfähige Verwaltungseinheit S. 16.
[87] Dreher, S. 48 f., 88.
[88] Forsthoff, LB. 9. Aufl. S. 98; ebenso: Kreis, DÖV 1961, 58; Moll, DVBl 1954, 698; a.A.: Hentschel, S. 88, 110; Dreher, S. 92 f.; BArbG v. 25. 10. 1957, NJW 1958, 1061; BArbG v. 15. 7. 1960, NJW 1960, 2118.
[89] Frenzel, S. 23, 25; Baumbach-Hefermehl, Allgem. RN 148 ff.

Den Wettbewerbsregeln würde es widersprechen, wenn amtlich erlangte Kenntnis zu Wettbewerbszwecken verwendet würde und damit Verwaltungs- und Erwerbstätigkeit gekoppelt würden.

Die fehlende Amtshilfebefugnis ergibt sich aber auch daraus, daß solche erwerbswirtschaftliche Betätigung nur durch juristische Personen zulässig ist, die privatrechtlich organisiert sind; denen kann aber, wie gezeigt, der Anspruch auf Amtshilfe niemals zustehen.

Fehlt es aber am Recht auf Amtshilfe, so besteht andererseits auch keine Verpflichtung. Ihnen gegenüber finden gleichfalls §§ 94 ff. StPO Anwendung.

5. Eine Sonderstellung bezüglich des Grundsatzes, daß alle juristischen Personen des öffentlichen Rechts der Amtshilfepflicht und damit der Sonderform der Aktenvorlagepflicht unterliegen, kommt aber den Kirchen zu, soweit sie die Eigenschaft einer Körperschaft des öffentlichen Rechts besitzen (Art. 140 GG i. V. m. Art. 137 WRV). Da die Kirchen nicht wie die anderen Körperschaften des öffentlichen Rechts ihre hoheitlichen Befugnisse aus der allgemeinen Staatsgewalt ableiten, sondern nach der heute ganz überwiegenden Meinung als eine ursprüngliche Gewalt zu eigenem Recht angesehen werden, fehlt es am gemeinsamen Zweck, auf den beide Institutionen hinarbeiten[90].

Es bedarf daher auch einer besonderen gesetzlichen Grundlage, wenn staatliche Organe zur Durchführung kirchlicher Anordnungen verpflichtet sein sollen[91].

Fehlt es aber an der Grundvoraussetzung, auf die das Amtshilferecht aufbaut, die Gewährleistung der Einheitlichkeit bei Ausübung der Hoheitsgewalt trotz getrennter Behördenorganisation, so läßt sich daraus weiter herleiten, daß zwischen Staatsbehörden und Kirchenbehörden auch keine Amtshilfe erfolgt[92].

II. Neben den Behörden als herausgabepflichtige Subjekte nennt § 96 StPO noch die öffentlichen Beamten. Damit können nur solche Beamte gemeint sein, die für sich allein eine Behörde bilden[93]. Um Beamte im beamtenrechtlichen Sinn braucht es sich dabei nicht zu

---

[90] Quaritsch, Der Staat 1962, 314 ff.; a.A.: Weber, VVdStRL 11, 170.

[91] Quaritsch, Der Staat 1962, 314; zur Herausgabepflicht der katholischen Geistlichen s.: Art. 9 des Reichskonkordats vom 20. 7. 1933 (RGBl II, 679), der hier entsprechend § 97 StPO Anwendung finden muß.
Ebenso: Löwe-Rosenberg, § 95 StPO Anm. 3 c.

[92] Maunz-Dürig, Art. 35 GG RN 5; v. Mangoldt-Klein, Art. 35 GG Anm. III 1; Dreher, S. 83 f.; Hentschel, S. 87; Moll, DVBl 1954, 698; offen gelassen: von Maunz-Sigloch-Schmidt-Klein, § 27 BVerfGG RN 4.

[93] Löwe-Rosenberg, § 96 StPO Anm. 3 a; Eb. Schmidt, § 96 StPO Anm. 2; John, § 96 StPO Anm. 2 c.

handeln. Behörde ist daher z. B. der Bürgermeister in einer kleinen Landgemeinde.

Besteht auch die Behörde nur aus einer Person, so muß sich ein Ersuchen doch an die Behörde richten; denn nur in dieser Eigenschaft steht dem Einzelnen das Recht zur Verfügung über Akten etc. zu.

Zusammenfassend ergibt sich daraus, daß der Kreis der zur Amtshilfe verpflichteten Behörden grundsätzlich übereinstimmt mit dem allgemeinen Behördenbegriff, den RGSt 18, 246 für das materielle Strafrecht herausgearbeitet hat. Klarstellend und ergänzend muß jedoch hinzugefügt werden, daß dies alle Organe von Hoheitsträgern sind, die unmittelbar oder mittelbar öffentliche Aufgaben wahrnehmen und daß es wesentlich darauf ankommt, daß gerade die Verwahrung amtlich ist. Dagegen sind ausgenommen von der Pflicht zur Amtshilfe die Organe der Kirchen, sowie die Stellen von privatrechtlich organisierten Leistungsträgern, selbst wenn sie unmittelbar öffentliche Aufgaben erfüllen.

Soweit Strafgerichte daher Akten von den oben genannten Organen anfordern, sind ihnen diese nach Art. 35 GG i. V. m. § 96 StPO vorzulegen. Die Organe der privatrechtlich organisierten Leistungsträger sind dagegen ohne Unterschied nach §§ 94 ff. StPO zur Herausgabe verpflichtet.

(E) Die Vorlagepflicht der gesetzgebenden Versammlungen und ihrer Ausschüsse

I. 1. Zu den Verwaltungsbehörden i. S. d. Art. 35 GG, § 96 StPO lassen sich auch die Verwaltungen der parlamentarischen Körperschaften zählen (Bundestag — Bundesrat — und Landtagsverwaltungen)[94]. Ob dagegen auch die gesetzgebenden Körperschaften selbst unter den bisherigen Wortlaut des § 96 StPO fallen, ist zweifelhaft.

Bei den Verhandlungen zur Reform des Strafprozesses in den Jahren 1903—1905 war dies abgelehnt worden; vielmehr ging man davon aus, daß die gesetzgebenden Körperschaften ohne Ausnahme zur Vorlage verpflichtet seien (ohne daß dies jedoch näher begründet wurde)[95].

---

[94] Maunz-Sigloch-Schmidt-Bleibtreu-Klein, § 27 BVerfGG Anm. 8; Maunz-Dürig, Art. 35 GG RN 3; Schmidt-Bleibtreu-Klein, Art. 35 GG RN 5.
[95] Protokolle der Kom. für die Reform des Strafprozesses, 2. Lesung 2. Bd. S. 174, 431; vgl. auch: Löwe-Rosenberg, 19. Aufl. § 96 StPO Anm. 10.

B. Die Pflicht der Behörden zur Vorlage ihrer Akten vor Gericht

Es war deshalb beantragt worden, § 96 StPO folgende Ergänzung anzufügen:

„Die Vorlegung oder Auslieferung von Akten oder anderer Schriftstücke, welche sich in Verwahrung einer gesetzgebenden Versammlung befinden, darf nicht gefordert werden, wenn der Vorsitzende der Versammlung oder sein Stellvertreter erklärt, daß das Bekanntwerden des Inhalts dieser Akten oder Schriftstücke dem Wohl des Reiches oder eines Bundesstaates Nachteil bereiten würde."

Da es zur Änderung des geltenden Rechts jedoch nicht kam, fragt es sich, ob § 96 StPO nicht analog anwendbar ist, um die Grenzen der Vorlagepflicht für die gesetzgebenden Versammlungen zu bestimmen. Diese Frage war bis zu dem bejahenden Urteil des Bundesgerichtshofs vom 23. 3. 1965 streitig[96],[97].

Ehe man jedoch auf die mögliche analoge Anwendung des § 96 StPO hinsichtlich der Grenzen der Herausgabepflicht eingeht, stellt sich die Frage, aus welchem Rechtsgrund sich eine Herausgabepflicht als solche ergeben kann, denn wie ausgeführt[98], bleibt nach Einführung des Art. 35 GG für § 96 StPO nur noch die Regelung der Grenzen der behördlichen Vorlagepflicht. Diese Frage nach dem Rechtsgrund der Vorlagepflicht wird von der genannten Entscheidung des Bundesgerichtshofes nicht behandelt.

2. Direkt ist Art. 35 GG nicht anwendbar, denn gesetzgebende Versammlungen sind keine Behörden, da nur Organe der rechtsprechenden und gesetzesvollziehenden Gewalt als solche bezeichnet werden[99]. Nur der Präsident der Versammlung kann Behörde sein, soweit er verwaltend tätig wird[100].

Eine solche Vorlagepflicht könnte sich aber aus einer Ausweitung der allgemeinen Grundsätze der Amtshilfe ergeben. *Dreher* lehnt unter Anführung der Entwicklung der Verfassungsgeschichte im 19. Jahrhundert eine auch nur entsprechende Anwendung der Amtshilfepflicht und Berechtigung der Volksvertretungen ab[101] und beschränkt damit Art. 35 GG auf die Beziehungen zwischen Verwaltungs- und den Rechtsprechungsorganen sowie zwischen diesen untereinander. Er begründet dies mit dem scharf durchgeführten Prinzip der Gewaltentrennung

---

[96] BGHSt 20, 189; anstelle anderer: Löwe-Rosenberg, § 96 StPO Anm. 3 b.
[97] Gegen eine analoge Anwendung: Feisenberger, § 96 StPO Anm. 1; vgl. auch: Erl. zur Erg. des § 96 StPO in der 73. Sitzung der Kom. für die Reform des Strafprozesses, 2. Lesung 2. Bd. S. 174; Löwe-Rosenberg, 20. Aufl. § 96 StPO Anm. 4.
[98] Vgl. oben B, (B), II, 2.
[99] BGHSt 20, 190.
[100] v. Mangoldt-Klein, Vorbem. zu Art. 38 GG Anm. III 2 c.
[101] Dreher, S. 42.

(E) Die Vorlagepflicht der gesetzgebenden Versammlungen

zwischen exekutiver und legislativer Gewalt in den preußischen Verfassungsurkunden von 1848 und 1850.

Für diese Auffassung spricht, daß im Grundgesetz zwar den Mitgliedern des Bundestages eine Reihe von Frage- und Kontrollmöglichkeiten (das Entsprechende gilt für die Landesparlamente) gegenüber der Regierung über Vorgänge bei den ihr unterstehenden Behörden gegeben sind[102]. Zur Beantwortung der gestellten Fragen ist die Bundesregierung auch verpflichtet, sofern nicht aus Geheimhaltungsgründen eine Auskunft versagt werden kann[103]. Bestimmungen über ein besonderes, dem Parlament zustehendes, Amtshilferecht fehlen aber.

3. Daraus läßt sich allein jedoch noch nicht entnehmen, daß der Verfassungsgesetzgeber das Parlament von dem Recht auf Amtshilfe ausschließen wollte.

a) Ein rein formales Argument für eine entsprechende Anwendung läßt sich aus Art. 44 Abs. 2 GG entnehmen.

Für die Untersuchungsausschüsse des Bundestages wird dort ausdrücklich festgelegt, daß Gerichts- und Verwaltungsbehörden ihnen zur Amtshilfe verpflichtet sind. Die Untersuchungsausschüsse haben aber grundsätzlich nicht mehr Rechte als das Parlament selbst; denn sie sind nur deren Hilfsorgane[104].

b) Auf den einheitlichen Staatszweck, seine Übereinstimmung und Kontinuität, die tragenden Hintergründe der Behördenhilfe, läßt sich aber nicht nur Rechtsprechung und Verwaltung zurückführen. Dieser Grundsatz, der zur Begründung der gegenseitigen Hilfspflicht herangezogen wird, läßt sich vielmehr selbstverständlich auch auf das Verhältnis Rechtsprechung—Gesetzgebung übertragen. Eine Begrenzung erfährt die entsprechende Anwendung der Amtshilfegrundsätze nur dort, wo die Beschränkungen des Interpellationsrechts umgangen werden.

Ob sich daraus umgekehrt der Schluß ziehen läßt, daß die gesetzgebenden Versammlungen ihrerseits zur Amtshilfe verpflichtet sind, ist aber wegen ihrer besonderen Tätigkeit fraglich: außenpolitische Interessen können eine Geheimhaltung erfordern, die Weggabe von Papieren kann die weitere Gesetzgebungsarbeit erschweren. Das betrifft aber lediglich die Grenzen, wieweit eine Vorlage verweigert werden kann und die Art der Vorlage, nicht aber die Frage, ob grundsätzlich eine solche Pflicht nicht besteht.

---

[102] Art. 43 II, 44 GG i. V. m. § 105 GeschO. BT.
[103] Maunz-Dürig, Art. 43 GG RN 8; v. Mangoldt-Klein, Art. 43 GG Anm. III 2; Anschütz, Art. 33 WeimVerf. Anm. 1; Hatschek, S. 137.
[104] § 60 I 1 GeschO BT; v. Mangoldt-Klein, Art. 44 GG Anm. III 3 a m. w. Nachw.; Keßler, AöR n. F. Bd. 49, 313.

B. Die Pflicht der Behörden zur Vorlage ihrer Akten vor Gericht

Eine funktionsgerechte Tätigkeit der Gerichte kann andererseits darauf angewiesen sein, daß ihr die angeforderten Papiere vorliegen. Gefahren für die Durchsetzung des materiellen Strafanspruchs wie für den Angeklagten entständen durch eine mögliche willkürliche Ablehnung.

Die gesetzgebenden Versammlungen sind daher gleichfalls als verpflichtet anzusehen, ihre Akten vorzulegen[105].

Dann bleibt lediglich die Frage, ob sich § 96 StPO entsprechend zur Festlegung der Grenzen der Vorlagepflicht heranziehen läßt. Der Schutz, der Schriftstücken gesetzgebender Versammlungen zugebilligt werden muß, kann keinesfalls geringer sein als der der Schriftstücke anderer Staatsorgane. Andererseits eine Auslieferung schon dann versagen zu können, wenn diese für untunlich erklärt wird, wie dies anfänglich in der Kommission zur Reform des Strafprozesses vorgeschlagen wurde[106], würde Strafverfolgung und Verteidigung zu sehr beschränken.

§ 96 StPO läßt sich daher auch für die gesetzgebenden Versammlungen entsprechend heranziehen[107].

Dagegen finden auf den Gemeinderat Art. 35 GG, § 96 StPO unmittelbar Anwendung, denn er ist Verwaltungsorgan und kein Parlament[108], dies ergibt sich aus seiner Tätigkeit, die in der Mehrzahl aus reinen Verwaltungsentscheidungen und nicht in der Normsetzung besteht. Dasselbe gilt auch für den Kreistag.

II. Von den Ausschüssen des Bundestages können besonders die Akten der Untersuchungsausschüsse Bedeutung für ein Strafverfahren erlangen. Da bei der Feststellung des Sachverhalts in einem Untersuchungsausschuß vielfach auch strafbares Verhalten von Beteiligten offenbar wird, kann ein Gericht besonderes Interesse daran haben, die bei der Untersuchung angelegten Akten einzusehen, wenn es auch selbst in der Würdigung und Beurteilung des der Beurteilung zugrundeliegenden Sachverhalts frei ist[109].

Für die von Untersuchungsausschüssen vorgenommenen Beweiserhebungen finden die Vorschriften der Strafprozeßordnung sinngemäße Anwendung[110], was jedoch für § 96 StPO nur mit erheblichen Ein-

---

[105] Für die Bundesverfassungsgerichtsbarkeit ebenso: Blaeser, S. 76.
[106] a.a.O. S. 174 vgl. Fn. 95.
[107] BGHSt 20, 189.
[108] Kunze-Schmidt, § 24 BaWüGemO, Erl. I, 3; Dreher, S. 47; f.; BGH v. 14. 7. 1956, NJW 1956, 1401; Kottenberg, § 27 NrhWGemO, Erl. II m. w. Nachw.; a.A.: Gönnenwein, S. 241; Löwe-Rosenberg, § 96 StPO Anm. 3 b.
[109] Art. 44 IV GG.
[110] Art. 44 II 1 GG.

schränkungen gilt[111]. Für uns stellt sich jedoch nicht die Frage, wieweit die Untersuchungsausschüsse das Recht auf Mitwirkung anderer Behörden haben, sondern umgekehrt, wieweit sie selbst verpflichtet sind, ihre eigenen Unterlagen Gerichten zu überlassen.

Ob den Untersuchungsausschüssen die Stellung einer Behörde zukommt oder ob sie lediglich behördenähnliche Stellung haben, wird in der Literatur nicht einheitlich beantwortet[112].

Im ersteren Fall hätte Art. 44 Abs. 3 GG nur deklaratorische, sonst aber konstitutive Bedeutung.

Eine Lösung unserer Fragestellung ergibt sich aber ohne tieferes Eindringen in dieses Problem schon aus dem Amtshilferecht selbst. Wenn die Untersuchungsausschüsse auch teilweise exekutive Aufgaben wahrnehmen, so sind sie jedenfalls doch Organe des Parlaments; dann läßt sich Art. 35 GG nicht unmittelbar auf sie anwenden. Als Hilfsorgan des Parlaments unterliegen sie aber denselben Verpflichtungen wie dieses; das bedeutet, daß auch Untersuchungsausschüsse im Rahmen der entsprechenden Anwendung des § 96 StPO ihre Akten den Gerichten zur Verfügung stellen müssen[113].

(F) Die zur Herausgabe zuständige Behörde

I. Die allgemeine Herausgabepflicht von Beweismitteln im Strafprozeß trifft denjenigen, der die Sache in Gewahrsam hat. Nur auf das tatsächliche Herrschaftsverhältnis über die Sache stellt das Gesetz in § 95 StPO ab, nicht aber auf Eigentum oder sonstige Rechte an der Sache[114] oder auf eine schuldrechtliche Verpflichtung, mit der Sache weisungsgemäß zu verfahren.

Die Wahlmöglichkeit des Gerichts, Beweisgegenstände, die sich im Besitz eines Bürgers befinden, entweder zu beschlagnahmen, oder aber ihre Herausgabe mit den Mitteln des § 70 StPO zu erzwingen, ist insbesondere dort wichtig, wo sie von dem Gewahrsamsinhaber so sicher verborgen sind, daß eine Beschlagnahme nicht möglich ist[115]. Sinnvoll ist

---

[111] Ehmke, DÖV 1956, 417 ff.; Keßler, AöR n. F. Bd. 49, 320 ff. m. w. Nachw. Das Problem des Verfahrens der parlamentarischen Untersuchungsausschüsse war Gegenstand der Verhandlungen des 45. deutschen Juristentages; s. besonders die Reformvorschläge im Gutachten Partsch.
Die Frage wurde wieder akut bei der Verweigerung der Vorlage von Ermittlungsakten durch die Staatsanwaltschaft Bonn an den HS 30-Ausschuß, s. Der Spiegel 1968, Heft 26, S. 32.
[112] Vgl.: Maunz-Dürig, Art. 44 GG RN 27 m. w. Nachw.
[113] a.A.: Dreher, S. 43 f.
[114] z. B.: § 810 BGB.
[115] Niese, S. 141.

auch, in diesen Fällen gerade den zur Herausgabe zu verpflichten, der die unmittelbare Möglichkeit hat, zu der Sache zu gelangen und auf sie einzuwirken.

Dritte, die Rechte an der Sache haben, aber keinen Besitz, müssen nur die Herausgabe durch den Besitzer dulden. Andererseits können sie aber nicht gezwungen werden, die geforderten Gegenstände herbeizuschaffen[116].

II. 1. Nach dem Wortlaut des § 96 StPO, wonach Akten und Schriftstücke, die sich in amtlicher Verwahrung befinden, vorzulegen sind, läge es nahe anzunehmen, daß auch hier zur Bestimmung der herausgabepflichtigen Behörde an den Gewahrsam angeknüpft wird, mit anderen Worten, daß an die Behörde das Herausgabeersuchen zu richten ist, die die Akten in Gewahrsam hat.

Keine Schwierigkeit bereiten dabei die Fälle, in denen eine Behörde ihre eigenen Akten herausgeben soll. Welche aber soll die zuständige verpflichtete Behörde sein, wenn eine Behörde einer anderen Akten zur Einsichtnahme überlassen hat?

Der Umfang der Amtshilfepflicht kann nicht weiter sein als der durch das *„tatsächliche Können und rechtliche Dürfen"* gesetzte Rahmen[117]; dieser würde überschritten bei der Herausgabe von Akten anderer Behörden, die nur zur Einsichtnahme überlassen sind. Denn die Behörde ist verpflichtet, die Akten nach Gebrauch an die gestattende Behörde zurückzugeben, sie ist aber nicht befugt, anderweit darüber zu verfügen.

Der Begriff des Gewahrsams läßt sich daher nur dann als Anknüpfungspunkt zur Bestimmung der herausgabepflichtigen Behörde verwenden, wenn man ihn nicht wie §§ 242, 246 StGB als rein tatsächliche Herrschaftsgewalt auslegt, sondern zusätzlich noch die Verfügungsbefugnis über die Sache verlangt. Dies lehnt aber die ganz herrschende Meinung für die §§ 94 ff. StPO ab. Die Auslegung des Begriffes *„Gewahrsam"* fand zwar nach einer Entscheidung des Oberlandesgerichts Celle insoweit eine Ausweitung, als auch dann noch Mitgewahrsam angenommen wird, wenn die Sache von einer dritten Stelle aufbewahrt wird, die zum Stillschweigen verpflichtet ist[118]; denn dann ist die aufbewahrende Stelle nur „der verlängerte Arm" des Auftraggebers. Zu der Entscheidung des Oberlandesgerichts Celle kam es jedoch nur, um eine Lücke in der Strafprozeßordnung schließen zu können; denn andernfalls müßten Gegenstände, die sich bei Nichtzeugnisver-

---

[116] Vgl. hierzu im Einzelnen: Müller-Dietz, S. 39 ff. m. w. Nachw.
[117] Maunz-Sigloch-Schmidt-Bleibtreu-Klein, § 27 BVerfGG RN 11.
[118] OLG Celle, 18. 1. 1952, MDR 1952, 376; Löwe-Rosenberg, § 97 StPO Anm. 4 a, aa.

(F) Die zur Herausgabe zuständige Behörde

weigerungsberechtigten im Sinne des § 95 i. V. m. § 53 StPO befinden, von diesen herausgegeben werden, was eine Weitergabe von solchen Gegenständen an diese zur Aufbewahrung durch Zeugnisverweigerungsberechtigte unmöglich machen würde (z. B. die Aufbewahrung von Krankenunterlagen bei der Ärztekammer).

Daß es aber im übrigen für die §§ 94 ff. StPO nicht darauf ankommt, ob der Gewahrsamsinhaber berechtigter oder nichtberechtigter Besitzer ist, oder ob er verpflichtet ist, nach bestimmten Weisungen mit dem Gegenstand zu verfahren, ergibt sich aus der öffentlich-rechtlichen Natur der Herausgabepflicht, die unabhängig von der zivilrechtlichen Rechtslage besteht.

Die Editionspflicht für Behörden ist zwar auch öffentlich-rechtlicher Natur, leitet sich aber, wie oben herausgearbeitet wurde, aus der allgemeinen Pflicht zur Amtshilfe her. Der Gewahrsam ist für die Bestimmung der zur Amtshilfe verpflichteten Behörde kein geeignetes Merkmal, denn damit überließe man der Behörde, der Akten nur zum vorübergehenden Gebrauch zugänglich gemacht sind, die Entscheidungsbefugnis, ob das Bekanntwerden des Inhalts dem Wohl des Bundes oder eines deutschen Landes Nachteile bereitet. Dafür ist ihre oberste Dienstbehörde aber nicht zuständig.

Behörden dürfen aber nur tätig werden, wenn sie für die ersuchte Handlung zuständig sind. Die rechtliche Verfügungsmacht über Akten ist unabhängig von deren Gewahrsam, denn die Zuständigkeit einer Behörde leitet sich aus Rechtsregeln her, nicht aber aus tatsächlichen Verhältnissen. Auf diese kann in den Zuständigkeitsvorschriften allerdings Bezug genommen werden. Dies gilt auch, wenn ein Ersuchen auf Rechts- und Amtshilfe an eine Behörde gerichtet ist, da sie dadurch nicht mehr Rechte erhalten kann, als sie schon vorher gehabt hat[119]. Daran ändert sich auch nichts, wenn ein Auslieferungsverlangen von einem Gericht an sie gestellt wird.

Zur Verfügung über Akten ist aber im Regelfall, d. h. soweit innerdienstliche Vorschriften nichts anderes bestimmen, nur die Stelle befugt, die die Akten angelegt hat. Bei Unzuständigkeit hat die Behörde daher das Ersuchen an die zuständige Stelle weiterzuleiten. Diese kann dann entweder ihre Akten zurückfordern, um sie anschließend dem Gericht vorzulegen oder sofort deren Übersendung durch die einsichtnehmende Stelle veranlassen.

Die Hilfspflicht der ersuchten, aber zur Auslieferung unzuständigen Behörde erschöpft sich demnach im Regelfall darin, das Ersuchen wei-

---

[119] Niemann, S. 132; Walther Schmidt, S. 55; Dreher, S. 109; Maunz-Sigloch-Schmidt-Bleibtreu-Klein, § 27 BVerfGG RN 11; Mellwitz, § 5 SGG RN 4; Hentschel, S. 121, 126; Wolff, 2. Bd. S. 115.

terzuleiten, die Akten an die gestattende Behörde zurückzureichen und dem Gericht Nachricht davon zu geben.

2. Wie oben[120] bereits dargelegt, ergibt sich aus der Erwähnung des öffentlichen Beamten in § 96 StPO neben der Behörde nur soviel, daß Behörden auch dann herausgabepflichtig sind, wenn sie nur aus einer Person bestehen.

Das Ersuchen um Vorlage hat sich in jedem Fall aber an die Behörde selbst und nicht an einen Beamten der Behörde zu richten; denn nur jener steht die Verfügungsmacht zu, nicht dem einzelnen Beamten als Angehörigen der Behörde, dessen Entscheidung allerdings der Behörde zugerechnet werden muß.

3. Keine Verfügungsgewalt dagegen haben Behörden über private Gegenstände, also auch persönliche Schriftstücke und Akten, die ein Beamter oder Angestellter an seinem Arbeitsplatz, z. B. in seinem Schreibtisch, aufbewahrt. Der Beamte bleibt Gewahrsamsinhaber, er hat für die Auslieferung zu sorgen. Sie können daher auch in seinem Schreibtisch beschlagnahmt werden, wofür jedoch u. U. besondere gesetzliche Einschränkungen bestehen können[121].

4. Keines besonderen Ersuchens um Gestattung der Einsichtnahme bedarf es in Fällen, in denen das Gericht bereits den Gewahrsam an den Akten erlangt hat, etwa wenn von einer Privatperson Behördenakten herausgegeben werden, die Gegenstand einer strafbaren Handlung geworden sind.

Dies ergibt sich aus der negativen Fassung des § 96 StPO, der grundsätzlich von dem Recht des Gerichts auf Einsicht ausgeht[122].

Eine andere Frage ist, ob die Behörde nachträglich die sofortige Zurückgabe verlangen kann. Dann müßte aber sie tätig werden[123].

Hat daher ein Gericht bereits Akten der Behörde in einem anderen Verfahren beigezogen, so können diese ohne weiteres auch in einem neuen Verfahren verwendet werden.

---

[120] Vgl. oben S. 60 f.

[121] Z. B.: Art. 40 Abs. 2 GG, § 98 Abs. 4 StPO.

[122] Weitergehend noch: Beling, der hier §§ 94 f. StPO, nicht aber § 96 StPO für anwendbar hält, Beweisverbote S. 6 Anm. 3, S. 7; ebenso wie hier auch: Holtzendorff für den Fall, daß Akten z. B. bei einem Privaten beschlagnahmt wurden, nachdem sie gestohlen worden waren und ihr Inhalt schon bekannt geworden ist.

[123] So für § 99 VwGO: OLG Münster vom 20. 10. 1961, DÖV 1963, 771; a.A.: KMR-Müller-Sax, Vorb. § 94 StPO Anm. 6 c.

(G) Die für die Abgabe der Verweigerungserklärung zuständige oberste Dienstbehörde

Grundsätzlich obliegt es der um Amtshilfe angegangenen Behörde, in eigener Zuständigkeit festzustellen, ob die Voraussetzungen vorliegen, auf Grund derer sie tätig zu werden hat. Bestehen bei der ersuchten Behörde keine Bedenken, die Akten vorzulegen, so kann sie dies, auch wenn sie von einem Strafgericht ersucht wurde, selbst entscheiden.

Die Entscheidung über die Verweigerung der Aktenvorlage durch eine Behörde gegenüber einem Gericht trifft jedoch — wie § 96 StPO dies ausdrückt — deren oberste Dienstbehörde. Die eigene Verweigerungserklärung ist gegenüber dem Gericht ohne rechtliche Bedeutung, denn ihr fehlt für die Verweigerungserklärung die Zuständigkeit[124]. Dabei wird man davon ausgehen können, daß dies eine allgemeine Zuständigkeitsvorschrift ist, d. h., daß die oberste Dienstbehörde auch dann hierfür allein zuständig ist, wenn die Verweigerung aus anderen als aus den in § 96 StPO genannten Gründen erfolgt.

In den § 96 StPO entsprechenden Vorschriften, § 99 VwGO, § 86 FinGO, § 119 Abs. 1 SGG, ist die Erklärung durch die zuständige oberste *„Aufsichtsbehörde"* abzugeben.

Der Sache nach ist der Inhalt der Entscheidung im Strafverfahren und in den anderen Verfahrensarten aber gleich. Es liegt daher nahe anzunehmen, daß trotz verschiedener Bezeichnung jeweils dieselbe oberste Behörde gemeint ist[125]. Weder durch den Begriff *„oberste Dienstbehörde"* noch durch den der *„obersten Aufsichtsbehörde"* ist jedoch eindeutig festgelegt, welche Behörde dies ist, denn diese Bezeichnungen werden für verschiedene oberste Behörden verwendet. Welche Behörde oberste Aufsichtsbehörde ist, hängt daher davon ab, worauf sich die Aufsicht innerhalb des Behördensystems bezieht[126].

Die Kommentare zu § 96 StPO beschränken ihre Anmerkungen hierzu durchweg auf die Feststellung, daß oberste Dienstbehörde — auch für Gemeinden — das zuständige Ministerium sei. Damit ist jedoch nichts gewonnen, wenn es zu ermitteln gilt, wer zuständige oberste Verweigerungsbehörde für sonstige juristische Personen des öffentlichen Rechts ist.

Es ist deshalb notwendig zu untersuchen, welche Arten der Aufsicht zu unterscheiden sind, um danach die für eine Verweigerung zuständige Behörde bestimmen zu können.

---
[124] Eb. Schmidt, Nachtragsband § 96 StPO RN 4 m. w. Nachw.
[125] Vgl. aber: § 70 Abs. 3 BayLBG.
[126] Wolff, 2. Bd. § 77 S. 93 ff.

B. Die Pflicht der Behörden zur Vorlage ihrer Akten vor Gericht

I. 1. Die Aufsicht kann bestehen in der Überwachung der Pflichterfüllung des einzelnen Amtswalters im Innenverhältnis zu seinem Dienstherrn. Sie wird dann als Dienstaufsicht bezeichnet[127]. Auch die Versagung der Aussagegenehmigung hat durch die oberste Dienstbehörde zu erfolgen[128], das ist die oberste Behörde seines Dienstherrn, in deren Dienstbereich er ein Amt bekleidet[129]. Die Übertragung dieser Entscheidung auf diese Behörde ist auch sinnvoll, denn sie hat über alle, gerade den Beamten betreffende Angelegenheiten, zu befinden.

In § 96 StPO wird jedoch nicht deshalb die Entscheidung der „obersten Dienstbehörde" übertragen, um den zuständigen Beamten in personalrechtlicher Weise zu beaufsichtigen, sondern um Gewähr für eine besonders abgewogene Entscheidung zu bieten. Zu diesem Zweck ist es aber naheliegend, daß die Behörde die Entscheidung trifft, die die fachliche Aufsicht hat.

2. Mit Aufsicht könnte die Staatsaufsicht gemeint sein, die sich auf unterstaatliche juristische Personen des öffentlichen Rechts erstreckt (Kommunalaufsicht und allgemeine Körperschaftsaufsicht), bzw. Organaufsicht, wenn sie sich auf nachgeordnete Organe bezieht[130]. Innerhalb der Organaufsicht ist zu unterscheiden, ob sie die innere Ordnung und Geschäftsführung (allgemeine Organaufsicht) oder die besondere fachliche Tätigkeit der Behörde betrifft (besondere Organaufsicht) (Beispiel: §§ 51, 52 BaWüPolG.).

Nimmt man an, daß durch § 96 StPO eine eigene sachliche Kompetenz geschaffen wird, über die Frage der Aktenvorlage zu entscheiden, so ist die oberste Staats- bzw. Organaufsichtsbehörde oberste Dienstbehörde. Eine Übertragung der sachlichen Kompetenz würde aber zu dem merkwürdigen Ergebnis führen, daß die Staatsaufsichtsbehörde über die Herausgabe von Akten entscheiden könnte, die sich auf Gegenstände beziehen, die fachlich nicht ihrer Aufsicht unterstehen, z. B. das Innenministerium würde über die Aktenvorlage der Landespolizeibehörden entscheiden, die Angelegenheiten betreffen, die unter der fachlichen Aufsicht eines anderen Ministeriums stehen (§§ 51, 52 BaWüPolG).

In § 96 StPO kann folglich nur die funktionelle Zuständigkeit gemeint sein; oberste Dienstbehörde ist die oberste Fachaufsichtsbehörde.

Für eine ersuchte allgemeine Verwaltungsbehörde auf der Unter- oder Mittelstufe ist diese das zuständige Ministerium. Für kommunale

---
[127] Oberste Dienstbehörde vgl.: § 3 BBG; § 4 BaWüLBG; § 44 Abs. 4 BaWüGemO; Art. 4, 70 BayLBG; § 3 NrhWLBG; § 3 NdsLBG.
[128] § 62 Abs. 4 BBG; § 65 NrhWLBG, § 70 Abs. 3 BayLBG etc.
[129] Anstelle anderer: Fischbach, § 62 BBG Anm. V.
[130] Wolff, 2. Bd. S. 95.

(G) Die zuständige oberste Dienstbehörde

Selbstverwaltungskörperschaften, soweit sie weisungsfreie Aufgaben wahrnehmen und keiner Fachaufsicht unterliegen[131], ist diese das höchste Organ der Selbstverwaltungskörperschaft, wenn sich die Akten auf solche Angelegenheiten beziehen[132].

Dasselbe gilt für andere Selbstverwaltungskörperschaften (Sozialversicherungsträger, Universitäten), wo die Präsidenten, Rektoren etc. über die Vorlage entscheiden.

Da der obersten Aufsichtsbehörde im Regelfall jeweils ein gewählter Amtsträger vorsteht, führt die Übertragung der Verweigerungsbefugnis dazu, daß der Minister (Bürgermeister etc.) nicht nur die juristische, sondern auch die politische Verantwortung zu tragen und dafür einzustehen hat[133].

II. Wird von einer obersten Bundes- oder Landesbehörde die Auslieferung verlangt, so fragt sich, ob diese selbst die Weigerungserklärung abgeben kann[134].

Der Wortlaut des § 96 StPO gibt für diese Frage nichts her. Die führenden Kommentare zur Strafprozeßordnung schweigen.

§ 119 Abs. 2 SGG und die Vorschrift des § 41 BVerwGG — der Vorläuferin des § 99 VwGO — sowie der Entwurf zu § 99 VwGO[135] verlangen bzw. verlangten die Entscheidung der jeweiligen Regierungen. Für § 99 VwGO hat das Bundesverwaltungsgericht dagegen mit Beschluß vom 19. 8. 1964[136] die Erklärung der obersten Bundesbehörde genügen lassen[137].

Über die einzelnen Minister steht der Bundesregierung keine Aufsichtsbefugnis zu. Nach Art. 65 Abs. 2 GG leiten diese ihren Geschäftsbereich vielmehr selbst, die Bundesregierung ist daher nicht oberste Aufsichtsbehörde über die Bundesministerien. Dasselbe gilt auch entsprechend in den einzelnen Ländern.

---

[131] Anstelle anderer: § 118, I BaWüGemO.
[132] Ebenso: Maunz-Sigloch-Schmidt-Klein für § 27 BVerfGG § 27 RN 10; a.A. die h. M.: Ule, § 99 VwGO Anm. II 2; Eyermann-Fröhler, § 99 VwGO RRN 6; Koehler, § 99 VwGO Anm. IV 2; Redeker-v. Oertzen, § 99 VwGO RN 11; Löwe-Rosenberg, § 96 StPO Anm. 5 c; Dalcke-Fuhrmann-Schäfer, § 96 StPO Anm. 3; KMR-Müller-Sax, § 96 StPO Anm. 5; jedoch alle ohne weitere Begründung.
[133] Düwel, S. 155.
[134] Über den Verkehr der Justizbehörden mit obersten Bundes- und Landesbehörden bestehen in einzelnen Bundesländern besondere Erlasse; vgl. hierzu näher: Scheld, DRiZ 1960, 182 f.
[135] Vgl. BT. Drucksache Nr. 55, 3. Wahlperiode.
[136] DÖV 1964, 820.
[137] Ebenso alle führenden Komm. zur VwGO; anstelle anderer: Eyermann-Fröhler, § 99 VwGO RN 6; anders: nur Redeker-v. Oertzen in seiner 1. Aufl. § 99 VwGO RN 4.

§ 119 SGG ist als Ausnahmevorschrift nicht auf die entsprechenden Vorschriften in den anderen Verfahrensordnungen übertragbar; dazu hätte es vielmehr eines besonderen Hinweises in § 99 VwGO durch den Gesetzgeber bedurft. Im Rahmen des § 96 StPO ist daher gleichfalls davon auszugehen, wenn die angegangene Behörde ein Ministerium ist, daß diese selbst über die Vorlage entscheiden kann.

III. Wie oben[138] ausgeführt, läßt sich Art. 35 GG, § 96 StPO entsprechend, auf gesetzgebende Körperschaften anwenden, soweit ein Gericht Akteneinsicht begehrt. Da sie jedoch keine Behörden sind, fehlt es natürlich auch an einer *„obersten Dienstbehörde"*.

In dem von der Kommission für die Reform des Strafprozesses im Jahre 1908 vorgelegten Entwurf war in § 92 Abs. 2 vorgesehen, daß die Erklärung von dem Vorsitzenden der Versammlung oder seinem Stellvertreter abgegeben wird. Dagegen hat Feisenberger in einer kritischen Anmerkung hierzu vorgeschlagen, in einem § 96 a die Erklärung dem Präsidium zu übertragen, um jeden möglichen Mißbrauch im Interesse einer bestimmten Partei auszuschließen[139]. Solange es jedoch an einer gesetzlichen Regelung fehlt, ist für die Erklärung die gesetzgebende Körperschaft selbst zuständig. Dabei wird sie durch ihren Präsidenten vertreten (§ 7 Abs. 1 GeschO BT; § 9 BaWüGeschO LT)[140].

(H) Akten und sonstige Gegenstände als Herausgabeobjekte

I. Nach § 96 StPO sind Behörden verpflichtet, *„Akten oder andere in amtlicher Verwahrung befindliche Schriftstücke"* herauszugeben. Diese Beschränkung wurde nach Erlaß des Gesetzes dahin ausgelegt, daß für andere Beweismittel eine Herausgabepflicht nicht bestehe[141].

Wenn auch gerade Akten und sonstige Schriftstücke zu den besonders häufig erforderlichen Beweismitteln gehören, so war doch eine solche Begrenzung sachlich nicht gerechtfertigt. Mit der Einführung des Art. 35 GG, der die allgemeine Amtshilfepflicht festlegte, ist eine solche ausschließende Auslegung auch nicht mehr vertretbar, denn die Pflicht, anderen Behörden ihre Aufgabe zu erleichtern — und dazu gehört die Vorlage von sonstigen Gegenständen genauso wie die Vorlage von

---

[138] Vgl.: oben den Abschnitt B, (E).
[139] Aschrott, S. 230, 256.
[140] Ebenso BGHSt. 20, 189 f.; Schwarz-Kleinknecht, § 96 StPO Anm. 2. Schwarz-Kleinknecht, § 96 StPO Anm. 2.
[141] Puchelt, § 96 StPO Anm. 2; v. Kries, S. 289; Bennecke-Beling, S. 163 Anm. 14; so noch: R. v. Hippel, LB. S. 458 Anm. 3.

(H) Akten und sonstige Gegenstände als Herausgabeobjekte

Akten —, ist nach Art. 35 GG nicht gegenständlich beschränkt. § 96 StPO wäre daher verfassungswidrig, wenn er gleichwohl die Art der Gegenstände begrenzen wollte, für die eine Pflicht zur Herausgabe besteht.

Wenn jedoch bei einem Gesetz Zweck und Wortlaut es zulassen, daß es verfassungskonform ausgelegt werden kann, so ist diese Auslegung vorzunehmen[142]. Das gilt auch dann, wenn die Einführung des Grundgesetzes zu einer neuen, von der vorkonstitutionellen Auslegung abweichenden Auslegung zwingt[143].

Eine solche Auslegung des § 96 StPO in Einklang mit Art. 35 GG ist aber möglich, wenn man in § 96 StPO lediglich eine Begrenzung der Amtshilfe durch das Wohl des Bundes oder eines Landes sieht. Dagegen soll durch § 96 StPO nicht gleichzeitig auch geregelt werden, daß nur Akten und sonstige Schriftstücke herausgegeben zu werden brauchen; für diese ergibt sich, wie auch für Akten, eine Herausgabepflicht schon aus Art. 35 GG. Eine solche Auslegung des § 96 StPO widerspricht auch nicht dem Sinn des Gesetzes, ihr ist daher der Vorzug zu geben. Bei einer Umformung des § 96 StPO sollte dies berücksichtigt werden[144].

II. Bei einer derartigen Auslegung des § 96 StPO, die lediglich die Grenzen für die Herausgabe von Akten etc. bestimmt, fragt sich, ob für andere Gegenstände § 96 StPO nicht entsprechend angewendet werden kann oder nach welchen Maßstäben die Auslieferung bzw. Vorlage von sonstigen Gegenständen verweigert werden kann.

Dazu bedarf es der Klärung, was § 96 StPO unter „Akten und sonstigen Schriftstücken" versteht. Die geltende Strafprozeßordnung enthält an verschiedenen Stellen die Begriffe *„Schriftstück"*[145], *„Urkunde"*[146] und *„Akten"*[147], ohne jedoch klarzustellen, worin der Unterschied zwischen diesen besteht.

1. In den Motiven und Protokollen zur Strafprozeßordnung findet sich kein Anhaltspunkt für eine Abgrenzung.

Ein Hinweis könnte sich aus § 249 StPO ergeben, der bestimmt, daß sowohl Urkunden wie sonstige Schriftstücke verlesbar sein müssen, wenn sie im Wege des Urkundenbeweises verwendet werden sollen, denn im Gegensatz zu § 420 ZPO genügt die Vorlegung der Urkunden und Schriftstücke zum Beweisantritt im Strafverfahren nicht. Ein

---

[142] BVerfGE 8, 221; 9, 200.
[143] BVerfGE 2, 340.
[144] Vgl. dazu: Entw. 1908, § 92; Entw. 1920, § 113; Entw. 1936/37, § 215 (230).
[145] Z. B.: §§ 96, 251 II, 249, 97 II StPO.
[146] Z. B.: §§ 249, 251 II, 359 Ziff. 1 StPO.
[147] Z. B.: §§ 80, 96, 147 I, IV, 196, 197, 385 IV StPO.

Schriftstück liegt demnach nur dann vor, wenn eine gedankliche Erklärung in Worten zum Ausdruck gebracht ist, deren Inhalt wiedergegeben werden kann. Dieses Kriterium hindert selbstverständlich nicht, daß auch im Wege der Augenscheinseinnahme die vorgelegten Schriftstücke untersucht werden können, wenn es nicht auf den Wortlaut ankommt, sondern andere Tathinweise festgestellt werden sollen: Schriftvergleichung, Material der Tinte und des Papiers etc. Damit sind solche Gegenstände aus der Definition „Schriftstücke" ausgeschieden, die nicht zumindest auch dem Urkundenbeweis zugänglich sind, z. B. Modellzeichnungen, Grenzzeichen oder Plomben, die lediglich im Wege des Augenscheins vorgeführt werden können. Dazu gehören auch Fotografien, soweit sie nicht ein Schriftstück kopieren.

Dies entspricht einer sinngemäßen Wortinterpretation, denn im natürlichen Sprachgebrauch werden Fotografien nur dann noch als Schriftstück bezeichnet, wenn sie ein Original kopieren — und damit verlesbar sind —, nicht aber, wenn sie ein Stück Landschaft oder ein sonstiges Objekt wiedergeben[148].

Gründe, den Begriff Schriftstück in § 96 StPO anders als in § 249 StPO auszulegen, bestehen nicht. Auch für § 96 StPO wird man daher die Verlesbarkeit als entscheidendes Abgrenzungsmerkmal zu sonstigen Gegenständen zu sehen haben.

2. Für den Begriff der „Urkunde" liegt es nahe anzunehmen, daß der materiell-rechtliche Urkundenbegriff des § 267 StGB dem prozessualen zugrundeliegt. Dem widerspricht aber die ganz herrschende Meinung.

Vielmehr ist der Begriff „Urkunden" und „andere als Beweismittel dienende Schriftstücke" nicht nur in der Strafprozeßordnung, sondern im gesamten Prozeßrecht sinngleich verwendet[149]; denn für den beweisrechtlichen Urkundenbegriff ist weder die Erkennbarkeit des Ausstellers erforderlich noch das Merkmal der Echtheit, wie es von dem materiell-rechtlichen Urkundenbegriff verlangt wird.

Die Unterscheidung erklärt sich lediglich daraus, daß teilweise bei dem Wort Urkunde nur gerade an solche Urkunden gedacht wird, die dazu bestimmt sind, als Beweismittel zu dienen, wie notarielle Niederschriften, gerichtliche Protokolle oder privatschriftliche Verträge, nicht dagegen an solche, die erst später ihre Beweisbestimmung erhielten[150].

---

[148] KMR-Müller-Sax, § 249 StPO Anm. 1 b.
[149] Krause, S. 113; v. Kries, S. 419 Anm. 2; Maunz-Sigloch-Schmidt-Bleibtreu-Klein, § 26 BVerfGG RN 8.
[150] Briefe, etc. Vgl.: v. Kries, S. 419 Anm. 2.
Birkmeyer, S. 408, unterscheidet daher auch nach Urkunden im objektiven und subjektiven Sinn und begreift unter „andere Schriftstücke" nur die Urkunden im objektiven Sinn, d. h. die, die nicht von Anfang an zu

(H) Akten und sonstige Gegenstände als Herausgabeobjekte 75

3. Auch der Begriff „Akten" findet sich in der Strafprozeßordnung an mehreren Stellen, nicht aber immer in derselben Bedeutung. In einzelnen Vorschriften wird darunter nur die Zusammenfassung mehrerer Schriftstücke verstanden, die im Zusammenhang mit einem bestimmten Vorgang oder einer bestimmten Tätigkeit einer Behörde erwachsen sind[151].

So unterscheidet § 147 Abs. 1 StPO zwischen Akten und amtlich verwahrten Beweisstücken (Akten im engeren Sinn)[152]. Die §§ 80, 147 Abs. 4, 196, 197 und 385 Abs. 4 StPO gehen demgegenüber von einem weiteren Aktenbegriff aus; danach können auch Beweisstücke, d. h. auch andere Gegenstände als Schriftstücke, zu den Akten gehören (z. B. Tatwerkzeuge etc.) (Akten im weiteren Sinn).

Für § 96 geht die Literatur, soweit diese Frage behandelt wird, von einem engeren Aktenbegriff aus[153]. § 96 StPO wäre demnach für Gegenstände, die eine Anlage zu einer Akte bilden, jedenfalls nicht direkt anwendbar. Es ist aber nicht einzusehen, weshalb beim Einsichtsrecht des Verteidigers diesen ohne weiteres auch die Beweisstücke vorgelegt werden (§ 147 Abs. 1 StPO), dies aber beim Einsichtsrecht des Gerichtes hinsichtlich von Behördenakten nicht der Fall sein soll. Nur ihre physische Beschaffenheit hindert, daß sie in die Akten eingeheftet werden, womit sie deren Bestandteil würden. Ebensowenig aber wie man Zweifel hat, Zeichnungen oder Fotografien nach § 96 StPO zu beurteilen, wenn sie Bestandteile von Akten geworden sind, können daher sonstige Gegenstände ausgenommen werden, wenn sie eine Anlage dazu bilden[154].

III. Ob ein Gegenstand Anlage zu einer Akte geworden ist oder nicht, ist oft eine Frage des Zufalls; davon würde es jedoch dann abhängen, ob ein Gegenstand herauszugeben ist oder nicht, wenn der Rechts-

---

Beweiszwecken bestimmt waren. Würde man sich mit Birkmeyer gegen die Auffassung der h. L., die diese zu § 249 StPO entwickelt hat, stellen, würde das bedeuten, daß im Rahmen von § 96 StPO Urkunden im subjektiven Sinn nicht geschützt wären, falls sie nicht Bestandteil einer Akte sind. Eine solche Ausnahme wäre aber sinnlos, es findet sich dafür auch kein Anhaltspunkt im Gesetz.
Es ist daher davon auszugehen, daß zumindest für diese Vorschrift auch Urkunden im subjektiven Sinn unter den Begriff „sonstige Schriftstücke" fallen.

[151] Zum Aktenbegriff: Birkmeyer, S. 524; KMR-Müller-Sax, § 96 StPO Anm. 2; Koehler, § 99 VwGO Anm. III; Maunz-Sigloch-Schmidt-Bleibtreu-Klein, § 26 BVerfGG RN 9.
[152] Zu den amtlich verwahrten Beweisstücken im Sinne des § 147 Abs. 1 StPO gehören allerdings auch sonstige Stücke, die nicht Anlage zu den Akten sind.
[153] Bennecke-Beling, S. 163 Anm. 14; KMR-Müller-Sax, § 96 StPO Anm. 2 a.
[154] Arndt, NJW 1966, 2204.

gedanke des § 96 StPO für andere Gegenstände als Akten etc. nicht herangezogen werden könnte; denn würde das Wohl des Bundes oder eines deutschen Landes nur Grenze bei der Vorlage von Akten und Schriftstücken sein, dann müßten alle anderen Gegenstände vorbehaltlos vorgelegt werden.

Daß jedoch keine unbegrenzte Vorlagepflicht bestehen kann, ergibt sich schon aus der Möglichkeit eines außerverhältnismäßigen Schadens für die Allgemeinheit, der durch das Bekanntwerden erwachsen kann[155]. Art. 35 GG will eine solche unbegrenzte Vorlagepflicht auch gar nicht festlegen, sondern ist nur Rahmenvorschrift, die nur die Pflicht als solche zur Behördenhilfe verfassungsrechtlich verankert. Ihr Umfang wird jedoch von Fall zu Fall in den einzelnen Verfahrensordnungen geregelt, wie dies in § 96 StPO geschehen ist[156].

Andererseits zeigt § 96 StPO, daß nicht schon jede rein verwaltungsmäßige Erschwernis eine Vorlageverweigerung begründen kann. Es wäre auch nicht einzusehen, weshalb für Schriftstücke die Grenzen der Vorlage anders sein sollten als für alle sonstigen angeforderten Beweismittel.

Das zeigt, daß eine entsprechende Anwendung des § 96 StPO auch für sonstige Gegenstände gerechtfertigt ist, die nicht vom Wortlaut des § 96 StPO unmittelbar umfaßt werden. Wenn daher ein Gericht eine andere Behörde um Auslieferung oder Vorlage von Gegenständen ersucht, so kann diese nur im selben Rahmen wie die Vorlage von Akten und sonstigen Schriftstücken verweigert werden.

(I) Die Art und Weise der Vorlegung

In der Strafprozeßordnung wird lediglich die Frage behandelt, wieweit aus Gründen der Geheimhaltung die Vorlage verweigert werden kann. Offen bleibt jedoch, ob die Vorlage in Form der Urschrift verlangt werden kann oder ob eine Abschrift genügt; offen ist auch, ob in jedem Fall eine Auslieferung, d. h. die Versendung zum Gerichtsort zu erfolgen hat oder ob unter Umständen das Gericht bei der ersuchten Behörde die Akten einsehen muß (Vorlage).

---

[155] Z. B.: geheime Waffen würden bekannt etc.

[156] Vgl. auch: § 99 VwGO; § 86 FinGO; § 119 SGG sowie §§ 4—7 des Entwurfs für ein VerwVerfG v. 1963; OLG Düsseldorf, v. 8. 1. 1957, DVBl 1957, 215; Löwe-Rosenberg, § 96 StPO Anm. 1 a: Blaeser, S. 6; Dreher, S. 97; Wilhelm, in Anm. zu BVerwG vom 19. 8. 1964, ZBR 1965, 155; Kienzle, DieJ 1955, 257; Maunz-Sigloch, § 27 BVerfGG RN 1; Dennewitz, in BK, Art. 35 GG Anm. 1.

Insoweit bleibt nach § 168 GVG Raum für landesrechtliche Vorschriften[157]. Diese können daher zum Schutz wichtiger Unterlagen, z. B. Grundbücher, Register, vorsehen, daß eine Versendung nicht erfolgt, sondern lediglich Abschriften erteilt werden[158]. Solche Abschriften werden meist für die Beweisaufnahme auch genügen[159]. Auf das Original kommt es jedoch gerade dann an, wenn an ihm die Straftat begangen wurde. Hier wird dem Gericht nichts anderes übrig bleiben, als sich zu der Stelle zu begeben, wo die Register etc. aufgelegt sind[160].

Dasselbe muß gelten, wenn eine ordnungsgemäße Fortführung der Verwaltungsarbeit nicht mehr gewährleistet wäre; auch hier wird sich das Gericht mit einer Abschrift oder einer Einsichtnahme bei der ersuchten Behörde zufriedengeben müssen, denn die Pflicht zur Aktenvorlage ist für die ersuchte Behörde nur Nebenpflicht[161].

C. Die Grenzen der Aktenvorlagepflicht

(A) Die Begrenzung der Vorlagepflicht durch den Untersuchungszweck

I. Art. 35 GG begründet zwar eine allgemeine Verpflichtung aller Behörden, sich gegenseitig durch Rechts- und Amtshilfe zu unterstützen, enthält aber keinen Hinweis, wo die Grenzen der Hilfeleistung liegen. Auch an einer sonstigen allgemeinen Vorschrift, die für den gesamten Bereich der Rechts- und Amtshilfe anwendbar wäre, fehlt es. Einigkeit besteht in der Literatur und, soweit sie sich hierzu ausgesprochen hat, auch in der Rechtsprechung nur darüber, daß die Amtshilfepflicht an der Grenze rechtlichen Dürfens endet, d. h., daß sie sich im Rahmen des geltenden Rechts zu halten hat[1].

Mit einer derart weiten Formulierung ist aber wenig gewonnen. Zwar lassen sich damit allgemeine Feststellungen treffen wie: Die er-

---

[157] Jansen, § 168 GVG Anm. 3; Löwe-Rosenberg, § 96 StPO Anm. 5; Feisenberger, § 96 StPO Anm. 3; Stenglein, § 96 StPO Anm. 5.
[158] z. B.: Art. 32 f. HessFGG; § 18 BadFGG.
[159] z. B.: Auszug aus dem Strafregister.
[160] a. A.: Löwe-Rosenberg, § 96 StPO Anm. 5; Binding, 5. Aufl. S. 143.
[161] Maunz-Dürig, Art. 44 GG RN 56 Anm. 2.
[1] Maunz-Dürig, Art. 35 GG RN 6; OLG Düsseldorf v. 8. 1. 1957, NJW 1957, 1037; v. Mangoldt-Klein, Art. 35 GG Anm. 5; Dreher, S. 97 ff.; Wolff, 2. Bd., § 77 VI b 6; Kienzle, DieJ 1955, 257; Wilhelm, in Anm. zu BVerwG vom 19. 4. 1964, ZBR 1965, 155; Blaeser, S. 6.

suchte Behörde muß für die vorgenommene Handlung zuständig sein; die Handlung muß ihr rechtlich möglich sein, etc. Zur Unterscheidung zwischen rechtmäßiger und rechtswidriger Amtshilfe in Grenzfragen gibt sie jedoch nichts her.

Zu Einzelfragen, die darüber hinausgehen, hat die Literatur und die Rechtsprechung nur wenig Stellung genommen, obwohl unter Umständen die Gestattung oder Verweigerung von Amtshilfe weittragende Folgen haben und erhebliches politisches Aufsehen erregen kann[2].

Eine nähere gesetzliche Regelung ist nach dem Entwurf zu einem Verwaltungsverfahrensgesetz von 1963 vorgesehen. § 4 dieses Entwurfs sieht vor, daß Amtshilfe nicht geleistet zu werden braucht, wenn eine andere Behörde die Hilfe wesentlich einfacher oder mit wesentlich geringerem Aufwand leisten kann, wenn die ersuchte Behörde die Hilfe nur mit unverhältnismäßig hohem Aufwand leisten könnte, oder wenn sie durch die Hilfeleistung die Erfüllung ihrer engeren Aufgaben ernstlich gefährden würde. Dieser Entwurf bleibt somit auch nur sehr allgemein. Ganz offen ist, wieweit der Schutz von Geheimnissen eine Versagung begründen kann.

II. Ausgangspunkt für die weitere Untersuchung muß sein, daß grundsätzlich eine unbeschränkte Pflicht zur Amtshilfe besteht[3]. Soweit jedoch eine Beschränkung erforderlich ist, muß diese zusätzlich dahin abgewogen werden, daß die Amtshilfe für ein Gericht zur Durchführung eines Strafverfahrens geleistet wird. Neben allgemeinen Beschränkungen, die sich aus dem Amtshilfeverhältnis ergeben, könnte dabei im Einzelfall das besondere Prozeßrechtsverhältnis die Vorlagepflicht begrenzen.

1. Ein Gericht, das um die Vorlage von Akten ersucht, wird dies nur aus Anlaß eines bestimmten Verfahrens tun, um dessen zugrundeliegenden Sachverhalt zu ermitteln. Wenn es in diesem Zusammenhang jedoch auf andere strafbare Handlungen des Angeklagten stößt, so darf es seine Untersuchung nicht auch hierauf erstrecken, denn nur innerhalb der durch die Anklage gezogenen Grenzen sind die Gerichte zu einer selbständigen Tätigkeit berechtigt[4]. Im Rahmen der Voruntersuchung ist dieser Grundsatz nur insoweit durchbrochen, als aus dringendem Anlaß eine Untersuchungshandlung auch von Amts wegen vorgenommen werden kann[5].

---

[2] Vgl. z. B.: Einblick in AOK-Karteikarten durch Beamte der Kriminalpolizei aus Anlaß des Bundesfahndungstages.
„Alles möglich" in Der Spiegel, 1968 Heft 9, S. 60; Kröninger, Die Sozialversicherung 1968, 260.
[3] Für § 99 VwGO: BaWüVGH vom 29. 3. 1961, BaWüVBl 1961, 75.
[4] §§ 155 II, 244 II StPO.
[5] § 191 I StPO.

(A) Die Begrenzung der Vorlagepflicht durch den Untersuchungszweck

Das Problem ist, ob diese prozessuale Unzulässigkeit weiterer Untersuchungshandlungen auch die materielle Pflicht der Behörden zur Vorlage beschränkt.

Dies hängt eng zusammen mit der Frage, wieweit die Behörde nachprüfen kann, ob der Akteninhalt zur Aufklärung des umgrenzten Sachverhalts brauchbar ist oder nicht. Welche Maßnahmen und welche Beweismittel zur Sachverhaltsaufklärung geeignet sind, liegt aber ausschließlich im Ermessen des Gerichts. Es muß ihm überlassen bleiben, ob es Akten für prozeßerheblich hält oder nicht.

Nur ein solches Ersuchen, das allgemein zur Ermittlung unzulässig ist, das offensichtlich nicht dazu bestimmt ist, Aufgaben der ersuchenden Behörde wahrzunehmen, kann die ersuchte Behörde zurückweisen. Das Gleiche gilt, wenn sich das Ersuchen als rechtsmißbräuchlich darstellt[6]. *Lepper*[7] nennt dafür beispielhaft den Fall, daß ein Verwaltungsstreitverfahren nur angestrengt wird, um Einsicht in Behördenakten nehmen zu können. Dagegen ist die ersuchte Behörde nicht berechtigt, nachzuprüfen, ob die ersuchende Behörde auch im übrigen ihre Vorschriften beachtet, soweit es um das Verfahren geht, in dem die ersuchte Handlung weiterführen soll. Fehlt es ihr aber an dieser Prüfungsmöglichkeit, so bleibt bei Verletzung von Verfahrensvorschriften durch das Gericht innerhalb des Strafprozesses gleichwohl die Pflicht der ersuchten Behörde zur Amtshilfe bestehen.

Das bedeutet, das Gericht ist *prozessual* zwar nur berechtigt, um die Vorlage solcher Akten zu ersuchen, die zur Aufklärung des durch den Untersuchungszweck oder die Anklage begrenzten Sachverhalts dienlich sein können, §§ 155 Abs. 2, 244 Abs. 2 StPO. Beweisanträge sind entsprechend zu formulieren[8]. Das Recht auf Amtshilfe wird dadurch aber nicht beschränkt[9]. Überschreitet es seine prozessuale Aufklärungsbefugnis, so bleibt gleichwohl die ersuchte Behörde zur Vorlage verpflichtet.

---

[6] Redeker-v. Oertzen, § 99 VwGO RN 9; Schunk-de Clerk, § 99 VwGO Erl. 2 b; entspr. im Rahmen eines allgemeinen Amtshilfeersuchens: Maunz-Dürig, Art. 35 GG RN 6; Dreher, S. 119 f.; Moll, DVBl 1954, 697; Kienzle, DieJ 1955, 258; OLG Düsseldorf, NJW 1957, 1037; Maetzel, DVBl 1966, 665; Berg, S. 51 f.; Seiler, S. 182.
Für ein weitergehendes Prüfungsrecht der Behörde im Rahmen von § 99 VwGO: Lepper, DÖV 1962, 813; Staege, RiA 1963, 52.

[7] Lepper, DÖV 1962, 813.

[8] BGHSt 6, 128.

[9] a. A. für § 99 VwGO: BaWüVGH, Beschl. vom 29. 3. 1961, BaWüVBl 1961, 74 unter Hinweis auf § 143 ZPO; Ule, in Anm. zu OVG Münster vom 17. 4. 1961, DVBl 1962, 23; Lepper, DÖV 1962, 815; BVerwG, Beschl. vom 9. 11. 1962, DÖV 1963, 154.
Wie hier für § 86 FinGO: Görg-Müller, § 86 FinGO RN 437.

2. Akten enthalten vielfach nicht nur den Gegenstand des Verfahrens unmittelbar betreffende Schriftstücke, sondern darüber hinaus auch noch sonstige Angaben über Dritte, am Verfahren nicht Beteiligte, die eine Offenlegung nicht gerne sehen, ohne daß jedoch ein besonderer rechtlich anerkannter Grund zur Geheimhaltung und damit eine Möglichkeit der Behörde zur Verweigerung der Aktenvorlage besteht.

Angesichts des uneingeschränkten Einsichtsrechts der Prozeßbeteiligten im Verwaltungsstreitverfahren auch in die Beiakten (§ 100 VwGO) hat *Redeker* für § 99 VwGO den Vorschlag gemacht, das Gericht möge die Vorgänge, die es für unerheblich hält, aussondern und an die vorlegende Behörde zurückreichen[10].

Demgegenüber hält das Bundesverwaltungsgericht — nach dem gegenwärtigen Rechtszustand — nur eine Interessenabwägung des Gerichts schon bei dessen Vorlageersuchen für möglich[11].

Daß im Strafverfahren das Gericht von einer Beiziehung absehen kann, wenn es auf den Akteninhalt nicht ankommt, versteht sich von selbst. Dagegen wäre es unzulässig, darüber hinaus auch Wünsche Dritter auf Geheimhaltung zu berücksichtigen, obgleich diese nicht rechtlich geschützt sind. Stellt das Gericht, obwohl von der Beweiserheblichkeit überzeugt, nicht das entsprechende Ersuchen, verletzt es seine Aufklärungspflicht. Hinzu kommt, daß das Gericht auch gar nicht den Beweiswert der Schriftstücke beurteilen kann, bevor es diese nicht gesehen hat.

Eine Vorauswahl durch das Gericht nach deren Vorlage — wie Redeker vorschlägt —, ob die Schriftstücke als Beweismittel geeignet sind oder überhaupt in Frage kommen, scheidet aber gleichfalls aus, denn bei einer solchen Art der Vorprüfung fehlt dem Angeklagten, der Staatsanwaltschaft etc. jede Anhörungs- und Einwirkungsmöglichkeit (Art. 103 GG). Ihnen wird damit ihr Recht abgeschnitten, festzustellen, ob das Gericht nicht etwa wichtige Schriftstücke übersehen hat, ob ihre Beweiswürdigung nicht angreifbar ist. Erst recht kommt kein Auswahlrecht der ersuchten Behörde in Betracht, denn diese ist nicht befugt — wie oben gezeigt wurde — nachzuprüfen, ob Schriftstücke für ein Verfahren von Bedeutung sind oder nicht.

(B) Die Vorlage unter der Bedingung des Kostenersatzes

In der Praxis zeigt sich immer wieder, daß Behörden nur bereit sind, ihre Akten dem Gericht oder der Staatsanwaltschaft zugänglich zu

---

[10] Redeker, in Staatsbürger und Staatsgewalt Bd. II, S. 491 f.; vgl. auch: Czermak, DVBl 1969, 612 (613).
[11] BVerwG vom 9. 11. 1962, DVBl 1963, 218; sowie: BVerwGE 19, 186.

(B) Die Vorlage unter der Bedingung des Kostenersatzes

machen, wenn die Kosten, die ihnen bei der Anlage der Akten entstanden, erstattet, zumindest aber anteilig ersetzt werden. So können unter erheblichem Kostenaufwand Gutachten erstellt, Lichtbilder aufgenommen oder Zeichnungen angefertigt sein, die sich nun in den Akten befinden, deren erneute Anfertigung dadurch unter Umständen dem Gericht erspart bleibt.

Die Kosten, die bei einem behördlichen Tätigwerden entstehen können, setzen sich aus Gebühren und den entstandenen baren Auslagen[12] zusammen.

Gebühren — das sind die allgemeinen Gegenleistungen für die Vornahme von Amtshandlungen — brauchen im Rahmen der Amtshilfe nicht gezahlt zu werden. Darüber besteht in der Literatur Einigkeit[13], denn Gebühren können nach den entsprechenden Gebührengesetzen[14] nur gefordert werden, wenn die Amtshandlung in Ausübung hoheitlicher Gewalt im Verhältnis der Über- und Unterordnung vorgenommen wird, nicht dagegen, wenn es sich, wie bei der Amtshilfe, um eine Handlung gegenüber einer gleichgeordneten Stelle handelt.

Dieser Grundsatz ergibt sich vor allem aus dem Wesen der Amtshilfe, denn die durch die Vielfalt der staatlichen Aufgaben notwendige Behördenhäufung verlangt, daß alle im Interesse des Allgemeinwohls zusammenarbeiten, ohne daß jeweils ein ausgeklügelter Zahlungsverkehr zwischen den einzelnen Stellen stattfindet.

Demgegenüber herrscht in der Literatur Streit, ob zumindest die baren Auslagen von der ersuchenden Behörde zu erstatten sind. Auch solche Handlungen werden jedoch als kostenfrei angesehen. Das gilt allerdings nur, soweit sie von einer Behörde, die zum selben Haushalt gehört, erbracht werden, während sonst die Kosten erstattet werden müssen[15]. Begründet wird dies mit der gegenseitigen finanziellen Unabhängigkeit der Haushaltsbereiche von Bund, Ländern und Gemeinden.

Diese Grundsätze für Gebühren und Auslagen gelten freilich nur, soweit keine besonderen gesetzlichen Regelungen bestehen.

Für einen Teilbereich des Tätigwerdens einer Behörde gegenüber einem Strafgericht findet sich jedoch eine solche Vorschrift. Behörden,

---

[12] Porto, Reisekosten etc.
[13] Vgl. anstelle vieler: Dreher, S. 130 ff.; Birkner, BayBgm 1962, 10.
[14] Vgl. z. B. § 1 BaWü Landesgebührengesetz i. d. F. vom 27. 2. 1964.
[15] so: Maunz-Dürig, Art. 35 GG RN 10; Wolff, 2. Bd. S. 115; Moll, DVBl 1954, 699; Eckner, ArchPF 1954, 722.
Grundsätzlich für Auslagenerstattung: Pleitner, BayVBl 1964, 249 ff.;
grundsätzlich gegen Auslagenerstattung: Prost, DÖV 1956, 81; Hentschel, S. 165 ff.; Birkner, BayBgm 1962, 10.

die von einem Gericht um Sachverständigengutachten angegangen werden, können für ihre Inanspruchnahme eine Entschädigung nach dem Gesetz über die Entschädigung von Zeugen und Sachverständigen[16] verlangen. § 1 Abs. 2 dieses Gesetzes erklärt ausdrücklich, daß es auch Anwendung findet, wenn Behörden oder sonstige öffentliche Stellen zu Sachverständigenleistungen herangezogen werden. Eine solche Regelung ist auch sinnvoll, denn letztlich hat dann die Kosten der Kostenschuldner des Hauptverfahrens zu tragen[17]. Diese Regelung entsprechend auch auf andere Arten der Amtshilfe gegenüber einem Strafgericht anzuwenden, liegt nahe.

Zwar können die Beträge, die anderen Behörden, öffentlichen Einrichtungen oder Beamten zustehen, auch dann vom Kostenschuldner erhoben werden, wenn die Kasse des Gerichts aus Gründen der Gegenseitigkeit, der Verwaltungsvereinfachung und dgl. an die Behörden etc. keine Zahlungen zu leisten hat[18]. Das übersieht Pleitner[19], der annimmt, bei Kostenfreiheit könnte keine Auslagenerstattung erfolgen.

Gegen eine solche entsprechende Anwendung des § 1 Abs. 2 ZuSEG spricht jedoch entscheidend, daß eine Gebühren- und Auslagenzahlung nur bei einer Verurteilung des Angeklagten durch diesen erfolgt, nicht aber bei dessen Freispruch. In diesem Fall verblieben die Gebühren und Auslagen dem Gericht und dies würde damit schlechter stehen als im Regelfall bei der Amtshilfe, denn danach kann Erstattung nur verlangt werden, wenn die Amtshilfe von einer Behörde einer anderen juristischen Person geleistet wurde. Daher muß es, abgesehen von den Sondervorschriften des Gesetzes über die Entschädigung von Zeugen und Sachverständigen, bei der allgemeinen kostenrechtlichen Regelung für die Amtshilfe bleiben.

Kann aber die Behörde keine Gebühren und nur bei verschiedener Haushaltszugehörigkeit Auslagen erstattet verlangen, so bleibt für einen anteiligen Beitrag des Gerichts für die Anlegung der Akten allenfalls eine entsprechende Anwendung der §§ 670, 677 BGB. Hier fehlt es jedoch schon an der Grundvoraussetzung des § 677 BGB, denn mit der Anlegung der Akten, der Einholung der Gutachten etc. hat die Behörde lediglich eine eigene und keine fremde Aufgabe erfüllt. Daß dies dem Gericht oder der Staatsanwaltschaft letztlich zugute kommt, hat darauf keinen Einfluß. Der ersuchten Behörde entstehen dadurch keine zusätzlichen Kosten, daß diese Unterlagen auch zu einem weiteren Zweck ver-

---

[16] i. d. F. v. 20. 12. 1967, BGBl I S. 1246; vgl. auch: RdErl. d. MdI Rheinland-Pfalz vom 24. 11. 1964 über die Entschädigung von Behörden und Behördenbediensteten bei gerichtlicher Sachverständigentätigkeit (MinBl 1964, 1511).
[17] § 92 Abs. 4 GKG.
[18] § 92 Ziff. 6 GKG.
[19] Pleitner, BayVBl 1964, 250.

(C) Die Begrenzung der Vorlagepflicht durch Geheimnisschutz

wendet werden können. §§ 670 und 677 BGB verlangen aber, daß der Anspruchsberechtigte zumindest auch ein fremdes Geschäft geführt hat. Fehlt es daran, dann läßt sich der Rechtsgedanke der §§ 670, 677 BGB nicht entsprechend heranziehen, sondern die ersuchte Behörde muß ihre Akten und sonstigen Gegenstände vorlegen, ohne daß sie dies von einer Zahlung für ihre Aufwendungen, die über den unmittelbaren Vorlegungsvorgang hinausgehen, abhängig machen kann.

(C) Die Begrenzung der Vorlagepflicht durch Geheimnisschutz

I. Der Verfolgungszwang und der Grundsatz der Öffentlichkeit des Strafverfahrens im Verhältnis zum Geheimnisschutz

I. Das Interesse der Verwaltung an der Geheimniswahrung bestimmter Vorgänge stößt auf Grundsätze des Strafverfahrens, die miteinander verbunden gerade deren Offenlegung verlangen:
— Die Pflicht der Strafverfolgungsbehörden zur Verfolgung von Straftaten und die Pflicht der Gerichte zur Erforschung der Wahrheit und
— das Recht des Angeklagten auf rechtliches Gehör und das Prinzip der Öffentlichkeit der Hauptverhandlung.

Nach § 152 Abs. 2 StPO ist die Staatsanwaltschaft verpflichtet, wegen aller strafbaren und verfolgbaren Handlungen gerichtlich einzuschreiten. Nur in Ausnahmefällen — abgesehen vom Strafbefehlsverfahren — kann das Gericht von der Durchführung der Hauptverhandlung absehen (z. B. § 153 a Abs. 2 StPO). Es gibt aber keine Möglichkeit, ein Verfahren deswegen nicht durchzuführen, weil dadurch unter Umständen ein wichtiges Geheimnis offenbart würde. Auch besteht jedenfalls grundsätzlich nicht die Möglichkeit, von der Erhebung eines Beweises abzusehen. Denn in der Hauptverhandlung hat das Gericht zur Erforschung der Wahrheit in der Beweisaufnahme alle Beweismittel heranzuziehen, die für die Entscheidung von Bedeutung sind (§ 244 Abs. 1 StPO). Alle Beweismittel und damit auch die dem Gericht vorgelegten Akten müssen zum Gegenstand der Hauptverhandlung gemacht werden, andernfalls dürfen sie nicht im Urteil herangezogen werden (Art. 103 GG, § 147 StPO). Damit wird, selbst wenn die Öffentlichkeit ausgeschlossen wäre, der Akteninhalt zumindest allen Prozeßbeteiligten bekannt.

Ein solcher Ausschluß der Öffentlichkeit ist zudem nur in Ausnahmefällen möglich (§§ 171 a, 172 i. V. m. § 174 Abs. 2 GVG), denn in einem

C. Grenzen der Aktenvorlagepflicht

Staat mit einem Grundgesetz, das eine freiheitlich-demokratische Grundordnung verbürgt, muß es zu den Selbstverständlichkeiten gehören, daß sich seine Funktionen grundsätzlich in der Öffentlichkeit vollziehen.

Für das Gerichtsverfahren wird die Öffentlichkeit, erkämpft durch die Reformbewegungen des 19. Jahrhunderts, als eine der wichtigsten Voraussetzungen eines ordnungsgemäßen Verfahrens angesehen. Das Prinzip der Öffentlichkeit in diesem Bereich gilt als Grundpfeiler rechtsstaatlicher Ordnung; denn die Rechtsprechung darf nicht im Verborgenen erfolgen, will sie sich nicht laufend selbst in Frage stellen. Neben diese soziale Funktion des Öffentlichkeitsprinzips als Friedenselement, das die Identifizierung des Richterspruchs als Spruch der Gemeinschaft aller Rechtsgenossen — „der Quelle aller Rechtspflege"[20] — ermöglicht, tritt eine weitere: die Rechtsschutzfunktion. Durch diese wird verhindert, daß der Angeklagte allein dem Richter gegenübertreten muß, ohne daß die Öffentlichkeit die Kontrolle zum Schutz der Rechte des Einzelnen über die rechtsprechende Gewalt ausüben kann.

Der Grundsatz des Verfolgungszwanges und die gerichtliche Pflicht zur Erforschung der Wahrheit sowie das Recht des Angeklagten auf rechtliches Gehör und das Gebot der öffentlichen Hauptverhandlung sind für unsere Problemstellung im Zusammenhang zu sehen. Denn die Öffentlichkeit der Hauptverhandlung und das Recht des Angeklagten auf rechtliches Gehör sind kein Selbstzweck, sondern dienen als Grundsätze des Prozeßrechts der staatlichen Aufgabe der Strafrechtsprechung. Da umgekehrt eine Strafverfolgung ohne Befolgung dieser elementaren Grundsätze des Prozeßrechts nicht möglich ist, wird man bei den folgenden Überlegungen immer im Auge behalten müssen, welche Bedeutung im Einzelfall dem öffentlichen Interesse an der Strafverfolgung zukommt. Denn neben diesem öffentlichen Interesse an der Strafverfolgung sind dem Staat auch der Schutz anderer öffentlicher wie privater Interessen und Rechtsgüter anvertraut, die aber durch eine unbegrenzte Offenlegung beeinträchtigt würden.

Daher wird im Folgenden geklärt werden müssen, wieweit ein öffentliches oder privates Geheimhaltungsinteresse anerkannt werden kann.

Diese Frage hat viele Blickwinkel: Dazu gehört der Problemkreis der Staatsgeheimnisse und der Indemnität der Abgeordneten nach Art. 46 GG ebenso, wie das Verhältnis der Pressefreiheit zu Staatsgeheimnissen oder die Möglichkeit des Einzelnen auf Akteneinsicht bei einer Behörde[21].

---

[20] Feuerbach, 1. Bd. S. 45; vgl. hierzu auch: Hahn, S. 327 ff.; Bockelmann, NJW 1960, 217 f.; Löwe-Rosenberg, § 169 GVG Anm. 3 a.
[21] Vgl. dazu: Peter Schneider, S. 43 ff., 98 f.

(C) Die Begrenzung der Vorlagepflicht durch Geheimnisschutz

Hier im Rahmen der Behördenhilfe stellt sich die Frage wie folgt: Wann ist die Vorlage von Akten vor dem Gericht und damit das Bekanntwerden ihres Inhalts durch ein rechtlich anerkanntes Geheimhaltungsinteresse des Gemeinwesens, des Angeklagten oder eines am Verfahren unbeteiligten Dritten ausgeschlossen? Bei jeder der drei Gruppen liegen die Interessen verschieden. Sie werden daher getrennt untersucht werden müssen.

II. Der Akteninhalt darf folglich bis zu dem Zeitpunkt des Aktenersuchens nicht bekannt sein, er muß geheim sein, da sonst kein Bedürfnis bestünde, ihn noch geheim zu halten. Geheim sind solche Angelegenheiten, — wozu auch die Kenntnis von Eigenschaften, Fähigkeiten und Leistungen von Personen gehören kann, — deren Kenntnis nicht über einen geschlossenen Personenkreis hinausgeht[22].

Dabei kann der Kreis der Mitwisser sehr groß sein, ohne daß dadurch das Geheimnis als solches seine Eigenschaft verliert. Das gilt etwa für große Behörden, wo die Akten durch die verschiedensten Abteilungen gelaufen sind. Der Personenkreis bleibt gleichwohl beschränkt auf alle, die gerade bei dieser Behörde beschäftigt sind. Wo die Zahl der Eingeweihten unkontrollierbar geworden ist, wird das Geheimnis allgemein bekannt und zugänglich (§ 61 Abs. 2, 2 BBG)[23]. Eine Tatsache kann dann nicht mehr als geheim gelten.

Bei einer Sammlung kann allerdings noch hinzukommen, daß die Behörde glaubt, vermeiden zu müssen, daß bekannt wird, welche Schriftstücke sie gesammelt hat, was ihr schon bekannt ist und was nicht. Es wäre unberechtigt, dabei einen zu engen Rahmen anzulegen, was noch als geheim anzusehen ist.

Hinzukommen muß zu dem objektiven Element — nämlich, daß der Akteninhalt noch nicht bekannt ist —, daß die Kenntnis auch nicht für andere bestimmt ist. Ob hierfür der Wille oder das Interesse des Geheimnisträgers ausschlaggebend ist, ist bestritten[24].

Die Frage kann hier dahinstehen, da der Staat eine Tatsache, an deren Geheimhaltung er interessiert ist, auch geheimhalten will.

II. Zum Begriff „Wohl des Staates"

Entscheidungen, gleichgültig, wo sie getroffen werden, bilden das Ergebnis der Abwägung und Zuordnung bestimmter Sachverhalte und

---
[22] Anstelle vieler: RGSt 74, 111; sowie BGHSt 10, 108; 11, 401.
[23] Dagegen hat der Begriff „offenkundig" in § 244 Abs. 3 StPO die Bedeutung von allgemeinkundig oder gerichtskundig.
[24] Nachweise bei Düwel, S. 30 Anm. 9; Kriegler, S. 7 ff.

entsprechenden Bewertungsregeln. Voraussetzung ist daher, daß ein bestimmter Bewertungsmaßstab aufgestellt wird.

Auch Entscheidungen der öffentlichen Verwaltung ergehen nicht wertfrei, sondern haben sich nach ihrer Funktion zu richten: Der Maßstab ist die Wahrung und Förderung des Allgemeinwohls. Damit ist der letztlich beherrschende Staatszweck gemeint. Auch § 96 StPO läßt das Wohl des Bundes oder eines deutschen Landes entscheidend sein, ob eine Behörde zur Verweigerung der Vorlage ihrer Akten berechtigt ist. Zu untersuchen ist daher, ob sich allgemeine Anhaltspunkte zur Auslegung des Begriffes „Wohl des Staates" finden lassen und welche Konsequenzen dies im Einzelnen für § 96 StPO hat.

Im Tatbestand und in der Rechtsfolge der Gesetze finden sich häufig Begriffe wie: Allgemeinwohl, Wohl des Staates, öffentliches Interesse, öffentliche Belange (vgl. z. B.: §§ 99 StGB a.F., 54 Abs. 3 StPO; Art. 14 Abs. 2 und 3 GG, § 80 II 4 VwGO). Das Verhältnis von Wohl der Allgemeinheit, öffentlichen und privaten Interessen, ihre Inhaltsbestimmung und ihre gegenseitige Begrenzung sind in jüngster Zeit in den Mittelpunkt der wissenschaftlichen Diskussion gerückt, wobei versucht wird, schärfere Konturierungen dieser Begriffe zu finden[25]. Denn mit dem Begriff des Allgemeinwohls ist nichts gewonnen, wenn es nicht gelingt, seine Inhaltsbreite zu erfassen; andernfalls ist lediglich der hilflose Versuch unternommen, unter dem Deckmantel der Rechtsstaatlichkeit dem Primat des Gesetzes Genüge zu tun.

Wesentliche Elemente zur Findung des Begriffsinhalts des „Allgemeinwohls" müssen sich aus den tatsächlichen, insbesondere auch sozialen Gegebenheiten, den gesellschaftlichen Wert- und Zielvorstellungen und aus den Wertentscheidungen ergeben, wie sie im Grundgesetz getroffen sind. Dazu gehören neben den anerkannten Individualinteressen auch das Rechts- und Sozialstaatsprinzip.

Dabei läßt sich das Gemeinwohl nicht einfach als Summe aller Einzelinteressen begreifen. Motive der Handlungen einzelner Staatsbürger sind regelmäßig die Erlangung persönlicher Vorteile — materieller Gewinn oder menschlicher Erfolg —, u. U. sogar die Verwirklichung eigener gesellschaftlicher Idealvorstellungen. Die Auffassung, das Allgemeinwohl als Summierung all dieser Einzelinteressen zu definieren, verkennt, daß im Spannungsfeld einer pluralistischen Gesellschaft Einzel- und Gruppeninteressen nicht in einer Richtung laufen, sondern sich

---

[25] Vgl. die 36. staatswissenschaftliche Tagung vom 3.—5. 4. 1968 in Speyer, die unter dem Generalthema stand: „Wohl der Allgemeinheit und öffentliche Interessen". Die Ergebnisse sind im 39. Bd. der Schriftenreihe der Hochschule Speyer, Berlin 1968, veröffentlicht. Jüngste Analysen über die Bedeutung des Gemeinwohlbegriffes in der Rechtsprechung sind veröffentlicht von Martens, s. dort besonders S. 185 ff., und Häberle, DVBl 1967, 220 und AöR 95. Bd. (1970), 86 ff., 260 ff.

(C) Die Begrenzung der Vorlagepflicht durch Geheimnisschutz

häufig widersprechen. Nur durch einen Prozeß des gegenseitigen Ausgleichs, der weitestgehenden Duldung der Verwirklichung verschiedenster persönlicher Vorstellungen und der Berücksichtigung der Grundvorstellungen unserer Gesellschaftsordnung ermöglicht dem Einzelnen die Entwicklung seiner persönlichen Freiheit, soweit dies im Rahmen der Massengesellschaft möglich ist.

Das Allgemeinwohl kann daher aber auch keine einfache Zusammenrechnung einzelner Interessen sein, sondern nur eine Synthese der Interessen der Einzelnen und den Postulaten, die sich die Gesellschaft gegeben hat[26]. Damit vereinigen sich die vielfältigen gesellschaftlichen Interessen zum einheitlichen Gemeinschaftsinteresse.

Das bedeutet aber, daß im konkreten Fall das Einzelinteresse keine unmittelbare Berücksichtigung mehr findet, sondern nur negativ als Korrektiv eingreifen kann.

Das bedeutet andererseits, daß die öffentlichen Interessen nicht mit dem Allgemeinwohl identisch sind. Der Begriff öffentliche Interessen geht vielmehr weiter. Er umfaßt neben dem allgemeinen öffentlichen Interesse auch die besonderen öffentlichen Interessen: das sind die Interessen bestimmter örtlicher oder funktionaler innerstaatlicher Gemeinschaften, die sich nicht notwendig mit dem Wohl der Allgemeinheit decken müssen[27]. Dagegen dürfte im demokratischen Staat kein Gegensatz bestehen zwischen dem Allgemeinwohl und dem Wohl des Staates[28]. Unterschiedlich ist nur der Blickwinkel.

Mit dieser Gegenüberstellung von Individual-, Gruppen- und öffentlichem Interesse ist jedoch nur allgemein der Rahmen aufgezeigt, aus dem die Kriterien zu entnehmen sind, die gegeneinander abgewogen das Gemeininteresse herauskristallisieren. Die jeweils infragekommenden einzelnen Gemeinschaftsinteressen sind demnach gegenüberzustellen und aufeinander abzustimmen. Es läßt sich hier abstrakt nur der Entscheidungsvorgang, nicht jedoch ein dauernd festliegender Inhalt darstellen. Das muß vielmehr den später beispielhaft aufgeführten Konfliktsituationen überlassen bleiben.

III. Damit ist jedoch noch nicht ausgesagt, wieweit die Behörde noch in ihrer Entscheidung frei ist, denn bei einer Entscheidung kann die Verwaltung mehr oder weniger durch den Gesetzgeber gebunden sein, je nach dem, ob und in welchem Umfang ihr Ermessen eingeräumt ist. Das würde für § 96 StPO bedeuten: Liegt es im Ermessen der Behörde, ob sie eine Beeinträchtigung des Wohles des Bundes oder eines deut-

---

[26] Wolff, 1. Bd. S. 152; Weustenfeld, S. 45; Ryffel, S. 16; a. A.: Schaeder, S. 112; Häberle, Wesensgehaltgarantie, S. 21.
[27] BayVGHE 1, 5; Wolff, 1. Bd. S. 150.
[28] Schaeder, S. 112, 113.

schen Landes bejaht und ist es dem pflichtgemäßen Ermessen der Behörde überlassen, ob sie auch beim Eintritt einer Beeinträchtigung die Vorlage zuläßt oder nicht? Denn es könnte sich auch ohne weiteres für die Behörde durch Auslegung des Begriffes des Gemeinwohles ergeben, ob das Wohl des Staates beeinträchtigt ist oder nicht.

1. Abzugrenzen ist daher das Ermessen vom unbestimmten Rechtsbegriff. Der Unterschied ist in der Theorie klar: Unbestimmte Rechtsbegriffe sind solche im Gesetz enthaltenen allgemeinen Begriffe, die zwar der näheren inhaltlichen Präzisierung bedürfen. Diese ist jedoch im Wege der Auslegung in einem dem Zweck der Vorschrift entsprechenden Sinn zu finden. Nur *eine* Entscheidung kann daher — so die Rechtsprechung — die richtige sein[29], während beim Ermessen der Gesetzgeber mehrere Entscheidungen der Verwaltung als rechtmäßig ansieht. Der gesetzliche Tatbestand ist — durch Rechtsbegriffe — festgelegt, bei seinem Vorliegen kann das Verwaltungsorgan aber zwischen mehreren Rechtsfolgen wählen.

Dabei spricht grundsätzlich eine Vermutung gegen das Bestehen einer Ermessensermächtigung[30]. Das Abgrenzungsmerkmal des öffentlichen Wohls, wie es sich in vielen Vorschriften findet, gehört typischerweise zu den unbestimmten Rechtsbegriffen[31].

2. In Literatur und Rechtsprechung hat sich weitgehend die Meinung durchgesetzt, daß eine Entscheidung nur insoweit im Ermessen einer Behörde stehen kann, als es die Rechtsfolge betrifft: Entschließungs- und Handlungsermessen. Der Tatbestand ist vom Gesetzgeber fest umrissen, nur die Setzung der Rechtsfolge bleibt dem sachverantwortlichen Gutdünken der Behörde überlassen. Dagegen liegt kein Ermessen vor bei der Ermittlung des Bedeutungsinhalts eines Rechtsbegriffes (kognitives Ermessen). Bei dem Begriff „Wohl des Bundes" handelt es sich aber um einen Rechtsbegriff, der den Tatbestand näher bestimmt[32].

Wie man daher Ermessen und unbestimmter Rechtsbegriff auch abgrenzt, in jedem Fall kommt man hier zum Ergebnis, daß ein unbestimmter Rechtsbegriff vorliegt. Die inhaltliche Festlegung des Begriffes „Wohl des Bundes oder eines deutschen Landes" ist daher nicht dem

---

[29] Anstelle anderer: BVerwGE 3, 186; Wolff, 1. Bd., 164 ff.

[30] BVerwGE 1, 159; Eyermann-Fröhler, § 114 VwGO RN 7; Redeker-v. Oertzen, § 114 VwGO RN 5.

[31] OVG Berlin, Urt. vom 14. 11. 1956, DVBl 1957, 503; BVerwG vom 18. 12. 1959, NJW 1960, 1361; Wolff, 1. Bd. S. 164; VG Freiburg, Urt. vom 27. 6. 1956, NJW 1956, 1941; OVG Münster, Urt. vom 20. 7. 1962 in ZBR 1963, 122. Vor allem aber § 99 StGB a. F.: Schönke-Schröder, 12. Aufl. § 99 StGB RN 9.

[32] BayVGHE 8 I 30; Jesch, AöR 82, 208; Reuss, DÖV 1954, 55; Redeker-v. Oertzen, § 114 VwGO Anm. 4; Wolff, 1. Bd., § 31 II; Bachof, JZ 1955, 97.

(C) Die Begrenzung der Vorlagepflicht durch Geheimnisschutz

Ermessen der Behörden freigestellt, sondern muß durch Auslegung getroffen werden[33].

3. Kommt die ersuchte Behörde oder deren oberste Dienstbehörde zu der Überzeugung, daß durch die Offenlegung des Akteninhalts Nachteile für die Bundesrepublik entstehen, so stellt sich die weitere Frage, ob der Behörde gleichwohl dann noch ein Entscheidungssspielraum bleibt, oder ob sie dann in jedem Fall die Vorlage verweigern muß.

§ 96 StPO sagt lediglich, daß in diesem Fall von dem Gericht die Vorlegung „nicht gefordert werden darf", der Wortlaut gibt daher nicht darüber Auskunft, ob gleichwohl vorgelegt werden kann.

Nach § 99 VwGO, § 86 FinGO „kann" die oberste Dienstbehörde die Vorlage bei den angegebenen Voraussetzungen verweigern. Nach § 119 SGG ist die Behörde unter den näher genannten Voraussetzungen „nicht verpflichtet". Das sind typische Formulierungen, die für ein Ermessen der Behörde sprechen. Aus ihnen allein läßt sich aber noch nicht herleiten, daß der Behörde ein Ermessen zusteht, ob sie trotzdem vorlegen will, das kann sich vielmehr nur aus dem Gesamtzusammenhang und insbesondere dem Zweck der Bestimmung ergeben[34].

Im Beamtenrecht ist die Rechtsprechung in der Frage, ob dem als Zeugen geladenen Beamten die Aussagegenehmigung erteilt wird oder einer Privatperson eine Auskunft erteilt, ob die Akteneinsicht gewährt wird oder ob eine Behörde von einer anderen Auskunft verlangen kann, zu dem Ergebnis gekommen, daß die Entscheidung im Ermessen der Behörde steht[35]. Dem hat sich die herrschende Meinung in der Literatur angeschlossen.

Das würde bedeuten, daß die Vorlage gleichwohl nicht versagt werden muß, auch wenn die Voraussetzung gegeben ist, daß ein Nachteil für den Bund etc. eintritt. Dem wird jedoch widersprochen: Ist nämlich bei der Auslegung des Merkmals „Wohl des Bundes oder eines deutschen Landes" das gerichtliche Aufklärungsinteresse und das des Angeklagten mit zu berücksichtigen, so könne der Behörde kein Ermessen mehr zustehen; denn dann habe sich ja gerade herausgestellt, daß das Geheim-

---

[33] LVG Köln, Urt. vom 22. 2. 1957 in GA 1957, 252; Menzel, DÖV 1965, 1, 11; Kienzle, DieJ 1955, 257; Fischbach, § 62 BBG Anm. VI 1; OVG Münster vom 20. 7. 1962, ZBR 1963, 122.

[34] BVerwGE 3, 121, 123; Redeker-v. Oertzen, § 114 VwGO RN 14; Wolff, 1. Bd. S. 169 ff.

[35] Eine Zusammenstellung der Rechtsprechung findet sich bei Perschel, JuS 1966, 233 FN 31; ebenso: Bernhard-Hoffmann, § 74 BaWü LBG Anm. 1; Hildebrandt-Demmler-Bachmann, § 65 NrhW LBG Anm. 2; Crisolli-Schwarz, § 76 Hess LBG Anm. 1; Plog-Wiedow, § 62 BBG RN 10;
a. A.: Sachse-Topka, § 69 Nds LBG Anm. 7; Hefele-Schmidt, Art. 70 Bay LBG Anm. 1.

haltungsinteresse das höherwertige Interesse ist[36]. Anders wäre es nur, wenn das gerichtliche Aufklärungsinteresse erst im Rahmen der Entscheidungen zu berücksichtigen ist.

Ist etwas wegen höherwertiger Interessen notwendig geheimzuhalten, so bleibt, wie Maetzel[37] mit Recht meint, der Behörde keine Wahl mehr, ob sie vorlegt. Dem ist im Ergebnis sicher zuzustimmen. In solchen Fällen wäre aber das Ermessen eingeengt auf Null, nur eine Entscheidung wäre noch richtig: nicht vorzulegen.

Daß Interessen höherwertig sind, setzt jedoch gerade voraus, daß diese im Verhältnis zu einem geringerwertigen Interesse stehen, was hier nur die gerichtliche Aufklärungspflicht sein kann. Fraglich ist daher, ob die Behörde noch vorlegen kann, wenn dies das höherwertigere ist. Könnte dies die Behörde nicht, weil eben gleichwohl durch die Offenbarung auch ein Nachteil entsteht, so würde der Geheimnisschutz verabsolutiert. Das kann nicht sein.

Gegen ein Ermessen könnte aber sprechen, daß der ersuchten Behörde nur ein ganz allgemeines Recht zusteht, nachzuprüfen, zu welchem Zweck das Gericht die Akten verwenden will[38]. Welcher Art der Vorwurf gegen den Beschuldigten ist, ergibt sich aber für die Behörde aus der Anklage oder dem Antrag der Staatsanwaltschaft auf Eröffnung der Voruntersuchung. Das Recht, Auskunft über die Art der Ermittlungen bzw. der Anklage zu erlangen, steht der ersuchten Behörde auch zu, denn sie kann verlangen, daß ihr mitgeteilt wird, wozu das Gericht die Akten braucht.

Die Einräumung einer größeren Entscheidungsfreiheit — also ein Ermessensspielraum — wirkt sich somit nur zum Vorteil für die ersuchende Stelle aus. Anders müßte nämlich die ersuchte Behörde ohne weiteres ablehnen, wenn sie einen Nachteil für das Wohl des Bundes oder eines deutschen Landes befürchtet, so aber steht ihr die Möglichkeit offen, daß sie gleichwohl vorlegen kann. Das macht auch deutlich, daß das Gewicht des erhobenen strafrechtlichen Vorwurfs des gerichtlichen Aufklärungsinteresses bei der Entscheidung der Behörde mitberücksichtigt werden muß.

Der Behörde fällt demnach die Aufgabe zu, im Einzelfall abzuwägen zwischen der Wahrung des staatlichen Wohls, das die Geheimhaltung erfordert, einerseits und auf der anderen Seite der gerichtlichen Pflicht und dem Recht des Angeklagten zur Klärung des Sachverhalts *(Prinzip der Güter- und Pflichtenabwägung)*[39].

---

[36] Maetzel, DVBl 1966, 669; Linke, GA 1957, 253.
[37] DVBl 1966, 669.
[38] Vgl. S. 79 f.

(D) Die Geheimhaltungsinteressen der Allgemeinheit

I. § 96 StPO steckt die Grenzen ab, wieweit Geheimhaltungsinteressen des Staates eine Vorlage vor Gericht ausschließen können. Die Vorschrift verlangt für eine rechtmäßige Verweigerung, daß durch das Bekanntwerden dem Bund oder einem deutschen Land Nachteile entstehen. Geschützt sind demnach durch § 96 StPO nur die staatlichen Interessen und diese ausschließlich, nicht aber die nicht-staatlichen: das sind die privaten Geheimhaltungsinteressen[40].

Ob auch die Belange sonstiger juristischer Personen des öffentlichen Rechts (Gemeinden, Landkreise, sonstige Körperschaften des öffentlichen Rechts etc.) keinen Schutz genießen, oder ob § 96 StPO mit staatlichen Interessen alle öffentlichen Interessen meint, ist umstritten. Das Problem hängt eng zusammen mit der Frage, ob nur besonders wichtige öffentliche Interessen geschützt werden oder ob auch verwaltungsmäßige Nachteile genügen, um die Vorlage zu verweigern. Denn unstreitig dürfte sein, daß sehr schwerwiegende Nachteile für eine Gemeinde gleichzeitig als Nachteile des Gemeinwesens anzusehen sein können, daß sie in Nachteile für das Land oder den Bund umschlagen können.

Verschiedener Meinung kann man nur sein hinsichtlich solcher Beeinträchtigungen der Gemeinde, die nicht gleichzeitig auch die staatliche Gemeinschaft berühren. Ob auch solche Verwaltungsgeheimnisse der Gemeinden die Vorlageverweigerung begründen, ergibt sich aus einem Vergleich mit § 54 StPO und den entsprechenden Vorschriften in den anderen Verfahrensordnungen.

Die Beamtengesetze §§ 61 BBG, 38 BRRG und die entsprechenden Bestimmungen in den Landesbeamtengesetzen enthalten ebenso wie zahlreiche Einzelgesetze (z. B. § 22 AO; § 46 GWB; § 16 GeschlKrG; § 205 AngVersG; § 40 WHG; entsprechend § 14 SoldatenG etc). Vorschriften, daß Beamte über die ihnen bei ihrer amtlichen Tätigkeit bekannt gewordenen Angelegenheiten, soweit sie nicht offenkundig oder unbedeutend sind, Verschwiegenheit zu bewahren haben. Ebenso finden sich an vielen Stellen Vorschriften, daß entsprechende Akten Außenstehenden nicht zugänglich gemacht werden dürfen. Diese Geheimhaltungsvorschriften richten sich gegen ein Bekanntwerden außer-

---

[39] Menzel, DÖV 1965, 1, 11; BVerwGE 19, 179, 186; KMR-Müller-Sax, Vorbem. zu § 94 StPO Anm. 4; Puchelt, § 96 StPO Anm. 4; Forsthoff, 9. Aufl. S. 98; Rothländer, DDB 1963, 67; Beling, Beweisverbote S. 35; für das schweizerische Recht: Kehl-Zeller, S. 115.

[40] Stenglein, § 96 StPO Anm. 3; Düwel, S. 99; Eyermann-Fröhler, § 99 VwGO RN 3; Fischbach, § 62 BBG Anm. 2 c; Hildebrandt-Demmler-Bachmann, § 65 NrhW LBG Anm. 2, 2; Plog-Wiedow, § 62 BBG RN 4.

halb der Dienststelle. Die Frage ist aber, ob dazu auch der Verkehr von Behörde zu Behörde, d. h. hier zum Strafgericht, gehört.

Die Rechtsprechung hat sich nur vereinzelt damit befaßt, wieweit der Geheimnisschutz im Behördenverkehr reicht. Höchstrichterliche Entscheidungen äußern sich lediglich darüber, daß durch privatrechtlichen Vertrag die Amtshilfe nicht begrenzt werden kann, wozu auch eine Ausdehnung des Geheimnisschutzes zählt[41].

In der Literatur ist streitig, wieweit der Geheimnisschutz im Behördenverkehr reicht, insbesondere, ob bereits die Pflicht zur Wahrung des Amtsgeheimnisses genügt, um ein Amtshilfeersuchen abzulehnen[42].

Eine Untersuchung im Verhältnis zum Strafgericht hat sich jedoch nach den Sondervorschriften der §§ 96, 54 StPO, § 62 BBG, § 39 BRRG zu richten, die das Amtsgeheimnis allein jedenfalls nicht zur Verweigerung von Aussagegenehmigung bzw. Aktenvorlage genügen lassen. Bei einem Vergleich von § 96 StPO mit den Vorschriften, die sonst den öffentlichen Geheimhaltungsinteressen dienen, zeigt sich, daß die Weigerungsgründe für die Aktenvorlage in den einzelnen Prozeßordnungen und die Weigerungsgründe für die Aussagegenehmigung nicht übereinstimmen.

Für die Aussagegenehmigung verweisen alle Verfahrensordnungen[43] auf die beamtenrechtlichen Vorschriften, d. h. auf § 62 BBG, § 39 BRRG und die entsprechenden Vorschriften der Landesbeamtengesetze[44]. Diese verlangen ebenso wie die neueren Verfahrensordnungen für die Aktenverweigerung

a) einen Nachteil für das Wohl des Bundes oder eines deutschen Landes. Darüber hinaus genügt aber auch nach §§ 62 BBG, 39 BRRG, daß

b) die Erfüllung öffentlicher Aufgaben ernstlich gefährdet oder erheblich erschwert wird.

Für die Aktenverweigerung dagegen kommt nach §§ 99 VwGO; 86 FinGO; 119 SGG noch in Betracht, daß

c) die Vorgänge nach einem Gesetz oder ihrem Wesen nach geheimgehalten werden müssen.

---

[41] BArbG, vom 25.10.1957, NJW 1958, 1061; BArbG, vom 15.7.1960, NJW 1960, 2118; BGHZ 34, 186 f.; s. auch: Kreis, DÖV 1961, 56.

[42] Vgl. hierzu: Düwel, S. 95 ff.; Wilhelm, ZBR 1965, 155; a. A.: Fischbach, § 61 BBG Anm. VII 1; Dreher, S. 116 f.; Gross, RiA 1966, 81; Wolff, 2. Bd. S. 93; Crisolli-Schwarz, § 75 Hess LBG Anm. 4.
Zum ärztlichen Berufsgeheimnis bei der Amtshilfe: Papai, BABl 1962, 1021 ff.; Müller, NJW 1966, 1152 ff. m. w. Nachw.

[43] § 54 StPO; 98 VwGO; § 376 ZPO; § 82 FinGO; § 118 SGG.

[44] Anstelle anderer: § 74 BaWü LBG.

(D) Die Geheimhaltungsinteressen der Allgemeinheit

Dabei besteht zwischen der erheblichen Gefährdung bzw. Erschwerung der Erfüllung öffentlicher Aufgaben und der Geheimhaltung auf Grund Gesetzes oder nach dem Wesen des Vorgangs kein wesensmäßiger Unterschied, denn auch im letzten Fall darf die Geheimhaltung nur im öffentlichen Interesse erfolgen. Dagegen besteht der Unterschied zu dem Merkmal der Beeinträchtigung des Wohls des Bundes oder eines deutschen Landes darin, daß dort nur die staatlichen Interessen und durch die Alternative alle sonstigen öffentlichen Geheimhaltungsinteressen geschützt werden[45].

§ 96 StPO dagegen nennt lediglich das Wohl des Bundes oder eines Landes als Verweigerungsgrund, obgleich § 54 StPO auch auf die beamtenrechtlichen Vorschriften verweist. Daher fragt sich, ob die Aktenvorlage im Strafverfahren in weiterem Umfang erfolgt als die Genehmigung der Aussage eines Beamten und die Aktenvorlage in anderen Verfahren, oder ob § 96 StPO hier entsprechend auszulegen ist.

Der heutige Wortlaut von § 96 StPO entspricht, was die Grenzen der Vorlagepflicht anbelangt, dem zur Zeit des Inkrafttretens der Strafprozeßordnung. Allerdings war nach dem 2. Weltkrieg in der amerikanischen und britischen Zone eine Verweigerung möglich, wenn „dienstliche Nachteile" entstanden; durch Art. 3 Nr. 37 VereinhG[46] wurde der ursprüngliche Wortlaut aber wieder hergestellt.

Damit könnte bewußt zum Ausdruck gebracht worden sein, daß § 96 StPO enger ist als § 54 StPO i. V. m. dem damals gültigen § 9 DBG, dem heute § 62 BBG entspricht. Das würde jedoch voraussetzen, daß sich der Gesetzgeber des Unterschieds bewußt war; das ist aber nicht anzunehmen, denn es sollte nach dem Wortlaut des Vereinheitlichungsgesetzes nur die alte Fassung wieder hergestellt werden.

Beschränkt auf das Wohl des Bundes oder eines deutschen Landes ist auch die Verweigerung der Aussagegenehmigung für einen Angehörigen des öffentlichen Dienstes, der als Zeuge im Verfahren vor dem Bundesverfassungsgericht auftreten soll (§ 28 Abs. 2 BVerfGG).

Düwel[47] meint, der Gesetzgeber habe durch § 28 BVerfGG und durch die vielfältigen entsprechenden Vorschriften über die Aktenvorlage vor Gericht und über die Aussagegenehmigung, angefangen mit § 9 DBG, dem Begriff „das Wohl des Bundes oder eines deutschen Landes" den

---

[45] Fischbach, § 62 BBG Anm. II 2 a—c; Düwel, S. 126; Crisolli-Schwarz, § 76 Hess LBG Anm. 4 a; OVG Lüneburg, vom 21. 1. 1966, ZBR 1966, 354. Zum Unterschied zwischen staatlichen und sonstigen öffentlichen Geheimhaltungsinteressen siehe auch: oben S. 85 ff.
[46] BGBl 1950, 482, 639.
[47] S. 41, 126 f.

Sinn gegeben, daß nur „wichtige staatliche Interessen" geschützt werden, nicht aber andere öffentliche Interessen. Dies ergebe sich aus der bewußten Gegenüberstellung zu den jeweiligen anderen Verweigerungsgründen. Die Auslegung des § 96 StPO habe sich danach zu richten.

In dem Verfahren vor dem Bundesverfassungsgericht besteht aber ein ganz besonderes Übergewicht des gerichtlichen Aufklärungsinteresses gegenüber anderen, nur verwaltungsmäßigen Geheimhaltungsbelangen, da es in diesem Verfahren um Grundsätze der Verfassung geht[48], ein solcher außerverhältnismäßiger Vorrang besteht aber beim Strafverfahren nicht grundsätzlich.

Im übrigen besteht auch im Verfahren vor dem Bundesverfassungsgericht Übereinstimmung hinsichtlich der Grenzen für die Verweigerung der Aussagegenehmigung für einen Beamten (§ 28 Abs. 2 BVerfGG) und der Grenzen für die Verweigerung der Aktenvorlage, denn zwar sind nach § 26 Abs. 1 BVerfGG Behörden unbeschränkt zur Aktenvorlage verpflichtet, jedoch kann das ersuchende Bundesverfassungsgericht selbst die Beiziehung einzelner Aktenstücke unterlassen, wenn Gründe der Staatssicherheit dies geboten erscheinen lassen (§ 26 Abs. 2 BVerfGG).

Sinnvoll ist es aber, die Auslegung der verschiedenen Arten von Normen, die die Geheimhaltungsmittel betreffen, die einer Behörde zur Verfügung stehen, aufeinander abzustimmen, wie dies auch in den anderen Verfahrensordnungen der Fall ist (VwGO, FinGO, SGG etc.): die Verweigerung der Aktenvorlage und die Verweigerung der Erteilung der Aussagegenehmigung für einen Angehörigen des öffentlichen Dienstes als Zeuge; denn die Grenzen der Verweigerung der Aktenvorlage wären bei einer engen Auslegung des § 96 StPO beschränkter als die Grenzen für die Verweigerung der Aussagegenehmigung (§ 54 StPO i. V. m. § 62 BBG, 39 BRRG etc.). Das hätte zur Folge, daß ein Gericht um Aktenvorlage ersuchen kann und die Akten vorgelegt werden müßten, obgleich die Behörde einem Beamten, der über den Akteninhalt als Zeuge gehört werden sollte, die Aussagegenehmigung verweigern könnte.

Eine Übereinstimmung von § 96 StPO und § 54 StPO läßt sich aber nur erreichen, wenn man den Begriff des „Wohl des Bundes oder eines deutschen Landes" in § 96 StPO so weit auslegt, daß er auch die Alternative von § 9 DBG, jetzt §§ 62 BBG, 39 BRRG umgreift[49].

---

[48] Vgl. auch: Deutscher Bundestag, 1. Wahlperiode, Drucks. Nr. 788.
[49] Ebenso: Löwe-Rosenberg, 2. Nachtrag zur 19. Aufl. § 96 StPO Anm. 2; Henkel, 1. Aufl. S. 330 Anm. 3; Kohlhaas, JR 1957, 44; zur Rechtslage vor 1937: John, § 96 StPO Anm. 2; vgl. auch: Entw. 1920, § 113.

Es wäre auch nicht einzusehen, weshalb eine Gemeinde in einer Bagatellsache vor dem Strafgericht ihre gesamten Verwaltungsgeheimnisse sollte offenbaren müssen, z. B. in welchem Gebiet sie die Errichtung eines neuen Stadtteils plant, wodurch der Bodenspekulation Tür und Tor geöffnet würden. Würde sie es andererseits in einem Verfahren, in dem dem Angeklagten ein schwerwiegender Vorwurf gemacht wird, ablehnen, so könnte dies ermessensfehlerhaft sein; denn wie oben gezeigt wurde, genügt nicht in jedem Fall das Vorliegen eines Geheimnisses, um die Vorlage verweigern zu können.

Das führt zu dem Ergebnis, daß nach § 96 StPO alle öffentlichen Interessen, staatliche wie solche von anderen juristischen Personen des öffentlichen Rechts, die Verweigerung begründen können, sofern sie nur der gerichtlichen Aufklärungspflicht vorgehen[50].

II. Durch das wechselnde Verhältnis des gerichtlichen Aufklärungsbedürfnisses und des Schutzbedürfnisses anderer staatlicher Interessen ist es unmöglich, ein allgemein gültiges Schema der jeweils höherwertigen Interessen aufzustellen. Denn nicht schon zwangsläufig aus der Natur der Sache ergibt sich der Rang, nur das Abwägen nach Art und Grad der Beeinträchtigung der widerstreitenden Belange führt zum sachgerechten Ergebnis. Es lassen sich folglich nur einzelne Merkmale herausarbeiten, die Anhaltspunkte für die notwendige Abwägung geben; es lassen sich außerdem solche Geheimhaltungsgründe aufzählen, die grundsätzlich geeignet sind, die Verweigerung zu rechtfertigen (z. B. schwerwiegende Staatsgeheimnisse).

1. Daß der Erforschung der Wahrheit nicht immer dieselbe Bedeutung zukommt, ergibt sich schon aus der Strafprozeßordnung selbst. So können unbedeutende Straffälle durch Strafbefehl oder Strafverfügung, also in einem abgekürzten Verfahren erledigt werden. Bestimmte Prozeßfragen bedürfen nicht des Vollbeweises, sondern es genügt ihr bloßes Wahrscheinlichmachen (Glaubhaftmachung)[51].

Daß andererseits dem Strafprozeß und der in ihm geforderten Wahrheitserforschung überragende Bedeutung innerhalb des verfassungsmäßigen Gesamtsystem des Staates beigemessen wird, rührt nicht nur aus der ihm gestellten Aufgabe der notwendigen raschen und nachdrücklichen Verbrechensverfolgung her, sondern ebenso aus der gefährlichen verfahrensrechtlichen Umklammerung, in die der einzelne Angeklagte geraten kann, die ihm den Unschulds- oder Milderungsbe-

---

[50] Ähnlich für die VwGO und die FinGO: Schunk-de Clerk, § 99 VwGO Anm. 3 a 2; Görg-Müller, § 86 FinGO RN 439;
a. A.: Beling, Beweisverbote S. 8, 26; Peters, Gutachten S. 114 (ohne Begründung).
[51] §§ 26 II; 45; 56; etc. StPO.

weis erschwert oder gar unmöglich macht, wenn er sich der möglichen Beweismittel beraubt sieht. Seine Verteidigungs- und Schutzrechte sind angesichts der durch das Grundgesetz geforderten personalen Betrachtungsweise des materiellen und formellen Strafrechts von hervorragender Bedeutung.

Diese Vorrangstellung der gerichtlichen Aufklärungspflicht ergibt sich nicht zuletzt auch aus dem besonderen Verfahren, das § 96 StPO vorschreibt, um die Akten zu verweigern; nicht die Behörde selbst kann entscheiden, sondern deren oberste Dienstbehörde ist dafür zuständig.

2. Aus diesem Grund ist auch der Kreis der möglichen Verweigerungsgründe — mag er auch zahlenmäßig nicht begrenzt sein — klein zu halten. Da grundsätzlich nach Art. 35 GG und nach jeder Verfahrensordnung von einer unbeschränkten Vorlagepflicht ausgegangen wird, ist § 96 StPO eine Ausnahmevorschrift und daher eng auszulegen[52]. Das bedeutet auch, falls in einer Akte nur einzelne Schriftstücke der Geheimhaltung bedürfen, daß damit nicht die Verweigerung der gesamten Akte begründet werden kann. Lassen sich diese Schriftstücke vielmehr entheften, so bleibt die Vorlagepflicht für den verbleibenden Aktenteil bestehen[53].

Für die weitere Untersuchung ergibt sich eine Untergliederung der einzelnen Verweigerungsgründe aus dem entsprechenden Verhältnis von § 96 StPO und § 54 i. V. m. § 62 BBG, 39 BRRG etc.

a) Verweigerungsgrund kann sein, daß bei Vorlage dem Wohl des Bundes oder eines deutschen Landes, wie dies in § 54 StPO i. V. m. § 62 BBG zu verstehen ist, Nachteil zugefügt würde,

b) daß sonst die Erfüllung öffentlicher Aufgaben ernstlich gefährdet oder erheblich erschwert würde.

c) Demgegenüber steht der Schutz von solchen Geheimnissen, an deren Geheimhaltung nur einem einzelnen Staatsbürger gelegen ist.

Privates und öffentliches Geheimhaltungsinteresse schließen sich jedoch nicht gegenseitig aus, sondern können zusammentreffen.

Stehen beide nicht in einem notwendigen Abhängigkeitsverhältnis, sondern treffen rein zufällig zusammen, z. B. das Fabrikationsgeheimnis, das gleichzeitig Staatsgeheimnis ist, so versteht sich von selbst, daß jedes unabhängig vom anderen schon eine Zurückhaltung rechtfertigt, sofern es nur rechtlich geschützt ist[54]. Davon zu unterscheiden sind Ge-

---

[52] Zu § 99 VwGO: BaWüVGH, v. 29. 3. 1961, BaWüVBl 1961, 75; Klinger, § 99 VwGO Anm. 1; Schunk-de Clerk, § 99 VwGO Anm. 3 a 1; Ule, § 99 VwGO Anm. II 1.
[53] RGSt 72, 268 (275).
[54] Ebenso bei § 300 StGB: Schönke-Schröder, 14. Aufl., § 300 StGB RN 5; für § 353 b StGB: Maurach, S. 771.

heimnisse, an deren Geheimhaltung sowohl die Allgemeinheit als auch ein Einzelner interessiert ist (z. B. das Wahlgeheimnis).

Öffentliches wie privates Geheimhaltungsinteresse können dabei gleichwertig nebeneinander stehen und denselben rechtlichen Schutz genießen. Tritt eines von ihnen hinter dem anderen zurück, so ist es nur mittelbar mitgeschützt, wobei gleichwohl seine rechtliche Selbständigkeit gewahrt bleiben kann. Fehlt auch diese, so wirkt sich der Schutz des selbständigen Geheimhaltungsinteresses nur als Reflex aus.

Die Bedeutung des Verhältnisses beider zueinander zeigt sich dann, wenn sie in Widerspruch geraten. Davon hängt nämlich ab, ob zur Vorlage gegebenenfalls auch noch ein Dritter zustimmen muß, bzw. wieweit er die Vorlage verhindern kann.

(E) Die einzelnen Geheimhaltungsgründe

I. 1. Den Begriff *„Wohl des Bundes oder eines deutschen Landes"* enthält, wie § 96 StPO, § 62 BBG, § 39 BRRG, auch § 99 Abs. 1 StGB vor seiner Neufassung durch Gesetz vom 25. 6. 1968, der das Staatsgeheimnis definierte. In § 99 StGB a. F. waren jedoch lediglich die Beziehungen zu fremden Regierungen gemeint: Staatsgeheimnisse sind „vor fremden Regierungen" geheimzuhalten. Der eintretende Nachteil mußte die Bundesrepublik oder ein deutsches Land gerade in ihrem Verhältnis nach außen treffen; das ergibt sich aus dem Wortlaut und aus der historischen Entwicklung der Vorschriften über den Landesverrat[55]. § 93 StGB n. F., der § 99 StGB a. F. entspricht, geht auch ausdrücklich vom Begriff der „äußeren Sicherheit" aus.

Diese Beschränkung der Gefährdung auf den Außenbereich der Beziehungen der Bundesrepublik enthält § 96 StPO nicht; andererseits ging § 99 StGB a. F. auch nicht weiter. Wenn die Voraussetzungen des § 99 StGB a. F. gegeben waren, d. h. durch das Gelangenlassen eines Staatsgeheimnisses an einen Dritten das „öffentliche Wohl" gefährdet war, so rechtfertigen diese Voraussetzungen gleichzeitig auch eine Zurückhaltung nach § 96 StPO.

Für § 96 StPO, § 62 BBG, § 39 BRRG genügt jedoch eine Gefährdung im Innern. Diese kann sich auf die demokratisch-freiheitliche Grundordnung auswirken[56] (Art. 20 GG) (z. B. Verfassungsschutz und nachrichtendienstliche Angelegenheiten etc.), oder eine Gefährdung der

---

[55] Schönke-Schröder, 12. Aufl., § 99 StGB RN 5; BGHSt 20, 361; Jescheck, S. 16; Stree, JZ 1963, 530; Krey, ZStW Bd. 79, 103 ff.; a. A.: Maurach, S. 549.
[56] Zu dem Begriff: BVerfGE 2, 1 (12).

Wirtschaft, der Wehrkraft oder der allgemeinen Finanzpolitik (z. B. Zeitpunkt für die Abwertung der Landeswährung) sein, soweit sie sich auf die Gesamtheit auswirkt[57].

Schutz genießt auch das Ansehen des Staates, der Bundesrepublik wie der Länder und seiner Organe nach außen wie nach innen.

So konnte mit Recht das Auswärtige Amt die Vorlage von Dokumenten im dritten *Frankfurter Euthanasieprozeß* ablehnen[58]. Aus diesen Dokumenten sollte sich ergeben, daß der damalige Bundeskanzler *Kiesinger* während seiner Tätigkeit bei der NS-Auslandspropaganda amtlich von einer amerikanischen Meldung über Judenvernichtungen erfahren habe. Selbst wenn sich dies aus den Dokumenten ergeben hätte, so hätte dies für das anstehende Strafverfahren keine wesentlichen Folgen haben können: der Bundeskanzler war am Verfahren selbst nicht beteiligt, eine amerikanische Meldung mußte er im Krieg nicht für wahr halten. Andererseits hätte die Vorlage der Akten Anlaß gegeben, wieder und wieder die obersten Organe der Bundesrepublik wegen ihrer persönlichen Vergangenheit anzugreifen und damit das Ansehen der Bundesrepublik selbst herabzusetzen.

Dagegen genügen rein fiskalische Nachteile nicht, sofern sie nicht ein solches Ausmaß erreichen, daß dadurch andere Staatsaufgaben darunter erheblich leiden[59], denn das Wohl des Staates entspricht nicht notwendig dem Wohl des Staatssäckels[60]. Das ergibt sich für den Strafprozeß schon aus der Rangfolge, innerhalb der die Rechte des Angeklagten, die auf dem Spiel stehen, und die staatliche Strafrechtspflege fiskalischen Interessen vorgeordnet sind. So kann auch nicht etwa eine Strafverfolgung aus finanziellen Erwägungen abgelehnt werden[61].

Daß andererseits bei Übertretungen und leichten Vergehen, bei denen der Belastungsbeweis ohne die behördlichen Unterlagen nicht geführt werden könnte, fiskalische Gesichtspunkte, wenn sie bedeutend sind, gleichwohl Berücksichtigung finden können, zeigt der Fall einer noch geheimgehaltenen Regionalplanung. Deren vorzeitige Veröffentlichung kann ihre finanzielle Durchführung unmöglich machen. Dabei

---

[57] Bochalli, § 62 BBG Anm. 1; Fischbach, § 62 BBG Anm. II 2 a; Menzel, DÖV 1965, 1 ff.; Plog-Wiedow, § 62 BBG RN 4.

[58] Frankfurter Rundschau vom 3. 10. 1969, S. 4: „Richter rügt scharf Archiv des AA."

[59] Ähnlich: Eyermann-Fröhler, § 99 VwGO RN 3; a. A.: Klinger, § 99 VwGO Anm. B 1; Maetzel, DVBl 1966, 666 Anm. 20; Koch-Wolter, S. 133; Schunk-de Clerk, § 99 VwGO Anm. 2 a 1.
Zur Fragwürdigkeit der Trennung von „öffentlichen" und „fiskalischen" Interessen: Häberle, DVBl 1967, 200. Die Problematik des Übergangs von Privatinteressen zum „öffentlichen Interesse" hat jüngst Leisner in DÖV 1970, 217 untersucht.

[60] Fischbach, NDBZ 1956, 207.

[61] Vgl. etwa die aufwendigen KZ-Prozesse der letzten Zeit sowie den Conterganprozeß, für dessen Durchführung mit Kosten von mehreren Millionen gerechnet wird; dazu: Laternser, S. 82 ff.

fließen aber im Regelfall fiskalische und andere öffentliche Interessen ineinander.

2. Im Gegensatz zu § 54 und § 96 StPO brauchen für die Alternative nach § 62 BBG, § 39 BRRG etc. keine staatlichen Nachteile zu entstehen, sondern es genügt die Beeinträchtigung sonstiger öffentlicher Interessen, z. B. der Gemeinde oder eines Gemeindeverbandes. Hier sind Einzelfälle gemeint, die die allgemeine verwaltende und rechtsprechende Funktion des Staates betreffen, die nicht ernstlich gefährdet oder erheblich erschwert werden sollen. Die Geheimhaltung dient der Aufrechterhaltung der weiteren ordnungsgemäßen Verwaltungsarbeit[62]. Insoweit werden die Versagungsgründe gegenüber oben erweitert.

Maetzel ist demgegenüber der Ansicht, in §§ 54, 96 StPO, § 62 BBG, § 39 BRRG sei nur der eigentliche Staatsschutz gemeint, nicht aber die Gefährdung von Verwaltungsbelangen[63].

Unstreitig ist, daß in § 353 b StGB auch Verwaltungsgeheimnisse geschützt werden[64]. Bedenkt man aber das verhältnismäßig strenge Strafmaß von § 353 b StGB (Gefängnis, in besonders schweren Fällen Zuchthaus bis zu 10 Jahren), so ergibt sich folgendes merkwürdiges Ergebnis, wollte man die Verwendung von Akten, die ein Verwaltungsgeheimnis enthalten, in einem Verfahren ohne Beschränkung für zulässig erachten. Das Bekanntwerden des Akteninhalts der Verwaltungsgeheimnisse wäre auch dann nicht zu verhindern, wenn der strafrechtliche Vorwurf nur ein geringer, das Verfolgungsinteresse also nur unbedeutend ist. Andererseits wird ein Beamter, der ein derartiges Geheimnis offenbart, empfindlich bestraft. Dieser strafrechtliche Schutz wäre unbegründet hoch, selbst wenn man mitberücksichtigt, daß § 353 b StGB sich auch am Vertrauensbruch des Beamten orientiert. Daher spricht im Gegenteil das Strafmaß des § 353 b StGB dafür, daß in § 96 StPO Verwaltungsgeheimnisse mitgeschützt werden. Die allgemeine Verschwiegenheitspflicht, die jeden Beamten über die ihm bei seiner amtlichen Tätigkeit bekanntgewordenen Angelegenheiten trifft, genügt aber nicht. Ebensowenig genügt allein die auf Grund innerdienstlicher Anweisungen (z. B. der Zentralen Dienstvorschriften der Bundeswehr) ergehende Erklärung, wonach eine Akte zur Verschlußsache erklärt wurde, obwohl sie kein Geheimnis im materiellen Sinn enthielt.

Sehr umstritten ist, ob der Grundsatz der Amtsverschwiegenheit auch im Rahmen der Amtshilfe Anwendung findet oder ob der Amtshilfe-

---

[62] z. B.: Ermöglichung einer Regionalplanung etc.; Fischbach, § 62 BBG; Weimar RiA 1962, 115; Hildebrandt-Demmler-Bachmann, § 65 NrhW LBG Anm. 2/2; OVG Lüneburg, vom 21. 1. 1966, ZBR 1966, 354.
[63] Maetzel, DVBl 1966, 666 Anm. 20.
[64] BGHSt 11, 401.

verkehr „dienstlicher Verkehr" im Sinne des § 61 Abs. 1 Satz 2 BBG ist[65].

Die Frage mag hier dahinstehen. Für § 62 BBG ergibt sich schon aus der gesetzlichen Einschränkung gegenüber § 61 BBG, daß das Amtsgeheimnis allein die Verweigerung der Vorlage nicht rechtfertigt, denn die Amtsverschwiegenheit umfaßt alle dem Beamten bekanntgewordenen Angelegenheiten von Bedeutung, ohne Rücksicht darauf, ob das Bekanntwerden sich nachteilig für das Gemeinwesen auswirkt oder nicht[66].

3. Zu den gesetzlichen Geheimhaltungsgeboten im öffentlichen Interesse gehört der *Grundsatz der geheimen Wahl*[67].

Daß dieses Prinzip nicht nur dem Schutz des einzelnen Wählers dient, zeigt sich daran, daß der Einzelne bei der Wahlhandlung nicht auf die Geheimhaltung verzichten kann[68], denn wird nur von Einzelnen demonstrativ offen gewählt, so erwecken diejenigen Wähler, die ihre Stimme geheim abgeben den Eindruck, als hätten sie anders gewählt. Es soll aber auch der geringste Anschein vermieden werden, aus dem sich Rückschlüsse auf die Stimmabgabe beim Wahlvorgang ergeben können. Diese Regelung besteht daher nicht nur zum Schutz des einzelnen Wählers, sondern zu dem aller Wähler.

Bestritten ist, ob nur die geheime Abgabe der Stimme oder auch die Geheimhaltung nach der Wahl garantiert ist. Nur wenn das letztere der Fall ist, kann die Verweigerung der Vorlage diesbezüglicher Schriftstücke in Frage kommen. Mag sich zwar auch aus dem einzelnen Stimmzettel nur schwer die Urheberschaft des Wählers ermitteln lassen (etwa durch das Schriftbild), so ergibt sich jedenfalls schon aus den Listen, ob jemand gewählt hat oder nicht. Dies kann unter Umständen einer politischen Willenskundgebung gleichstehen, die deshalb auch geheimzuhalten ist[69].

Die Geheimhaltung der Wahl steht im engen Zusammenhang mit dem Grundsatz der freien Wahl. Nur dann bleibt die Stimmabgabe unbeeinflußt von sachwidrigen äußeren Einflüssen, wenn der Wähler nicht

---

[65] So: Groß, RiA 1966, 81; Dreher, S. 101; Wolff, 2. Bd. S. 93; Peters, LB S. 60; Crisolli-Schwarz, § 75 Hess LBG; sowie: die bei Düwel S. 93 FN 42 Genannten. a. A.: Düwel, S. 96; Wilhelm, ZBR 1965, 155.

[66] Lohmeyer, JR 1964, 172; LG Hannover, v. 26. 11. 1958, NJW 1959, 351; für § 99 VwGO, § 86 FinGO: Redeker-v. Oertzen, § 99 VwGO RN 4; Ziemer-Birkholz, § 86 FinGO RN 15; Eyermann-Fröhler, § 99 VwGO RN 4; Schunk-de Clerk, § 99 VwGO Anm. 3 a 2.

[67] Art. 38 GG, § 1 I BWahlG.

[68] Seifert, Art. 38 GG RN 36 m. w. Nachw.; Feneberg-Kreis, § 1 BWahlG Anm. 2 e; Ch. Böckenförde, NJW 1967, 239.

[69] Maunz-Dürig, Art. 38 GG RN 54; Seifert, Art. 38 GG RN 38.

mit nachfolgenden Drohungen rechnen muß; dazu ist es aber notwendig, daß auch nach der Stimmabgabe nicht ermittelt werden kann, wie der Einzelne gewählt hat.

Mag daher der Wähler auch nach der Wahl offenbaren können, wem er seine Stimme gegeben hat, so darf das aber nicht dazu führen, daß daraus Rückschlüsse auf andere gezogen werden können[70].

Ob gegenüber dem Schutz des Wahlgeheimnisses das Interesse an der Ermittlung von Straftaten „niemals den Vorrang haben kann"[71], wird allerdings angesichts des oben erarbeiteten Verhältnismäßigkeitsgrundsatzes bezweifelt. Denn gerade für die Feststellung des Sachverhalts bei Wahldelikten (§§ 107 StGB ff.) kann es mehr im öffentlichen Interesse liegen, wenn die unerlaubte Beeinflussung des Wählerwillens aufgedeckt wird, als daß sie um der Wahrung des Prinzips willen ungeahndet bleibt.

Die herrschende Meinung in der Strafprozeßrechtsliteratur läßt es daher auch zu, daß der einzelne Wähler als Zeuge über seine Stimmabgabe vernommen wird, wobei ihm das Recht zusteht, das Zeugnis zu verweigern; nicht notwendig dagegen ist, daß in einem solchen Fall noch eine amtliche Stelle ihre Zustimmung gibt[72].

4. Im öffentlichen Interesse geschützt ist ferner das *gerichtliche Beratungsgeheimnis* (§§ 43, 45 Abs. 3 DRiG). Dabei geht es um die Schweigepflicht über sämtliche Vorgänge während der Beratung und Abstimmung .

Diese Vorschriften wird man entsprechend auch für die Schriftstücke anwenden können, die dabei angefertigt wurden (z. B. zur Stimmzählung)[73]. Wie aber kann im Strafverfahren etwa nachgewiesen werden, daß die für die Verurteilung notwendige Zweidrittel-Mehrheit der Richterstimmen nicht vorlag, wenn Aussagegenehmigung und Vorlage etwa noch vorhandener Unterlagen verweigert werden?

Dabei werden in der Regel Beratung und Abstimmung mündlich vorgenommen, so daß eine Vorlage von Schriftstücken nicht in Frage kommt. Von größerem Gewicht ist daher die Frage, in welchem Fall eine Vernehmung der Richter als Zeugen möglich ist. Weitgehend Einigkeit besteht aber auch hier, soweit diese als Zeugen vernommen

---

[70] Bay. VerfGHE 2, 120 ff., 6, 186 ff.; RGSt 63, 383 (388); Ch. Böckenförde, NJW 1967, 239.
Offengelassen: von BVerfGE 3, 31 ff.
[71] Ch. Böckenförde, NJW 1967, 239.
[72] RGSt 63, 388; Seifert, Art. 38 GG RN 39; Tiedemann, NJW 1967, 1013; Eb. Schmidt, Nachtragsband vor §§ 52—56 RN 18.
a. A.: Peters, Gutachten S. 111 (grundsätzlich unzulässig).
[73] § 100 VwGO sowie § 120 SGG regeln dies ausdrücklich.

werden sollen, daß in bestimmten Fällen, insbesondere der Rechtsbeugung (Art. 98 Abs. 3 GG), das Beratungsgeheimnis im Interesse der Aufdeckung der Wahrheit seine Grenze findet[74]. Auch sonst ist der mitberatende Richter befugt auszusagen, wenn das überwiegende Interesse an der Wahrheitsfindung dies erfordert[75]. Dafür wird besonders in Betracht kommen, daß es gilt, die Folgen einer gesetzwidrigen Beratung oder Abstimmung auszuräumen.

Dieselben Regeln müssen auch gelten, soweit es um die Vorlage von Unterlagen aus der Beratung geht, wenn diese zum Beweis geeignet sind.

Dagegen gibt es kein artgleiches allgemeines Beratungsgeheimnis für Verwaltungsbehörden. Dies ausdrücklich zu erwähnen gibt ein Streit Anlaß, der sich zu §§ 99, 100 VwGO ergeben hat. Dort wird nämlich die Auffassung vertreten, daß Entwürfe zu Verfügungen und sonstige schriftlichen Vorarbeiten von Verwaltungsbehörden nicht vorgelegt zu werden brauchen[76]. Dies läßt sich unter Umständen mit der Aufklärungspflicht der Verwaltungsgerichte (§ 86 Abs. 1 VwGO) begründen, da der Sachverhalt nicht weiter aufzuklären ist, als zur Urteilsfindung notwendig. Dafür sind Entwürfe aber unerheblich, weil sie meist eben nicht zum Sachverhalt i. S. v. § 86 VwGO gehören, denn die Klage richtet sich gegen den Verwaltungsakt selbst.

Anders ist die Lage im Strafprozeß. Hier kommt es nicht notwendig gerade auf die Entscheidung der Verwaltungsbehörde an, vielmehr können auch die schriftlichen Vorarbeiten für die Aufklärung des Sachverhalts von Bedeutung sein. Das Anlegen von Geheimakten ist der Behörde daher nicht erlaubt, wenn nicht ohnehin eine Vorlage deshalb ausscheidet, weil ein rechtlich anerkannter Geheimhaltungsgrund vorliegt.

5. Urkunden und Vorgänge über die persönlichen und dienstlichen Verhältnisse eines Beamten werden zu seinen *Personalakten* zusammengefaßt. Sie können daher auch Schriftstücke enthalten, deren Bekanntwerden dem Beamten äußerst unangenehm wäre (z. B. dienstliche Beurteilungen, Disziplinarakten, Ehescheidungsurteile[76a] etc.). An einer

---

[74] Schmidt-Räntsch, JZ 1958, 333; ders. § 49 DRiG RN 7; RGSt 60, 295; 89, 14 (17); Gerner-Decker-Kaufmanan, § 43 DRiG RN 3; Peters, Gutachten S. 110.

[75] Peters, LB S. 296; Kriegler, S. 166 ff.

[76] Ule, § 100 VwGO Anm. IV; ders. DVBl 1962, 23; Koehler, § 99 VwGO Anm. IV 4; Fischbach, § 90 BBG Anm. VI 1;
a. A.: OVG Münster, DVBl 1962, 22 und DÖV 1963, 771; Depenbrock, RiA 1962, 193; Redeker-v. Oertzen, § 99 VwGO RN 10; Redeker, in Staatsbürger und Staatsgewalt, S. 490; Schunk-de Clerk, § 99 VwGO Anm. 2 b.

[76a] Das Bundesverfassungsgericht hat in einem Beschluß vom 15. 1. 1970

(E) Die einzelnen Geheimhaltungsgründe

Geheimhaltung ist aber nicht nur dem Beamten selbst gelegen, sondern sie liegt auch im Interesse der Gesamtorganisation: denn nur dadurch, daß lediglich einem kleinen Kreis der Zugang zu den Akten möglich ist, können wirklich auch alle Vorfälle in die Akten aufgenommen werden, die den Beamten während seiner ganzen aktiven Dienstzeit und im Ruhestand begleiten. Nur so wird sich auch der Feinfühlige zur Mitarbeit im Staatsdienst bereit finden, und schließlich wird dadurch die Gefahr verringert, daß bei einer ungelegenen Entscheidung der Betroffene den Beamten persönlich angreift: z. B. ihm droht, daß Einzelheiten aus seinem Vorleben an eine Zeitung gegeben werden.

Daß das Gesetz selbst davon ausgeht, daß die Geheimhaltung der Personalakten auch im Interesse der Verwaltung liegt, zeigt sich daran, daß, wenn „dienstliche Rücksichten dies unabweisbar erfordern", die Akten auch gegen den Willen des Beamten, der sich zu seiner Entlastung auf sie beruft, zurückgehalten werden können. Insoweit wird man § 62 Abs. 3 BBG entsprechend für § 96 StPO anwenden können. Nur einem eng begrenzten Personenkreis mit besonderer dienstlicher Verantwortung (Behördenleiter etc.) ist daher die Einsicht gestattet. Personalakten gehören somit gleichfalls zu den Akten, deren Geheimhaltung im öffentlichen Interesse liegt[77]. Bei einem Strafverfahren gegen den Beamten, das mit seiner Tätigkeit zusammenhängt, sind im Regelfall die Akten jedoch vorzulegen, da hier zur vollständigen Beurteilung gerade die Personalakten besonders geeignet sind[78].

Ein gerichtliches Ersuchen kann aber auch in einem Verfahren gegen einen Dritten ergangen sein, etwa weil die Glaubwürdigkeit des Beamten in seiner Eigenschaft als Zeuge oder seine Sachkompetenz als gerichtlicher Gutachter überprüft werden sollen. Hier werden die Grenzen entschieden enger zu ziehen sein. Das Vorlageverlangen bedarf dann besonderer Begründung[79].

(1 BvR 13/68, NJW 1970, 555 mit Anm. Becker, NJW 1970, 1075) betont, daß Ehescheidungsakten grundsätzlich der Geheimhaltung unterlägen und im Disziplinarverfahren nur bei „unabweisbarer Notwendigkeit" vorgelegt werden dürften.

[77] Bank, RiA 1965, 61; BVerwGE 19, 179 (184) mit Anm. Wilhelm, ZBR 1965, 155; Fischbach, § 61 BBG Anm. VII 3 c, § 90 Anm. VI; Plog-Wiedow, § 90 BBG RN 20; Lepper, DÖV 1962, 813; Koehler, § 99 VwGO Anm. IV 1; Ule, Verw. Prozeßrecht S. 189;
a. A.: Miesbach-Ankenbrank, § 119 SGG Anm. 3; Redeker, in Staatsbürger und Staatsgewalt S. 491.

[78] Fischbach, § 90 BBG Anm. VI 2 c FN 14; Dürig, ZBR 1956, 407; im Verwaltungsprozeß: BVerwGE 19, 179 (186); Bank, RiA 1965, 61; Eyermann-Fröhler, § 99 VwGO RN 5; Schunk-de Clerk, § 99 VwGO Anm. 3 a 3.

[79] Die Bek. des RMJ v. 27. 9. 1937 (DJ 1937, 1516) gebietet äußerste Zurückhaltung; ebenso: Dürig, ZBR 1956, 407; Fischbach, § 90 BBG Anm. VI 2 c FN 14; Wilhelm, ZBR 1965, 155.

Selbst eine entsprechende Auskunft des Vorgesetzten, wie Fischbach vorschlägt, wird nur in schwerwiegenden Fällen in Betracht kommen, denn auch für diese gelten die Grenzen des § 96 StPO[80].

6. Wiederholt beschäftigt hat sich die Rechtsprechung mit der Frage, ob *Prüfungsakten* zur Zurückhaltung berechtigen. Diese gehören nicht zu den Personalakten. Aber sie sind nach höchstrichterlicher Rechtsprechung ebenfalls ihrem Wesen nach geheim, was aus der Art des Prüfungsvorganges hergeleitet wird. Die freie Entscheidung des Prüfenden wird ebenso geschützt wie der Richter in der gerichtlichen Beratung[81].

Auch wenn ein Prüfungsgeheimnis als solches anerkannt wird, so ist doch nach den allgemeinen Regeln der Verhältnismäßigkeit abzuwägen, ob nicht wegen der Art des Strafverfahrens und einer besonderen Notwendigkeit die Prüfungsvorgänge vorgelegt werden müssen[82]. Die neueste Rechtsentwicklung geht jedoch dahin, das Prüfungsgeheimnis nicht mehr anzuerkennen. Prüfungsarbeiten einschließlich der Beurteilungen durch die Mitglieder des Prüfungsausschusses sollen den Beteiligten voll offengelegt werden. Es kann dann auch im Verhältnis zum Strafgericht, wo allerdings auch Dritten eine Einsichtnahme ermöglicht wird, nur noch eine untergeordnete Rolle spielen[83].

II. Bei den bisher behandelten Geheimnissen war das öffentliche Geheimhaltungsinteresse jeweils von selbständiger unmittelbarer Bedeutung, mag gleichzeitig auch einem einzelnen Staatsbürger die Geheimhaltung gelegen gewesen sein. Diese selbständige Bedeutung tritt dann hervor, wenn der einzelne Mitgeschützte selbst die Vorlage begehrt, während die Behörde dies aus Gründen des Allgemeinwohls verweigert (z. B. die Vorlage von Abstimmungsunterlagen einer richterlichen Beratung).

Tritt dagegen hinter dem privaten das öffentliche Interesse an der Geheimhaltung zurück, so fragt sich, ob es überhaupt noch rechtlichen Schutz genießt. An sich genügt aber ein mittelbares öffentliches Interesse, sofern auch in diesem Fall ein Nachteil für das Wohl des Bundes oder eines deutschen Landes eintritt, denn dabei kommt es nicht darauf

---

[80] Fischbach, § 90 BBG Anm. I 2 b 1 Anm. 4 m. w. Nachw.

[81] BVerwGE 14, 31 ff. und 15, 267; Eyermann-Fröhler, § 99 VwGO RN 5; BaWüVGH vom 13. 12. 1963, ESVGH 14, 142; BVerwG vom 7. 10. 1964, JZ 1964, 767; zusammenfassende Darstellung in OVG Koblenz vom 30. 5. 1968, JuS 1968, 584 Nr. 10; a. A.: Ule, § 99 VwGO Anm. II 1; BaWüVGH vom 29. 3. 1961, BaWü VBl 1961, 74; Redeker, in Staatsbürger und Staatsgewalt S. 492 Anm. 38; Kriegler, S. 170 ff. mit ausführlicher Begründung und Zusammenstellung.

[82] Vgl. auch: BaWüVGH vom 29. 3. 1961, BaWüVBl 1961, 74.

[83] BFH vom 2. 8. 1967 in NJW 1967, 2379; Fink, NJW 1969, 1239; v. Münch, JuS 1969, 46.

(E) Die einzelnen Geheimhaltungsgründe

an, ob das Geheimnis außerdem, und sei es auch vordringlich, im Interesse eines Einzelnen gewahrt bleiben soll[84].

1. Ein derartiger doppelter Schutzcharakter, bei dem der Schutz des Einzelnen im Vordergrund steht, zeigt sich am besten beim *Steuergeheimnis*. Nach § 22 Abs. 1 AO ist das Steuergeheimnis, das in § 22 Abs. 2 AO näher erläutert wird, im dort genannten Umfang unverletzlich.

Da eine Besteuerung nur durch Zugänglichmachen des entsprechenden Tatbestandes möglich ist, glaubte der Gesetzgeber, *dem einzelnen Steuerpflichtigen* die Geheimhaltung zusichern zu müssen. Andernfalls könnte die Versuchung zur Verheimlichung für den Steuerpflichtigen sogar zur betrieblichen Notwendigkeit werden, wenn sonst wichtige Geschäftsgeheimnisse bekannt würden. In Einzelfällen kann die Pflicht der Steuerbehörden, ihre amtlich erworbene Kenntnis nicht weiterzugeben, auch verfassungsrechtlich geboten sein[85].

Das zeigt aber, daß auch der Staat ein eigenes, schwerwiegendes Interesse an der Wahrung des Steuergeheimnisses hat, um damit die Steuermoral zu heben[86].

Mag daher auch der Schutz des Steuerpflichtigen im Vordergrund stehen — er kann jederzeit verlangen, daß seine Steuerakten ihm oder einem von ihm Bevollmächtigten vorgelegt werden[87] —, so liegt doch die Geheimhaltung seiner steuerlichen Angelegenheiten auch im öffentlichen Interesse. Daß dies vom Gesetzgeber anerkannt wurde, läßt sich formal auch aus § 412 AO begründen, wonach der Oberfinanzdirektion bei einer Verletzung desselben ein eigenes Strafantragsrecht zusteht. Die herrschende Meinung sieht daher § 22 AO auch als lex specialis zu § 96 StPO an[88]. Damit wird aber stillschweigend vorausgesetzt, daß § 22 AO auch im Verkehr zwischen Behörden Anwendung findet. „Unbefugt offenbart" ist nicht nur, wenn Steuergeheimnisse einem Dritten verraten werden, sondern auch, wenn sie ohne besonderen Grund an eine andere Behörde weitergegeben werden.

---

[84] Düwel, S. 99; ebenso für § 353 b StGB: BGHSt 11, 401; Schönke-Schröder, § 353 b StGB RN 8, 8 a. Über das Verhältnis von privaten und öffentlichen Interessen jetzt: Leisner, DÖV 1970, 217.

[85] Höppner, DVBl 1969, 723.

[86] Koch-Wolter, S. 8; Mattern, S. 38; Messmer, DStRdsch 1956, 316; Kriegler, S. 156 ff.; Düwel, S. 99 Anm. 5; a. A.: BFH v. 6. 8. 1965, NJW 1966, 520; Wolff, 2. Bd. S. 115. Für Felmy, FinRdsch 1960, 337, sind allein die finanziellen Interessen des Staates geschützt.

[87] BFH, NJW 1966, 520.

[88] Messmer, DStRdsch 1956, 316; Löwe-Rosenberg, § 161 StPO Anm. 2; für § 54 StPO: Kopacek, NJW 1964, 855; entsprechend für § 161 StPO: Hübschmann-Hepp-Spitaler, § 22 AO Anm. 8 g.
s. auch: Kohlrust, KStZ 1961, 109.

C. Grenzen der Aktenvorlagepflicht

Die Frage, wann ein solcher besonderer Grund zur Aktenvorlage an das Gericht bzw. an die Staatsanwaltschaft vorliegt, zwingt zur Unterscheidung.

a) Handelt es sich um strafbare Handlungen steuerlicher Art, so kann die Finanzverwaltung von sich aus und erst recht auf gerichtliches Ersuchen oder solches der Staatsanwaltschaft die damit zusammenhängenden Akten vorlegen, andernfalls wäre eine Verfolgung steuerlicher Straftaten nicht möglich. Der Steuerpflichtige hat insoweit sein Recht auf Geheimhaltung verwirkt (§§ 420 ff. AO). Allerdings kann das Gericht nach § 420 AO i. V. m. § 172 GVG die Öffentlichkeit in der Hauptverhandlung ausschließen, wenn eine Gefährdung eines wichtigen Geschäfts- oder Betriebsgeheimnisses besteht.

b) Im übrigen ist die Finanzverwaltung nicht zur Vorlage berechtigt bzw. verpflichtet. So brauchen in einem Verfahren wegen Kuppelei, Zuhälterei etc. die Akten der Steuerpflichtigen — sie unterliegen auch der Einkommenssteuer trotz der Unsittlichkeit ihres Geschäftes — nicht vorgelegt zu werden.

Wie in allen anderen Fällen geschützter Geheimnisse[89] kann jedoch, worauf wiederholt hingewiesen wurde, bei besonders schwerwiegenden Vergehen oder Verbrechen die Ermittlungs- und Aufklärungstätigkeit vorgehen (Landesverrat), unter Umständen sogar das Finanzamt verpflichtet sein, selbst Mitteilung an die Staatsanwaltschaft bzw. das Gericht zu machen[90].

Dies ist seit der Neufassung des § 428 AO[91] auch mittelbar gesetzlich geregelt. Nach § 428 Abs. 2 AO darf die Staatsanwaltschaft oder das Gericht Tatsachen oder Beweismittel, die ihnen aus einem Steuerstrafverfahren bekannt werden, nicht zur Verfolgung einer anderen nicht steuerlichen Straftat verwenden, sofern nicht an der Verfolgung ein zwingendes öffentliches Interesse vorliegt. Ein zwingendes öffentliches Interesse ist namentlich gegeben bei Verbrechen oder vorsätzlichen Vergehen gegen Leib und Leben sowie bei Verbrechen und schwerwiegenden Vergehen gegen den Staat und seine Einrichtungen.

Wenn aber nicht einmal in einem Steuerstrafverfahren bekannt gewordene Tatsachen in einem anderen Strafverfahren verwendet werden dürfen, dann kann und darf die Steuerbehörde erst recht nicht die

---

[89] Vgl. z. B.: oben S. 95 ff., 100 f.

[90] Ebenso: Hübschmann-Hepp-Spitaler, § 22 AO RN 9; Eb. Schmidt, Nachtragsband, § 161 StPO RN 3; KMR-Müller-Sax, § 161 StPO Anm. 2 a; Kühn, § 22 AO Anm. 6 e; Dreher, S. 103; Beuter, Kriminalistik 1964, 308; Felmy, FinRdsch 1960, 337; Geisler, S. 138 ff.

[91] Gesetz zur Änderung strafrechtlicher Vorschriften der Reichsabgabenordnung vom 10. August 1967, BGBl. I, 877.

Akten vorlegen. Andererseits ist die Steuerbehörde auch nicht mehr berechtigt, die Akten zurückzuhalten, wenn „ein zwingendes öffentliches Interesse" an der Strafverfolgung besteht.

2. Ebenso wie § 22 AO enthalten auch zahlreiche andere Einzelgesetze, die die Leistungsverwaltung betreffen (Wirtschaftsaufsicht, Subvention etc.), Bestimmungen zum Schutz von Geheimnissen, die bei der Durchführung dieser Gesetze den Dienststellen des Staates bekannt werden[92].

Für den Einzelnen sind es *Betriebs- und Geschäftsgeheimnisse*, an deren Geheimhaltung ihm gelegen ist. Ohne ihr Bekanntsein bei der Verwaltung wäre aber auch eine Leitungs- und Aufsichtsfunktion staatlicher Stellen nicht möglich; auf sie angewiesen, müssen diese Stellen darauf bedacht sein, daß sie nur gerade in ihrem Bereich bekannt bleiben.

Das bedeutet, daß diese absoluten Schweigegebote sich an die einzelnen Behörden richten und auch im Verkehr unter den Behörden zu beachten sind[93]; denn andere Behörden hätten nicht die Möglichkeit gehabt, an diese Kenntnisse zu gelangen. Eine Gleichstellung mit dem Steuergeheimnis liegt daher nahe. Anders ließe es sich auch nicht erklären, daß das Schweigegebot ausdrücklich gegenüber bestimmten Dienststellen festgelegt bzw. aufgehoben wird[94].

Deshalb wird man auch hier unterscheiden müssen:

Handelt es sich um strafbare Handlungen, die gerade mit dem Gegenstand zusammenhängen, der beaufsichtigt werden soll oder sonst mit der Tätigkeit der Behörde in enger Verbindung steht, so müssen entsprechende Akten vorgelegt werden.

Im übrigen besteht aber keine Vorlagepflicht[95].

3. Im Zusammenhang mit den *Gewährsleuten (V. Mann)* einer Behörde stellt sich den Gerichten immer wieder folgende Frage: Wann ist eine Behörde verpflichtet, Akten vorzulegen, aus denen sich die Namen ihrer Gewährsleute ergeben, die ihnen die notwendigen Informationen zutragen, sei es, daß diese als Zeugen in Betracht kommen, sei es, daß gegen sie wegen falscher Anschuldigung oder wegen einer sonstigen strafbaren Handlung ermittelt werden soll.

---

[92] z. B.: § 52 AtomG; § 43 ArzneimittelG; § 46 GWB; § 44 AußenwirtschaftsG; § 9 LebensmittelG; § 28 BundeskindergeldG.
[93] Gross, RiA 1964, 6; ders. RiA 1966, 81.
[94] Vgl. z. B.: § 9 Abs. 2 KreditwesenG; § 22 III UnterhaltssicherungsG vom 26. 7. 1957, BGBl I, 1046.
[95] Müller-Henneberg-Schwarz, § 46 GWB RN 24; Thomä, BB 1955, 362; Roeckner-Bluschke, § 45 Gesetz über das VerwVerf. der Kriegsopferversorgung Anm.
Weitergehend: Consbruch-Möller, § 9 KWG Anm. 3; Schieckel, § 28 KindergeldG Anm. 4.

C. Grenzen der Aktenvorlagepflicht

Die Verwaltungsgerichte haben sich vornehmlich mit der Frage beschäftigt, ob der Angezeigte ein Recht auf Auskunft oder Akteneinsicht gegen die Behörde hat, sei es, um selbst auf die Durchführung eines Strafverfahrens zu dringen, oder aber um zivilrechtliche Ansprüche geltend zu machen[96]. Die einzelnen widerstreitenden Interessen wurden dabei in den genannten Urteilen, die aus den verschiedensten Lebensbereichen stammen, besonders offenbar.

Einerseits ist die Verwaltung, vor allem die Kriminalpolizei und die Steuer- und Zollverwaltung, auf die Mithilfe Außenstehender angewiesen und daher bestrebt, daß ihre Mitarbeiter ohne Furcht vor Strafverfolgung, Regreßansprüchen und Repressalien durch die Angezeigten ihre Tätigkeit ausüben können. Dabei wird vielfach auf Verlangen noch die ausdrückliche Zusage gegeben, den Informanten geheimzuhalten. Wird eine solche behördliche Zusage nicht erfüllt, so führt das zu einem Vertrauensschwund gegenüber staatlichen Organen. Mit einer weiteren Mitarbeit der Bevölkerung, wie sie zur Aufklärung schwerer krimineller Handlungen notwendig ist, können die polizeilichen Organe dann nicht mehr rechnen. Das bedingt ein eigenes Interesse der Verwaltung an einer Geheimhaltung[97]. Andererseits verdient derjenige, der selbst grob fahrlässig oder gar wider besseres Wissen handelt (z. B. jemand falsch verdächtigt), keinen Vertrauensschutz. Die Ehre, wie die Gefahr einer unberechtigten Strafverfolgung des Angezeigten, ist demgegenüber vorrangig[98], so daß in diesem Fall die Bekanntgabe des Namens an den Angezeigten erfolgen kann.

Gegenüber dem allgemeinen Recht auf Akteneinsicht hat der hessische Verwaltungsgerichtshof[99] ein erweitertes Auskunftsrecht des Verletzten dann angenommen, wenn dieser im Wege der Privatklage eine strafbare Handlung zur Aburteilung bringen möchte und dadurch an die Stelle der Staatsanwaltschaft tritt.

Die höchstrichterliche Rechtsprechung hat auch für das Strafverfahren anerkannt, daß es zulässig ist, Gewährsleute geheimzuhalten; sie hat sich damit begnügt, deren Aussage durch Vernehmung der Verhörs-

---

[96] z. B.: HessVGH v. 23. 7. 1964, JZ 1965, 319 mit Anm. Dagtoglou; OVG Münster v. 20. 7. 1962, DÖV 1963, 391; BVerwG v. 6. 5. 1960, NJW 1960, 1538; BVerwG v. 30. 4. 1965, DÖV 1965, 488; OVG Berlin v. 30. 3. 1955, NJW 1955, 1940; OVG Münster v. 18. 11. 1958, DÖV 1959, 391.

[97] Eyermann-Fröhler, § 99 VwGO Anm. 5; Spitaler, FinRdsch 1954, 265; Arndt, NJW 1963, 433; Erdsiek, NJW 1960, 617; BGH vom 1. 8. 1962, NJW 1962, 1876; Kohlhaas, JR 1957, 44.

[98] LG Bonn vom 24. 5. 1965, JZ 1966, 33 mit Anm. Rupp; Eyermann-Fröhler, § 99 VwGO Anm. 5; Redeker-v. Oertzen, § 99 VwGO Anm. 7; Mattern, Steuergeheimnis, S. 39; Kohlhaas, a.a.O.; Perschel, JuS 1966, 237 f.; a. A. bei gegebener Zusage: BVerwG vom 30. 4. 1965, a.a.O.

[99] HessVGH v. 23. 7. 1964, JZ 1965, 319 mit Anm. Dagtoglou.

(E) Die einzelnen Geheimhaltungsgründe 109

person ins Verfahren einzuführen[100]. Die Geheimhaltung wird aber in dem genannten Urteil[101] nur anerkannt, weil die Gründe der Staatssicherheit (§§ 99 ff StGB) dies erforderten. Wieweit darüber hinaus eine Geheimhaltung erfolgen kann, hängt davon ab, zu welchem Zweck die Akten eingesehen werden sollen. Geht es lediglich darum, in einem Verfahren gegen einen Dritten einen Belastungszeugen zu finden, so läßt sich eine Verweigerung begründen: bei einem Bekanntwerden — was bei einem Strafverfahren selbstverständlich ist — könnte andernfalls mit einer Mitarbeit aus der Bevölkerung nicht mehr gerechnet werden. Polizei und Staatsanwaltschaft müssen daher berechtigt sein, ihre Zusage auf Vertraulichkeit der Information einzuhalten. Wie wichtig diese sind, zeigen die vielen vertraulich eingehenden Hinweise bei der Aufklärung von schweren Verbrechen, die sonst ausblieben. Daher kann auch dann keine Ausnahme gemacht werden, wenn es um eine Anklage wegen einer Verletzung eines hochwertigen Rechtsgutes geht, wobei der Anzeigende als Zeuge benötigt wird; denn gerade ihm war die Aufklärung zu verdanken[102].

Grund der Verweigerung ist damit nicht die Zusage an den Einzelnen, denn dadurch kann nicht die öffentlich-rechtliche Pflicht zur Amtshilfe begrenzt werden, sondern es ist der Schutz, den die Verwaltung zur Ermöglichung ihrer Aufgaben braucht. Das bedeutet aber, daß eine Zusage zur vertraulichen Behandlung einer Information nur zulässig ist, wenn sie dem öffentlichen Interesse dienlich sein kann.

Dagegen kann es dort keinen Schutz für Gewährsleute geben, wo es darum geht, daß das Gericht feststellt, ob sich einer von ihnen strafbar gemacht hat. Für diese Prüfung ist das Strafgericht allein zuständig und nicht die ersuchte Behörde, mag dabei auch die ersuchte Behörde am besten feststellen können, ob die Angaben wahr sind; aber die Prüfung der subjektiven Seite obliegt allein dem Strafgericht[103].

4. *Ärzte wie Anwälte* üben einen Beruf aus, der ihnen private Vorgänge bekannt werden läßt, die sonst anderen verschlossen bleiben.

---

[100] BGH v. 1. 8. 1962, JZ 1962, 760 mit Anm. Eb. Schmidt; Eb. Schmidt, JZ 1966, 494;
a. A.: 46. Dt. Juristentag 1966, Bericht NJW 1966, 2051; Peters, LB S. 288; Arndt, NJW 1963, 433; Woesner, NJW 1961, 536;
gegenüber StA: Schulz, GA 1958, 264.
[101] BGH, a.a.O.
[102] a. A.: Schwarz-Kleinknecht, § 158 StPO Anm. 5, und jüngst BHG vom 14. 4. 1970 mit der Begründung, daß die Verteidigung sonst in einem wesentlichen Punkt beschränkt werde (§ 338 Nr. 8 StPO); a. A. auch für das Verwaltungsverfahren: BVerwG v. 30. 4. 1965, DÖV 1965, 488.
[103] Erdsiek, a.a.O.; gegenüber der StA: LVG Köln vom 22. 2. 1957, GA 1957, 251 mit Anm. Linke; LG Bonn, a.a.O. mit Anm. Rupp, m. w. Nachw.; Düwel, S. 186 f.; Witten, NJW 1961, 757;
a. A.: Maassen, ZStWiss. 1955, 162.

Deren Geheimhaltung ist rechtlich geschützt: § 300 StGB; §§ 53 Abs. 1 Satz 3; 97 Abs. 1 Satz 3 StPO. Hier interessiert jedoch nicht, wieweit der einzelne Berufsangehörige zum Schweigen verpflichtet ist und seine Akten nicht beschlagnahmt werden können, denn auch die Ärzte, die im Staatsdienst stehen, sowie deren unmittelbare ärztlichen Hilfskräfte sind zum Schweigen verpflichtet und vor Gericht dazu berechtigt. Ihre entsprechenden Aufzeichnungen brauchen sie nicht vorzulegen, eine Beschlagnahme ist unzulässig, § 97 Abs. 1 Satz 2 StPO[104]. Vielmehr geht es darum, inwieweit derartige Vorgänge, die staatlichen Stellen amtlich bekannt wurden, rechtlich geschützt sind (z. B. ärztliche Gutachten, die zum Zweck der Erteilung der Fahrerlaubnis der zuständigen Behörde vorgelegt wurden).

Wesentliche Voraussetzung für einen Heilerfolg ist das Vertrauen, das der Patient dem Arzt entgegen bringen muß. Das gilt nicht nur für die Art der Behandlung, sondern auch für die Diskretion des Arztes allgemein. Angaben über das äußere Krankheitsbild, das der Patient nicht bekannt sehen will, verlangen ebenso wie das von der psychosomatischen Schule geforderte erweiterte Eingehen auf das Innenleben des Patienten, daß nichts von dem an Dritte gelangt, was dem Arzt „anvertraut" wurde.

Drei Thesen werden zum ärztlichen Berufsgeheimnis vertreten, soweit es in unserer Rechtsordnung rechtlichen Schutz erfahren hat:

a) Geschützt ist die Intimsphäre des Einzelnen als Ausfluß des allgemeinen Persönlichkeitsrechts.

b) Im Vordergrund steht die geordnete Gesundheitspflege innerhalb der staatlichen Gemeinschaft.

c) Geschützt ist neben dem Patienten bzw. der Allgemeinheit auch der Arzt, der seine Tätigkeit nur dann ausüben kann, wenn er über den Patienten die notwendigen Aufschlüsse über das Krankheitsbild erfährt[105].

Innerhalb dieses Abschnitts kommt es aber lediglich darauf an, welche Bedeutung dem Interesse der Allgemeinheit zukommt; denn hier soll nur festgestellt werden, ob das ärztliche Berufsgeheimnis unter § 96 StPO fallen kann. Daß es von allgemeiner sozialer Bedeutung ist, läßt sich nicht leugnen. Das Befinden des Einzelnen als Glied der Gesellschaft und seine Heilung kann der Gesamtheit nicht gleichgültig sein. Der Arzt hat keine nur einseitig ausgerichtete Pflicht gegenüber dem Patienten, sondern eine soziale Aufgabe; denn die Folgen fehlerhafter oder unterbliebener Behandlung treffen die gesamte Gesellschaft. An-

---

[104] Claus Müller, NJW 1966, 1152.
[105] s. zu dem Meinungsstand im einzelnen: Müller-Dietz, S. 84 ff.

steckungsgefahr, wie eine mögliche Versorgungspflicht der übrigen bei eingetretener Invalidität, sind nur die nächstliegenden Erscheinungsformen der unmittelbaren Auswirkungen.

Eine wirksame Gesundheitspflege in der Gemeinschaft hängt daher von der Vertrauensstellung des Arztes ab, die dieser unter seinen Patienten genießt. Auf die öffentliche Aufgabe weist daher auch § 1 der Berufsordnung für die deutschen Ärzte ausdrücklich hin.

Im Schutz dieser sozialen Stellung des Arztes — dasselbe gilt auch für den Rechtsanwalt und die Rechtspflege — liegt aber nicht der rechtliche Schwerpunkt des Berufsgeheimnisses. Vorzüglich geht es vielmehr um den sich Anvertrauenden. Ein wirksamer Schutz der Persönlichkeit, wie er in Art. 2 Abs. 1 GG verfassungsrechtlich verankert ist, verlangt vielmehr sowohl einen unantastbaren Bereich an privater Sphäre wie auch den Schutz dessen körperlicher Integrität: Dazu gehört die Möglichkeit des vollen Offenbarens gegenüber dem Arzt, um den Heilerfolg herbeizuführen[106].

Dann wirkt sich aber der Schutz des privaten Bereichs nur als Reflex auf das Allgemeinwohl aus, fehlt es aber an dessen eigener selbständiger Bedeutung, so genügt auch nicht das Betroffensein des Allgemeinwohls in dieser Weise, um nach § 96 StPO die Herausgabeverweigerung zu begründen.

(F) Der Schutz von privaten Geheimnissen

Im Bisherigen beschränkte sich die Untersuchung darauf, wieweit eine Geheimhaltung möglich war, weil das Wohl des Staates durch das Bekanntwerden des Akteninhalts mehr berührt wurde als durch die mangelnde Möglichkeit der Sachaufklärung im Strafverfahren. Demgegenüber stehen solche Geheimnisse, an deren Geheimhaltung nur einem einzelnen Staatsbürger gelegen ist, die aber vom Gesetzgeber in eine derartige gesetzliche Vorrangstellung erhoben sind, daß sie auch bei der Amtshilfe zu berücksichtigen sind.

I. Unter die Verweigerungsgründe, die § 96, § 54 StPO i. V. m. § 62 BBG, § 39 BRRG aufzählen, lassen sich Privatgeheimnisse entsprechend dem Wortlaut nicht unmittelbar einordnen.

Für die allgemeine Herausgabepflicht und Beschlagnahmebefugnis ergeben sich jedoch nicht nur aus der Strafprozeßordnung selbst Grenzen (§ 95, 97 StPO); denn die Strafprozeßordnung ist nur ein Teil der gesamten Rechtsordnung und steht rangmäßig unter dem Verfas-

---

[106] Vgl.: Schwarz-Dreher, § 300 StGB Anm. 2; Würtenberger, Berufsgeheimnis S. 924 f.; vgl. unten S. 113.

sungsrecht. Beschränkungen können daher auch aus allgemeinen verfassungsrechtlichen Grundsätzen folgen, die sich aus dem Grundgesetz wie auch aus der Europäischen Menschenrechtskonvention ergeben können[107,108].

Alle Maßnahmen während des Verlaufs eines Strafverfahrens, gleichgültig, zu welchem Zeitpunkt sie getroffen werden, gleichgültig, ob sie durch die Polizei, die Staatsanwaltschaft oder das Gericht ergehen, stehen unter den Geboten der aufgeführten Grundrechte, wobei hier insbesondere das Gebot der Unantastbarkeit der menschlichen Würde, ihrer Achtung und ihres Schutzes genannt sei. Es lassen sich daher unmittelbar aus dem Grundgesetz und der Europäischen Menschenrechtskonvention Beweisverbote herleiten.

So war es in einer Entscheidung des Bundesgerichtshofes[109], in der es um die Verwertbarkeit von Tagebuchaufzeichnungen ging, als Verstoß gegen die Menschenwürde und das Grundrecht auf freie Entfaltung der Persönlichkeit abgelehnt worden, diese als Beweismittel heranzuziehen. In dieser Entscheidung wurde wiederholt, was bereits früher in anderen höchstrichterlichen Entscheidungen anerkannt worden war, daß jedermann einen verfassungsrechtlich geschützten privaten Bereich hat, in den einzudringen niemandem erlaubt ist. Dieses Recht auf freie Entfaltung der Persönlichkeit bezieht sich nicht nur auf die Stellung des Einzelnen im wirtschaftlichen und gesellschaftlichen Leben, sondern gewährt vornehmlich jedem ein Mindestmaß an Freiheit zur persönlichen Entfaltung in einem privaten Bereich, in den einzudringen dem Staat grundsätzlich nicht gestattet ist. Damit ist dem Bürger eine Sphäre privater Lebensgestaltung als letzter unantastbarer Bereich menschlicher Freiheit verfassungsmäßig vorbehalten[110].

Ebenso wenig aber wie solche Gegenstände, die sich auf diesen privaten Bereich beziehen, nach Verfassungsrecht verwertet werden dürfen, kann ihre Herausgabe bzw. Beschlagnahme gefordert werden.

Dieser aus dem verfassungsrechtlich geschützten Persönlichkeitsrecht hergeleitete Schutz der privaten Sphäre muß aber auch dann noch gelten, wenn sich in behördlichen Akten solche private Geheimnisse be-

---

[107] BGHSt 14, 358; 19, 325; OLG Celle vom 30. 9. 1964, MDR 1965, 226; BVerfG 18, 146; Peters, LB S. 379; Schorn, S. 100 ff.; Habscheid, S. 853 ff.; Kleinknecht, NJW 1966, 1537 ff.

[108] Zum innerstaatlichen Rang der Konvention: s. Guradze, S. 13 ff.

[109] BGHSt 19, 325; ablehnend: Sax, JZ 1965, 1 m. w. Nachw.

[110] BVerfGE 6, 41; 6, 433; 10, 55; BGHZ 27, 284; BGH vom 22. 12. 1959, NJW 1960, 476; Nipperdey, in Die Grundrechte, Bd. IV 2 S. 847 ff.; Würtenberger, Geistige Situation S. 76 f.; ders.: Berufsgeheimnis S. 923 ff.; Hubmann, S. 235 ff.
Zum Verwertungsverbot aus Art. 4 GG: Habscheid, S. 861 f.

(F) Der Schutz von privaten Geheimnissen

finden, die Grundrechtsschutz genießen: Dabei kann es sich um Gegenstände handeln, die rechtmäßig in die Akten gelangt sind, eine Verpflichtung zur Offenbarung aber nur gerade gegenüber dieser Behörde bestand: z. B. Tonbänder über rechtmäßig abgehörte Telefongespräche beim Verfassungsschutzamt. Sie beliebigen anderen Staatszwecken zugänglich zu machen, ist unzulässig. In Betracht kommen aber auch solche Gegenstände, die rechtswidrig in den Besitz der ersuchten Behörde gelangten (z. B. rechtswidrige Sicherstellung von Tagebüchern durch Polizeibeamte).

Sollte der Schutz von privaten Geheimnissen durch § 96 StPO daher gänzlich ausgeschlossen werden, so wäre § 96 StPO verfassungswidrig. Entgegen der Auffassung von *Düwel*[111] läßt sich jedoch diese Vorschrift verfassungskonform so auslegen, daß hinsichtlich öffentlicher Interessen zwar eine Versagung nur erfolgen kann, wenn die in § 96 StPO genannten Nachteile entstehen. Für private Geheimnisse enthält § 96 StPO aber keine ausschließende Regelung. Vielmehr kann, wenn bei einer Offenbarung von privaten Geheimnissen Grundrechte eines Einzelnen verletzt werden, eine Vorlage an das Gericht ausgeschlossen sein.

II. Oben[112] war abgelehnt worden, die Aufdeckung des dem *Arzt* Anvertrauten oder ihm bei seiner Tätigkeit Bekanntgewordenen als Nachteil für das öffentliche Wohl einzuordnen. Nirgends aber wird so tief in den persönlichen Bereich eingedrungen wie gerade bei ärztlicher Tätigkeit, weshalb das ärztliche Berufsgeheimnis auch als Ausfluß aus Art. 2 Abs. 1 GG angesehen wird. Es liegt daher nahe anzunehmen, daß auch der Weitergabe ärztlicher Gutachten etc. durch eine Behörde an ein Strafgericht Art. 2 Abs. 1 GG entgegensteht[113].

Dagegen aber spricht, daß eine Beschränkung der Herausgabepflicht und der Beschlagnahme von ärztlichen Aufzeichnungen nach §§ 95 Abs. 2, 97 Abs. 2 StPO nur eintritt, wenn sich diese gerade im Gewahrsam des Arztes oder einer „Krankenanstalt" befinden, wenn auch Übereinstimmung besteht, daß „Krankenanstalt" hier weit auszulegen ist: darunter fallen auch die Krankenreviere in der Haftanstalt, Sanatorien

---

[111] Düwel, S. 109 Anm. 45; ebenso im Ergebnis: Fischbach, § 62 BBG Anm. II 2 c; Puchelt, § 96 StPO Anm. 4; Bennecke-Beling, S. 165; Lepper, DVBl 1963, 319, die ebenfalls den Schutz privater Geheimnisse verneinen.
Im Rahmen allgemeiner Amtshilfe jedoch wie hier: Forsthoff, 9. Aufl. S. 99; Düwel, a.a.O.

[112] S. 111.

[113] So im Ergebnis: Koch-Hartmann, § 205 AngVersG Anm. III; §§ 115 bis 117 RVO Anm. D 2 b; Dalcke-Fuhrmann-Schäfer, § 16 GeschlKrG Anm. 5; Claus Müller, NJW 1966, 1152 m. w. Nachw.;
für die allgemeine Amtshilfe: Wolff, 2. Bd. S. 115; Dreher, S. 104; a. A.: Düwel, S. 108.

etc[114]. Auch wenn ein Arzt eine Krankengeschichte an eine Krankenanstalt übersendet, die bisher mit dem Patienten nicht befaßt war, wird man noch eine Herausgabe- und Beschlagnahmefreiheit annehmen können[115].

Die Beschränkung der Beschlagnahmefreiheit auf bestimmte Gewahrsamsinhaber könnte aber gerade darauf hinweisen, daß der Gesetzgeber darüber hinaus das ärztliche Berufsgeheimnis nicht geschützt sehen will.

Die §§ 95, 97 StPO regeln jedoch nur die Herausgabepflicht von Privatpersonen, nicht die der Behörden, wie oben gezeigt wurde. Der entscheidende Unterschied liegt darin, daß der Patient in anderen Fällen dafür sorgen kann, daß ärztliche Aufzeichnungen über ihn nicht über den Personenkreis des § 97 Abs. 1 Satz 2 StPO hinausgelangen; dieser Personenkreis würde sich bei einer gleichwohl vorgenommenen Weitergabe strafbar machen (§ 300 StGB). Es läßt sich für ihn aber nicht vermeiden, daß ärztliche Gutachten in den Besitz von Behörden gelangen, denn häufig ist der Bürger darauf angewiesen, den Dienststellen des Staates oder der Gemeinde Gutachten über seinen Gesundheitszustand vorzulegen (Sehattest, amtsärztliches Zeugnis etc.). Andernfalls wird eine begehrte Amtshandlung nicht vorgenommen (z. B. Fahrerlaubnis wird nicht erteilt). In diesem Umfang — aber auch nur in diesem — verzichtet derjenige, auf den sich das ärztliche Gutachten bezieht, darauf, daß dies geheim gehalten bleibt[116].

Oder es wird von dem behandelnden Arzt Mitteilung über den Zustand des Patienten an Behörden gemacht, ohne daß die betreffenden Beamten unter § 300 StGB, § 53 StPO fallen (vgl. z. B. § 12 GeschlKrG). Dann muß der Betroffene davor geschützt sein, daß diese Mitteilung über den zwingend notwendigen Kreis von Behörden hinausgelangt.

Jedoch könnte — was den Angeklagten betrifft — im Strafprozeß dieser sich aus Art. 2 GG ergebende Grundsatz der Nichtweitergabe von ärztlichen Unterlagen eingeschränkt sein. So ist der Angeklagte nach § 81 a StPO im Rahmen eines Strafverfahrens verpflichtet, eine körperliche Untersuchung zu dulden.

Zeugen dagegen brauchen nur in Ausnahmefällen — Gutachter nie — eine körperliche Untersuchung hinzunehmen: auch für den Zeugen gilt dies nur in solchen Fällen, in denen der Gesetzgeber nach dem Ver-

---

[114] Löwe-Rosenberg, § 97 StPO Anm. 4 a dd; Eb. Schmidt, Nachtragsbd. § 97 StPO RN 8.
[115] Eb. Schmidt, Nachtragsbd. § 97 StPO RN 10; Schwarz-Kleinknecht, § 97 StPO Anm. 3 C.
[116] Papai, BABl 1962, 1021 ff.; Claus Müller, NJW 1966, 1152 ff. m. w. Nachw.

(F) Der Schutz von privaten Geheimnissen

hältnismäßigkeitsgrundsatz im Falle einer schwerwiegenden Anklage glaubt, eine Pflicht des Zeugen zur Duldung einer körperlichen Untersuchung vertreten zu können, dann nämlich, wenn der Sachaufklärung im Prozeß mehr Gewicht beikommt. Aus § 81 a StPO läßt sich jedoch nicht allein schließen, daß der Angeklagte im Strafprozeß alles hinnehmen muß, daß persönliche Dinge über ihn in das Verfahren einbezogen werden; denn andererseits bezieht sich § 97 Abs. 1 StPO — Beschränkung der Beschlagnahme — nur auf Aufzeichnungen über den Beschuldigten und nicht auf solche von Dritten (Zeugen, Tatopfer etc.).

Eine Unterscheidung zwischen Angeklagten und Zeugen ist daher nicht gerechtfertigt. Das Gesetz läßt im Gegenteil selbst erkennen, daß der Schutz ärztlicher Verschwiegenheit auch dem Angeklagten im Verfahren erhalten bleibt. In § 53 Abs. 1 Satz 3 hat die Strafprozeßordnung das Verhältnis von Strafverfolgungsinteresse und ärztlichem Berufsgeheimnis eindeutig zugunsten des letzteren entschieden. Nur für die Untersuchung nach § 81 a StPO wird der Arzt ausdrücklich von seiner Verschwiegenheitspflicht entbunden, § 53 Abs. 2 StPO. Entsprechend muß die fehlende Übereinstimmung mit § 97 Abs. 1 StPO, wonach Aufzeichnungen über Dritte nicht ausdrücklich vor Beschlagnahme bewahrt sind, ergänzend auch auf diese erstreckt werden. So allein bleibt die grundgesetzliche Vorstellung von der Privatsphäre gewahrt[117], wie sie in Art. 1, 2 GG und auch Art. 8 der Europäischen Menschenrechtskonvention in den Grundsätzen der Unantastbarkeit der Menschenwürde und des allgemeinen Persönlichkeitsrechts festgelegt ist.

Eine Unterscheidung zwischen solchen Aufzeichnungen über den Angeklagten und solchen über Zeugen etc. ist daher nicht gerechtfertigt.

Das bedeutet, daß demnach weder ärztliche Aufzeichnungen über den Angeklagten noch über andere Personen an das Gericht weitergereicht werden dürfen, sofern nicht dadurch die Rechte anderer unverhältnismäßig verletzt werden[118] oder die staatliche Aufgabe der Strafverfolgung gegenüber dem Schutz der Intimsphäre Vorrang hat.

III. Private Geheimnisse werden sich vornehmlich in solchen Urkunden und Akten befinden, die von einem Bürger bei einer Behörde zur Aufbewahrung hinterlegt wurden.

Streitig ist, ob § 96 StPO oder die allgemeinen Vorschriften (§§ 95, 97 StPO) für solche private, bei einer Behörde hinterlegten Urkunden Anwendung finden, oder ob sie ohne jede Zurückhaltungsmöglichkeit herausgegeben werden müssen.

---

[117] Rupp, Gutachten S. 179 ff.; OLG Celle vom 30. 9. 1964, NJW 1965, 362; Kohlhaas, NJW 1964, 1166.
[118] BGHSt 14, 358 (361).

Bei den Beratungen der Kommission über die Strafprozeßordnung war der Antrag gestellt worden, die Beschränkung der Vorlagepflicht nach § 96 StPO nicht nur für amtliche Akten aufzunehmen, sondern sie auch ausdrücklich auf private, bei einer Behörde hinterlegte Schriftstücke, auszudehnen. Dieser Antrag wurde aber, nachdem die Regierung ihre Bedenken vorgebracht hatte, zurückgezogen[119]. Dabei ging man von einer unbeschränkten Vorlagepflicht aus. Da der Wortlaut des § 96 StPO gleichwohl auch in seiner jetzigen Formulierung private hinterlegte Schriftstücke deckt, ist umstritten, ob für diese eine Sperrerklärung möglich ist.

Dagegen wird vorgebracht, daß auch in anderen Fällen, wenn von einem Dritten die Herausgabe verlangt wird oder bei ihm eine Beschlagnahme erfolgt, anderen Behörden keine Möglichkeit zusteht, diese zu verhindern, selbst wenn dies dem öffentlichen Wohl widerspräche. Schriftstücke, die von einem Privaten bei einer Behörde hinterlegt sind, befinden sich dort lediglich zur Sicherstellung, nicht aber wegen ihres inneren Zusammenhangs mit der sachlichen Tätigkeit der Behörde.

Die ganz herrschende Meinung lehnt es daher ab, den Schutz des § 96 StPO auf private hinterlegte Schriftstücke zu erstrecken[120]. Nur wenn ursprünglich private Schriftstücke zu amtlichen geworden sind, etwa dadurch, daß sie von der Behörde ihrem eigenen Aktenbestand eingefügt worden sind, soll § 96 StPO anwendbar sein[121]. Erst damit seien sie Bestandteil von Behördenakten geworden und unterliegen § 96 StPO.

Unterstellt man, daß § 96 StPO für hinterlegte Schriftstücke nicht herangezogen werden kann, so hätte dies zur Folge, daß entweder wieder die allgemeinen Regeln der Beschränkung der Herausgabe und Beschlagnahme anwendbar wären, oder aber, daß diese ohne jede Beschränkung herauszugeben wären, so daß auch nicht wegen der Beeinträchtigung des Gemeinwohls die Herausgabe verweigert werden könnte. Das würde aber zu einem merkwürdigen Ergebnis führen: denn Maßstab jeglichen behördlichen Handelns soll doch gerade das Gemeinwohl sein.

So aber wäre die Behörde unter Umständen verpflichtet, auch bei größtem Nachteil für den Bund oder ein Land, zu handeln. Außerdem stellt § 96 StPO nicht auf den Zweck ab, zu dem sich Schriftstücke auf einer Dienststelle befinden. Für eine einengende Auslegung des Wort-

---

[119] Vgl.: Hahn, S. 622.
[120] Beck, DJZ 1913, 1133; Löwe-Rosenberg, § 96 StPO Anm. 2 b; Feisenberger, § 96 StPO Nr. 1; Eb. Schmidt, § 96 StPO Anm. III; John, § 96 StPO Anm. 1; Binding, S. 143; Dalcke-Fuhrmann-Schäfer, § 96 StPO Anm. 1.
[121] Eb. Schmidt, § 96 StPO Anm. III; Löwe-Rosenberg, § 96 StPO Anm. 2 und 2 a.

(G) Die Vorlage unter der Bedingung der vertraulichen Benutzung 117

lauts des § 96 StPO besteht daher keine Veranlassung[122]. Deshalb bestimmt sich auch die Herausgabe von privaten hinterlegten Schriftstücken nach § 96 StPO.

IV. Erstreckt sich § 96 StPO aber auf alle Schriftstücke, auch auf solche, die durch Übergabe von Seiten des Adressaten der Behörde lediglich zur Aufbewahrung oder Beförderung übergeben sind, so folgt daraus, daß § 99 StPO — das ist die Beschlagnahme von Postsendungen — eine Ergänzung zu § 96 StPO ist[123]. Diese Beschlagnahme der Postsendungen an den Beschuldigten wird aber nicht durch die der Staatsanwaltschaft zur Verfügung stehenden Vollzugsorgane ausgeführt, sondern durch die Post im Wege der Amtshilfe vorgenommen[124].

Innerhalb dieser Amtshilfetätigkeit hat sich die Post jedoch an die grundgesetzlich verankerten Rechte des Beschuldigten zu halten. Dazu gehört das in Art. 10 GG niedergelegte Berufs- und Postgeheimnis, das aber durch einfaches Gesetz — hier § 99 StPO — beschränkbar ist. Nur wenn daher ein entsprechender richterlicher Beschluß nach § 100 StPO vorliegt, kann dieses in Art. 10 GG geschützte private Geheimnis verletzt werden.

V. Über diesen verfassungsrechtlichen Schutz von Privatgeheimnissen hinaus bleibt kein Raum für weitere Privatgeheimnisse, die gegenüber dem Amtshilfeersuchen des Strafgerichts Bestand behalten; denn ebensowenig wie sonst ein Herausgabeverlangen über die in der Strafprozeßordnung hinaus aufgezählten Verweigerungsgründe von einem einzelnen Bürger abgelehnt werden kann, kann eine Behörde ein Abgabeverlangen ablehnen aus Gründen des Geheimnisschutzes, die nicht in der Strafprozeßordnung aufgeführt sind. Insoweit ist Düwel Recht zu geben, daß § 96 StPO eine abschließende Regelung darstellt[125].

(G) Die Vorlage unter der Bedingung der vertraulichen Benutzung

Als Ersatzmöglichkeit der Verweigerung der Aktenvorlage bietet sich die Aktenvorlage durch die Behörde unter der Bedingung „vertraulicher Benutzung" an, d. h. „Auslieferung" bzw. „Vorlage" erfolgen mit dem ausdrücklichen Hinweis, daß der Akteninhalt lediglich dem Gericht

---

[122] KMR-Müller-Sax, § 96 StPO Anm. 2; Stock, S. 106 Anm. 1.
[123] a. A.: Löwe-Rosenberg, § 99 StPO Anm. 2 a.
[124] Birkmeyer, S. 503; Eb. Schmidt, § 99 StPO Anm. 13; KMR-Müller-Sax, § 100 StPO Anm. 3 a b; Dalcke-Fuhrmann-Schäfer, § 99 StPO Anm. 3; vgl. auch: RiStV Nr. 68.
[125] Vgl. oben S. 113.

C. Grenzen der Aktenvorlagepflicht

zugänglich ist, daß aber den übrigen Prozeßbeteiligten nur nach ausdrücklicher, im Einzelfall einzuholender, Zustimmung Einsicht zu gewähren ist. Dies sah beispielhaft ein Erlaß des Niedersächsischen Innenministeriums vom 22. 10. 1951[126] für die Vorlage vor Zivilgerichte vor. Daß eine solche Einschränkung durch die vorlegende Behörde möglich ist, ergibt sich aus ihrer eigenen Zuständigkeit, über die Vorlage zu entscheiden.

Der Verwendung solcher unter dieser Bedingung vorgelegten Akten im Prozeß steht aber Art. 103 GG, § 147 StPO entgegen; denn Beweismittel, die nicht zum Gegenstand der mündlichen Verhandlung gemacht wurden, dürfen nicht im Urteil herangezogen werden, und umgekehrt haben die Parteien ein Einsichtsrecht in alle Akten, die die Urteilsgrundlage bilden sollen, also nicht nur in die Gerichtsakten, sondern auch in die Beiakten und die als Beweismittel verwahrten Gegenstände (§ 147 StPO). Daher ist es unzulässig, daß das Gericht sich ein besonderes Aktenheft anlegt, in dem es die Schriftstücke einheftet, die es den übrigen Prozeßbeteiligten nicht zugänglich machen möchte.

Mit Recht hat deshalb auch das Reichsgericht[127] festgestellt, daß es Mißtrauen bei den Beteiligten hervorrufen muß, wenn Akten, die nicht Gegenstand der Verhandlung bilden können, weil sie nur vertraulich vorgelegt wurden, neben dem Vorsitzenden auf dem Richtertisch liegen. Da andererseits aber das Gericht nicht das Recht hat, gegen die Weisung der vorgelegten Behörde zu entscheiden und gleichwohl die Einsicht zu gestatten[128], bedeutet dies:

1. Das Gericht hat „*vertraulich*" vorgelegte Akten zurückzugeben, ohne vorher darin Einsicht zu nehmen; falls das Gericht gleichwohl schon die Akten versehentlich eingesehen hat, muß es sich von der Möglichkeit der Beeinflussung freimachen.

Ist dies nicht mehr möglich, bleibt nur ein Gesuch nach § 30 StPO übrig, wodurch der Richter anzeigt, daß seine Ablehnung gerechtfertigt sein könnte[129].

---

[126] NdsMinBl 1951, 441.
[127] RGSt 42, 293.
[128] Löwe-Rosenberg, § 147 StPO Anm. 3 b; RGSt 42, 292; 72, 271; Eb. Schmidt, § 96 StPO RN 7; vgl. auch: RiStV Nr. 192; BGH v. 11. 10. 1951, ZZP 1952, 271; Arnold, NJW 1953, 1284.
a. A.: KMR-Müller-Sax, § 96 StPO Anm. 3 b; Gerland, S. 148 Anm. 104; Eyermann-Fröhler, § 100 VwGO RN 2; OVG Münster v. 20. 10. 1961, DÖV 1963, 771.
[129] BVerfG vom 25. 10. 1966, NJW 1967, 30; Löwe-Rosenberg, § 147 StPO Anm. 3 b; RGSt 42, 292; Stein-Jonas, § 299 ZPO FN 7; Czermak, DVBl 1969, 612;
eingeschränkt: Eb. Schmidt, § 96 StPO RN 7; RGSt 72, 272.

2. Die ersuchte Behörde wird durch die vertrauliche Vorlegung nicht von der endgültigen Entscheidung befreit, ob sie die Akten frei zugänglich machen oder die Verweigerung durch die oberste Dienstbehörde herbeiführen will. Denn die Anforderung erfolgte gerade zum Zweck der Verwendung im Verfahren, was aber unter der gestellten Bedingung nicht möglich ist, diese Art der Vorlegung stellt sich vielmehr wie eine Verweigerung der Akten dar. Dafür ist aber das in § 96 StPO vorgeschriebene Verfahren nicht eingehalten.

Das Gericht hat daher die ersuchte Behörde aufzufordern, die Verweigerungserklärung der obersten Dienstbehörde beizubringen, oder aber die Akten bedingungslos freizugeben. Dabei kann das Gericht den Vorschlag machen, daß in der Hauptverhandlung die Öffentlichkeit wegen Gefährdung der Staatssicherheit oder eines Geschäfts- oder Betriebsgeheimnisses ausgeschlossen und den anwesenden Personen die Geheimhaltung auferlegt wird (Schweigebefehl nach § 174 Abs. 2 GVG). Dadurch kann den Interessen der Behörde Genüge getan sein.

D. Die Wirkung der Weigerungserklärung auf das Strafverfahren

(A) Die wechselseitige Abhängigkeit von Amtshilfeverhältnis und Strafverfahren

Zwei Rechtsverhältnisse sind zu unterscheiden: Das Prozeßrechtsverhältnis der unmittelbar am Strafverfahren Beteiligten und das Verhältnis Gericht—ersuchte Behörde.

Während bisher lediglich aufgezeigt wurde, welche Pflichten die Behörden untereinander und im besonderen gegenüber einem Strafgericht haben, soll im folgenden untersucht werden, welche Beziehungen und Auswirkungen auf den Verlauf des Strafverfahrens sich aus dem Verhältnis Gericht — ersuchte Behörde ergeben, und umgekehrt, wie es sich auf das Amtshilfeverhältnis auswirkt, daß die Amtshilfe gerade für ein Strafverfahren benötigt wird. Dabei ergeben sich vor allem drei Fragen:

a) Welche Wirkung hat die Verweigerung der Amtshilfe auf den Ablauf des Prozesses?

b) Wie beeinflußt die Rechtswidrigkeit der Verweigerung der Aktenvorlage den weiteren Verfahrensgang?

c) Begrenzt die prozessuale Unzulässigkeit der Verwertung eines Beweismittels die Amtshilfepflicht der ersuchten Behörde?

Zu dieser letztgenannten Frage war oben bereits in anderem Zusammenhang[1] angedeutet worden, daß das Strafgericht nur soweit berechtigt ist, seine Untersuchung innerhalb des Strafverfahrens zu erstrecken, wie der in der Anklage abgegrenzte Sachverhalt reicht. Da jedoch die Wahl der Beweismittel ausschließlich dem Gericht überlassen bleiben muß, besteht für die ersuchte Behörde keine Möglichkeit, nachzuprüfen, ob der angeforderte Gegenstand ein taugliches Beweismittel ist oder nicht. Eine Ausnahme gilt nur dann, wenn das Ersuchen offensichtlich rechtsmißbräuchlich ist.

Diese Beschränkung der Nachprüfungsmöglichkeit, die materiell zu einem außerordentlich umfassendem Recht auf Vorlage von Beweisgegenständen führt, muß aber ganz allgemein gelten auch für solche Gegenstände, die aus anderen Gründen im Verfahren wegen verfahrensrechtlicher Bestimmungen nicht als Beweismittel verwendet werden dürfen, denn auch über die Frage der Zulässigkeit der Verwertung hat ausschließlich das Gericht zu entscheiden (vgl. z. B., ob ein Protokoll über die Vernehmung als Mitangeklagter, als Zeuge herangezogen werden darf)[2]. Gelangt daher das Ersuchen an die Behörde, so hat diese davon auszugehen, daß das Gericht diesen Verfahrensschritt für rechtlich zulässig hielt. Mag sie selbstverständlich auch das Gericht auf etwaige Bedenken hinweisen können, an den Beschluß, daß die Akten beigezogen werden sollen, ist sie gebunden.

Erst recht kann die ersuchte Behörde nicht deswegen die Vorlage ablehnen, weil der von einem Prozeßbeteiligten gestellte Beweisantrag unzulässig sei, denn hier kommt noch hinzu, daß auch das Gericht von sich aus die Beiziehung für notwendig halten konnte und deswegen das Ersuchen stellte.

Das führt zu dem Ergebnis, daß die prozessuale Unzulässigkeit eines Beweisantrags oder die der Verwertung des Akteninhalts der ersuchten Behörde nicht das Recht gibt, die Vorlage zu verweigern.

(B) Die Verweigerungserklärung der obersten Dienstbehörde als Beweisverbot

I. Für die prozessualen Beschränkungen der gerichtlichen Aufklärungsbefugnis und -pflicht hat sich seit *Beling* der Begriff der Beweisverbote durchgesetzt[3]. Diese Beschränkungen können darin bestehen,

---
[1] Vgl. oben C, (A), II, a.
[2] Peters, LB S. 254; Sarstedt, S. 182.
[3] Beling, Beweisverbote S. 3.

— daß bestimmte Beweismethoden nicht angewendet werden dürfen,
— daß sich das Gericht bestimmter Beweismittel nicht bedienen darf,
— oder schließlich, daß überhaupt ein Vorgang auf seine Richtigkeit nicht überprüft werden kann.

Doch sind die Probleme, die sich im Zusammenhang mit den Beweisverboten im Ablauf des Strafverfahrens ergeben, auch nachdem sich der 46. Deutsche Juristentag 1966 diese zum Thema gesetzt hatte, noch nicht abschließend klargestellt. Selbst grundlegende Fragen, wie der Begriff der Beweisverbote, sind streitig geblieben.

Eine zusammenfassende Einteilung der Beschränkung der Beweisermittlung im weitesten Umfang wird dort bedeutsam, wo es darum geht, allgemeine Feststellungen darüber zu treffen, ob diese Einschränkung zu einem entsprechenden Verwertungsverbot führt.

Das würde in diesem Zusammenhang bedeuten: Ist eine Verwertung von amtlichen Schriftstücken als Beweismittel auch dann noch ausgeschlossen, wenn dieser Inhalt anderweit bekannt wurde oder versehentlich verlesen wurde, obwohl die Vorlage nur „vertraulich" erfolgt war[4], eine Zustimmungserklärung zum Gebrauch von der ersuchten Behörde aber nicht zu erlangen ist?

1. *Beling* unterschied zwischen absoluten Beweisverboten: das sind Rechtssätze, die den Beweis einer bestimmten Tatsache überhaupt verbieten, und relativen Beweisverboten. Bei diesen war nur die Benutzung eines einzelnen Beweismittels ausgeschlossen[5].

2. *Peters* unterteilt die Beweisverbote in Beweisverfahrens- und Beweisverfolgungsverbote, die jeweils selbst wieder aufgeteilt sind in Beweisthema-, Beweismethoden- und Beweismittelverbote. Beweisverbote, die die Beweiserhebung innerhalb eines Verfahrens unzulässig machen und den Strafverfolgungsraum einschränken, werden im Gegensatz zu solchen, die im verfolgungsfreien Raum liegen, von Peters als Beweisverfahrensverbote bezeichnet[6].

Innerhalb dieser Gruppe der Beweisverfolgungsverbote rechnet er zu den Beweisthemaverboten u. a. auch die Versagung der Aussagegenehmigung und der Aktenvorlage[7], ohne dies allerdings näher zu begründen, obgleich doch die Verwendung anderer Beweismittel zulässig sein dürfte[8].

---

[4] Vgl. oben S. 117 ff.
[5] Beling, Beweisverbote S. 3, 24; ebenso: Alsberg-Nüse, S. 90 ff.; ähnlich: Spendel, NJW 1966, 1103 (1107).
[6] Peters, LB S. 253 f.; ders.: Gutachten S. 104; ähnlich: Kleinknecht, NJW 1966, 1538 ff.
[7] Peters, Gutachten S. 106, 113; Peters, LB S. 254.
[8] Ebenso: Kleinknecht, NJW 1966, 1537 Anm. 6.

122 D. Die Wirkung der Weigerungserklärung auf das Strafverfahren

3. *Dünnebier*[9] begreift nur solche Beschränkungen als Beweisverbote, die ein Verwertungsverbot nach sich ziehen.

Diese unterschiedliche Verwendungsweise des Begriffs des Beweisverbots wird man im folgenden im Auge behalten müssen, um zu verstehen, weshalb § 96 StPO nicht von allen als Beweisverbot angesehen wird[10].

II. Nach der Rechtsprechung des Reichsgerichts und des Bundesgerichtshofes hat die Verletzung des § 54 StPO kein Verwertungsverbot zur Folge[11]. Während § 54 StPO aber verhindern soll, daß Beamte über gewisse Geheimnisse zu sprechen gezwungen werden, soll § 96 StPO verhindern, daß diese Geheimnisse durch Verwertung der entsprechenden Akten bekannt werden. Angesichts der Rechtsähnlichkeit von § 96 StPO dürfte daher auch diese Vorschrift kein Verwertungsverbot nach sich ziehen.

Da § 54 StPO nur im Interesse des Staates erlassen sei, werde weder der Angeklagte noch die Staatsanwaltschaft in ihren Rechten verletzt, wenn die bekundeten Aussagen des Beamten trotz Fehlens der Aussagegenehmigung verwendet würden (Rechtskreistheorie). An der Geheimhaltung bestehe aber kein Interesse mehr, nachdem die Tatsachen ohnehin bekannt geworden seien.

Dagegen wendet sich *Eberhard Schmidt*. Da jeder Prozeßbeteiligte das Recht auf prozeßordnungsgemäße Urteilsgewinnung habe, sei die Verwertung ohne Zustimmung der Behörde unzulässig, eine gleichwohl erfolgte Verwertung begründe daher auch ein späteres Rechtsmittel, denn die Frage der materiellen Interessenverletzung sei von der Verletzung prozeßrechtlicher Interessen scharf zu trennen: *„Das prozeßrechtliche Interesse an einem prozeßordnungsgemäßen Verfahren habe er (der Angekl.) aber stets"*[12].

---

[9] Dünnebier in Löwe-Rosenberg, Vorb. § 94 StPO Anm. 3 b; ebenso: KMR-Müller-Sax, Vorb. § 48 StPO Anm. 2 a I und 2 b.

[10] § 96 StPO wird als Beweisverbot bezeichnet von: Eb. Schmidt, § 96 StPO RN 5, sowie: Kolleg RN 184; Peters, Gutachten S. 113 und : LB S. 254; Kleinknecht, NJW 1966, 1537; Gerland, S. 194 Anm. 44; Bennecke-Beling, S. 335; KMR-Müller-Sax, Vorb. § 94 StPO Anm. 6 c; Henkel, 2. Aufl. S. 292; a. A.: Löwe-Rosenberg, Vorb. § 94 StPO Anm. 3 c, sowie Anm. 4 d, bb.

[11] RGSt 44, 291; 48, 38; BGH v. 16. 1. 1951, MDR 1951, 275; BGH v. 12. 10. 1951, NJW 1952, 151; vgl. auch: BGHSt 11, 213 ff.; Kohlhaas, JR 1957, 43; für § 96 StPO: Grünwald, JZ 1966, 489 (498); Kleinknecht, NJW 1966, 1539; sowie: Schwarz-Kleinknecht, § 54 StPO Anm. 5 und § 96 StPO Anm. 3; Löwe-Rosenberg, Vorb. § 94 StPO Anm. 3, 3; weitergehend noch: Holtzendorff, 1. Bd. S. 317 Anm. 3.

[12] Eb. Schmidt, § 54 StPO RN 10; ders.: JZ 1958, 596; ebenso: Peters, Gutachten S. 109; Spendel, NJW 1966, 1108; Alsberg-Nüse, S. 202, 204; Niese, S. 148; KMR-Müller-Sax, Vorb. § 48 StPO Anm. 2 a II; Bennecke-Beling, S. 334 f.

(B) Die Verweigerungserklärung als Beweisverbot

1. Das würde für § 96 StPO bedeuten, daß nach versehentlicher Bekanntgabe des Akteninhalts durch das Gericht eine Verwertung nur möglich ist, wenn die Zustimmung der ersuchten Behörde nachträglich erteilt wird.

Eine Nichtverwertung des Akteninhalts, soweit er bekannt wurde, wäre aber einseitig formalistisch, denn mag auch allein schon die Einhaltung der gesetzlichen Förmlichkeiten dem Schutz des Angeklagten dienen, so muß das Festhalten an dem ihrem Sinn und Zweck nach — nämlich der Geheimhaltung — hinfällig gewordenen Vorschriften widersinnig erscheinen, wenn die gerichtliche Aufklärungsbefugnis und -pflicht dadurch in so weitem Umfang beschränkt wird.

Gilt der Grundsatz der Verhältnismäßigkeit für das Verhältnis zwischen Geheimhaltungsinteresse und dem gerichtlichen Aufklärungsinteresse, so muß es erst recht auch gelten, wenn das Geheimhaltungsinteresse weggefallen ist und es jetzt nur noch um die Einhaltung von Förmlichkeiten geht. Es wird dabei nicht übersehen, daß durch die Bejahung eines Beweisverwertungsverbotes den Gerichten der Anreiz unzulässiger Beweiserhebungsmethoden genommen werden soll. Auf solche ausgesprochenen Fälle des Rechtsmißbrauchs kann und muß aber das Verwertungsverbot beschränkt bleiben.

Eine gegenteilige Auffassung wäre auch nicht notwendig im Interesse des Angeklagten, denn das Verwertungsverbot würde sich auch auf ihn entlastendes Material erstrecken.

2. Anders ist die Lage, wenn der Akteninhalt noch nicht bekannt ist. Hier fragt sich allerdings, ob auch, nachdem die Akten dem Gericht bereits durch die ersuchte Behörde vorgelegt, oder nachdem diese auf andere Weise in den Besitz des Gerichts gelangt sind, noch nachträglich die Erklärung abgegeben werden kann, daß die Akten nicht verwertet werden dürfen[13].

Dadurch, daß sich die Schriftstücke nicht mehr im Besitz der anlegenden Behörde befinden, wird ihre Befugnis, über diese zu bestimmen, nicht eingeschränkt. Ihr verbleibt das Recht und die Pflicht, dafür zu sorgen, daß die öffentlichen Interessen, die durch das Bekanntwerden berührt würden, geschützt bleiben.

Eine zeitliche Begrenzung der Verweigerungsmöglichkeit wäre allenfalls dann sinnvoll, wenn das Gericht selbst von einer Verwertung absehen könnte, wozu ihm aber Kompetenz und Sachkenntnis fehlen[14].

---
[13] So: KMR-Müller-Sax, Vorb. § 94 StPO Anm. 6 c; RGSt 72, 275; a. A. für § 99 VwGO: OVG Münster v. 20. 10. 1961, DÖV 1963, 771; Redeker-v. Oertzen, § 99 VwGO RN 11; offen gelassen von: BVerwG v. 7. 6. 1956, NJW 1956, 1493.
[14] Im einzelnen dazu unter D, (C), III.

Deshalb muß auch durch die aktenanlegende Behörde die nachträgliche Abgabe der Erklärung, daß der Akteninhalt nicht verwertet werden darf, zulässig sein. Dieses Recht kann die Behörde jedoch nur hinsichtlich der noch nicht bekannten Teile ausüben. Die anderen bereits bekannten Teile können jedoch in der Beweisaufnahme verwendet werden, wobei das Gericht die Feststellung treffen muß, ob noch ein Geheimnis vorliegt.

(C) Die sich aus der Verweigerungserklärung ergebenden Folgen für die Beweiswürdigung

I. Wird nach §§ 52 ff. StPO das Zeugnis verweigert, so ist diese Erklärung der Beweiswürdigung nicht zugänglich. Es können daraus für den Angeklagten weder günstige noch ungünstige Schlüsse gezogen werden[15].

Die Gegenmeinung begründet eine umfassende Erstreckung der Beweisaufnahme nicht nur auf das materielle Ergebnis der Beweisaufnahme, sondern auf den gesamten Prozeßverlauf aus Wortlaut und Sinn des § 261 StPO, denn nach § 261 StPO entscheidet das Gericht nach dem gesamten Ergebnis der Beweisaufnahme, und dazu gehört auch die Zeugnisverweigerung. Das Reichsgericht[16] führt dazu aus, daß das Zeugnisverweigerungsrecht nicht bestehe, um dadurch dem Angehörigen etc. das Recht einzuräumen, die Verurteilung zu verhindern, sondern lediglich, weil der Zeuge nicht in Gewissenskonflikt geraten und zur belastenden Aussage gezwungen werden soll.

Damit widerspricht aber die Entscheidung sich selbst; denn der Zeuge gerät doch dadurch ebenfalls in einen Gewissenskonflikt, wenn er im Fall seiner Weigerung mit für den Angeklagten nachteiligen Schlüssen rechnen muß. Deshalb unterwirft die neuere höchstrichterliche Rechtsprechung die Aussageverweigerung des Zeugen nicht der Beweiswürdigung[17].

Die Lage ist jedoch völlig verschieden für die Verweigerung der Aktenvorlage; denn die Berechtigung hierzu besteht nicht, um den Beamten vor einem Gewissenskonflikt zu schützen, sondern aus Gründen des Geheimnisschutzes. Dann ist aber auch nicht einzusehen, weshalb

---

[15] a. A.: RGSt 55, 21; BGHSt 2, 351; Düwel, S. 198; Schwarz-Kleinknecht, § 261 StPO Anm. 4 B b; KMR-Müller-Sax, § 52 StPO Anm. 4 e; sowie: Ostermayer, in Anm. zu BGH vom 2. 4. 1968, in NJW 1968, 1789.

[16] RGSt 55, 20.

[17] BGH v. 2. 4. 1968, NJW 1968, 1246; ebenso: KG v. 9. 12. 1965, NJW 1966, 605; Peters, Gutachten S. 120; Löwe-Rosenberg, § 261 StPO Anm. 3; Eb. Schmidt, vor § 52 StPO Anm. 14.

(C) Die Folgen für die Beweiswürdigung

die Erklärung der Verweigerung der Aktenvorlage nicht der Beweiswürdigung zugänglich sein soll. Zur Überzeugungsbildung des Gerichts kann die Verweigerungserklärung sogar wichtiger Anhaltspunkt für die Wahrheitsermittlung sein.

Die herrschende Meinung ist daher der Auffassung, daß die staatlichen Geheimhaltungsmaßnahmen (§§ 54, 96 StPO) zur Beweiswürdigung mit herangezogen werden können[18].

Das genügt jedoch offensichtlich zur Wahrung der Rechte des Angeklagten nicht. Soweit ihm nämlich die Beweismöglichkeit für ein ihn entlastendes Moment abgeschnitten ist, darf sich dies nicht zu seinem Nachteil auswirken. Im Gegenteil; es fragt sich, ob nicht der behauptete Akteninhalt, soweit er zur Entlastung beigetragen hätte, zugunsten des Angeklagten als wahr unterstellt werden muß[19], denn die Gefahr, daß sich staatliche Geheimhaltungsmaßnahmen zum Nachteil des Angeklagten auswirken, ist noch bedeutend größer als bei einer Zeugnisverweigerung. Spricht nämlich die Kenntnis des Angehörigen für den Angeklagten, so wird er im Regelfall aussagen, einen nach § 53 Abs. 1 Satz 3 StPO Zeugnisverweigerungsberechtigten kann der Angeklagte von seiner Schweigepflicht entbinden.

Demgegenüber ergeht die Verweigerung bei §§ 54, 96 StPO zur Wahrung anderer öffentlicher Interessen ohne Rücksicht darauf, ob dies zum Vorteil oder Nachteil des Angeklagten gereicht. Ein solche Wahrung des Wohles des Staates darf aber nicht auf eine Schlechterstellung des Angeklagten hinauslaufen.

Daher wird man, wenn die Aktenvorlage verweigert wurde, den behaupteten Akteninhalt zugunsten des Angeklagten als wahr unterstellen müssen.

II. Die Beweisregel in dubio pro reo erweist sich jedoch dort als ungenügender Schutz, wo sich Anhaltspunkte für die Entlastung des Angeklagten gerade erst aus den Akten ergeben, Anhaltspunkte, die bisher unbekannt waren und jetzt erst Grundlage für einen Zweifel bilden.

Darüber hinaus sieht die Rechtsprechung in einzelnen Vorschriften des Strafgesetzbuches eine widerlegbare Beweisvermutung, die sich auf die innere Tatseite erstrecken (§§ 186, 245 a Abs. 2; § 361 Nr. 8 StGB),

---

[18] Schwarz-Kleinknecht, § 261 StPO Anm. 4 B b; Düwel, S. 198; Beling, Beweisverbote S. 32;
für § 99 VwGO: Ule, § 99 VwGO Anm. III; Redeker-v. Oertzen, § 99 VwGO Anm. 1.
[19] Vgl. den Hinweis in: BGHSt 20, 191; Eb. Schmidt, JZ 1962, 762; Kohlhaas, in LM, § 96 StPO Anm. zu Nr. 1.

was zur Folge hat, daß eine verbleibende Unklarheit sich gegen den Angeklagten richtet. Damit hat der Gesetzgeber sogar ein offenes „in dubio contra reum" niedergelegt[20]. Auch im Wiederaufnahmeverfahren findet der Grundsatz „Im Zweifel für den Angeklagten" nur beschränkt Anwendung[21]. Schließlich wird im Verfahrensrecht die Regel „in dubio pro reo" nur begrenzt herangezogen (vgl. z. B. § 274 StPO)[22].

Auch im übrigen kann die Wahrunterstellung zugunsten des Angeklagten im Strafprozeß sich in sonstiger Weise für den Angeklagten wie gegenüber Dritten nachteilig auswirken: Der Freigesprochene bekommt unter Umständen seine notwendigen Auslagen nicht ersetzt (§ 467 Abs. 2 StPO); Dritte können bei einer Wahrunterstellung in ihrer Ehre verletzt werden[23].

Das zeigt, daß auch die Beweisregel in dubio pro reo nur bedingt weiterhelfen würde.

III. Auf der anderen Seite kann das Gericht nach Durchsicht der vorgelegten Akten zu der Überzeugung gelangen, daß das Bekanntwerden des Inhalts gefährliche Folgen i. S. d. § 96 StPO haben könnte. Haben die Prozeßparteien gleichwohl das Recht darauf, daß die Akten zum Gegenstand der Hauptverhandlung gemacht werden, oder kann das Gericht ihre Verwendung verhindern?

a) Die Erklärung, daß die Akten nicht verwendet werden dürfen, kann von der obersten Dienstbehörde auch nach Vorlage noch abgegeben werden. Dies wurde bereits oben gezeigt. Das Gericht kann daher in jedem Fall versuchen, diese Entscheidung herbeizuführen[24].

b) Fraglich kann nur sein, ob das Gericht auch von sich aus berechtigt oder sogar verpflichtet ist, ein Bekanntwerden zu verhindern, obgleich die oberste Dienstbehörde keine Einwendungen gegen das Bekanntwerden des Inhalts hat.

Voraussetzung dafür wäre, daß die Entscheidung der obersten Dienstbehörde für das Gericht im Prozeß nicht bindend ist, und daß die Gerichte die Entscheidung der obersten Dienstbehörde nachprüfen können.

---

[20] BGHSt 1, 46; RGSt 69, 80; Löwe-Rosenberg, Kap. 11, B 4; Eb. Schmidt, Teil I RN 372; Henkel, 2. Aufl. S. 353.
[21] KMR-Müller-Sax, Vorbem. zu § 48 StPO; OLG Köln vom 24. 6. 1968, JZ 1969, 116.
[22] S. im übrigen zur Frage der Anwendbarkeit des Grundsatzes in dubio pro reo im Prozeßrecht: Löwe-Rosenberg, § 261 StPO Anm. 4; und die Zusammenstellung in BGHSt 18, 274 (276 f.).
[23] Vgl.: Radbruch, Wahrunterstellung im Strafprozeß, S. 203 ff.; Löwe-Rosenberg, Kap. 10 A 7; Kriegler, S. 81.
[24] Vgl. oben D, (B), II, 2.

(D) Wirkung der rechtswidrigen Verweigerung auf das Strafverfahren 127

Das hängt davon ab, ob die Entscheidung der obersten Dienstbehörde lediglich materiell-rechtliche Wirkung hat — Erfüllung des Amtshilfeersuchens —, oder ob sie auch prozessuale Entscheidung ist.

Grundsätzlich geht unser Verfahrensrecht davon aus, daß alle Beweismittel herangezogen werden können. Das spricht dafür, daß dann, wenn die Akten vorgelegt werden, auch ein prozessualer Anspruch der Prozeßbeteiligten auf Verwendung besteht[25]. Jedoch wird man unterscheiden müssen, um welche Art von Geheimnissen es sich handelt.

Bei Staatsgeheimnissen ist jede Stelle selbst in eigener Zuständigkeit verpflichtet, nachzuprüfen, ob deren Voraussetzungen vorliegen. Entscheidungen anderer Behörden sind insoweit für das Gericht nicht bindend (materieller Geheimnisbegriff)[26]. Auch sind die verfassungsrechtlich geschützten Privatgeheimnisse von allen Behörden und vom Gericht zu beachten. Im übrigen aber, soweit der obersten Dienstbehörde ein Ermessen eingeräumt ist, ist diese allein zuständig zur Entscheidung, ob der Akteninhalt bekannt werden darf; andernfalls würde das Gericht sein Ermessen an die Stelle des Ermessens der obersten Dienstbehörde treten lassen. Das Gericht ist daher weder berechtigt, geschweige denn verpflichtet, diese Entscheidung selbst zu treffen. Die Prozeßbeteiligten können daher, wenn die Akten einmal vorgelegt sind — von der genannten Ausnahme abgesehen —, verlangen, daß sie ihnen zugänglich gemacht und zur Grundlage des Urteils herangezogen werden.

(D) Die Wirkung der rechtswidrigen Verweigerung auf das Strafverfahren

I. Liegen die Akten dem Gericht vor und sind sie bereits in der Beweisaufnahme verlesen, so bewirkt eine später abgegebene Verweigerungserklärung ebensowenig ein Verwertungsverbot, wie wenn die Akten trotz nur vertraulicher Vorlage versehentlich verlesen wurden[27]. Gilt dieser Grundsatz schon bei an sich rechtmäßiger Verweigerungserklärung, so muß er erst recht auch Geltung behalten bei rechtswidriger Verweigerungserklärung. Fälle, in denen die Verweigerung der Verwertung erst nach der Vorlage erklärt wird, gehören jedoch zur Ausnahme.

---

[25] So: Niese, Doppelfunktionelle Prozeßhandlungen, S. 140; KMR-Müller-Sax, § 96 StPO Anm. 4 a.
[26] Anstelle anderer: Schönke-Schröder, 14. Aufl. § 93 StGB RN 5.
[27] Vgl. oben D, (B), I.

D. Die Wirkung der Weigerungserklärung auf das Strafverfahren

II. Besonderes Gewicht erhält die Frage nach der Wirkung der rechtswidrigen Verweigerung auf das Strafverfahren dagegen, wenn die Akten dem Gericht nicht vorliegen.

Durch die Beweisregel in dubio pro reo erfolgt nur teilweise eine Korrektur der Nachteile, die sich für den Angeklagten aus einer Zurückhaltung von Behördenakten ergeben können. Andererseits kann bei einer Zurückhaltung von belastendem Material die sich rechtswidrig weigernde Behörde die Strafrechtspflege lähmen. Es fragt sich daher, ob das Gericht an die Entscheidung der ersuchten Behörde gebunden ist, oder welche Möglichkeiten, Rechts- oder Zwangsmittel bestehen, um gegen eine rechtswidrige Verweigerung vorzugehen. Diese kann darin bestehen, daß die oberste Dienstbehörde eine Verweigerungserklärung abgibt, ohne daß Gründe vorliegen, die diese tragen können:

a) weil das Bekanntwerden derartiger Geheimnisse entgegen der Meinung der Behörde nicht geeignet ist, das Wohl des Bundes oder eines deutschen Landes zu beeinträchtigen und diese Geheimnisse auch im übrigen nicht rechtlich geschützt sind;

b) weil die Behörde nur vorgibt, ein solches Geheimnis sei in den Akten enthalten, was tatsächlich aber nicht der Fall ist;

c) weil das öffentliche Interesse an der Wahrheitsfindung in dem vom Untersuchungsgrundsatz beherrschten Strafprozeß schwerer wiegt als das schutzwürdige Interesse an der Geheimhaltung[28].

d) Schließlich kann die Verweigerung der ersuchten Behörde rechtswidrig sein, weil die oberste Dienstbehörde keine Verweigerungserklärung abgegeben hat.

Eine besondere Schwierigkeit ergibt sich dabei dadurch, daß die Behörde keine Auskunft im einzelnen darüber zu geben braucht, welches die Nachteile sind, die durch die Bekanntmachung entstehen würden; denn schon allein durch die nähere Angabe der Gründe kann das Staatswohl gefährdet sein[29]. So wird auch im entsprechenden Fall § 99 VwGO zu verstehen sein, wonach das Verwaltungsgericht entscheidet, ob glaubhaft gemacht ist, daß die gesetzlichen Voraussetzungen für die Verweigerung vorliegen. Es kann nachgeprüft werden, ob die weiteren Umstände es glaubhaft erscheinen lassen, daß Gründe vorliegen, die die Versagung verlangen.

---

[28] Vgl. entspr. bei § 99 VwGO: BVerwG v. 19. 8. 1964, ZBR 1965, 152 m. Anm. Wilhelm, sowie: Bank, RiA 1965, 61. Das gilt jedoch nicht, soweit ein verfassungsrechtlich geschütztes Privatgeheimnis vorliegt: Rupp, Gutachten S. 180 f.

[29] OVG Berlin v. 30. 3. 1955, DVBl 1955, 568; OVG Münster v. 26. 1. 1960, NJW 1960, 2116; VG Köln v. 23. 3. 1962, DVBl 1962, 606; BayVGH v. 14. 12. 1962, BayVBl 1963, 252; Erbs, § 96 StPO Anm. 3; Redeker- v. Oertzen, § 99 VwGO RN 14.

Wie aber sollen dann das Gericht oder die übrigen Prozeßbeteiligten feststellen können, daß ein Grund i. S. d. § 96 StPO nicht gegeben ist?

Hier ist das Gericht darauf angewiesen, aus den Begleitumständen Rückschlüsse auf die Hintergründe für die Verweigerungserklärung zu ziehen. In jedem Fall wird das Gericht aber verlangen können, daß der Verweigerungsgrund unter Angabe allgemeiner Merkmale genannt wird, etwa in der Weise: der Vorlage stände ein Staatsgeheimnis oder die ärztliche Schweigepflicht entgegen. Rechtswidrig ist die Verweigerung zweifellos jedoch dann, wenn ohne Erklärung der obersten Dienstbehörde die Akten zurückgehalten werden. Für die möglichen Rechtsmittel hiergegen wird man angesichts der unterschiedlichen Stellung zur ersuchten Behörde unterscheiden müssen zwischen solchen des Gerichts, der Staatsanwaltschaft und der übrigen Prozeßbeteiligten.

(E) Rechtsmittel des Gerichts gegen die Verweigerung der Aktenvorlage und die Beschlagnahme von Behördenakten

Für das Gericht besteht eine verfahrensrechtliche Pflicht, auf die Behörde einzuwirken und alle zulässigen Schritte einzuleiten, die nicht von vornherein aussichtslos erscheinen, damit sie die Akten herausgibt. Andernfalls verletzt es seine Aufklärungspflicht, § 244 Abs. 2 StPO[30]. Ebensowenig, wie daher das Gericht auf die Beiziehung der Akten verzichten kann, wenn sich daraus neue Gesichtspunkte für die Wahrheitserforschung ergeben können, darf das Gericht hinnehmen, daß die Behörde die Aktenvorlage willkürlich verweigert.

Wie bei allen Entscheidungen verwaltungsmäßiger Art kann das Gericht, wie auch alle anderen Prozeßbeteiligten, durch formlose Einwendung (Gegenvorstellung) oder durch Dienstaufsichtsbeschwerde versuchen, eine Erklärung der obersten Dienstbehörde — wenn diese bisher fehlte — zu erlangen oder eine Abänderung von deren Entscheidung herbeizuführen.

Die Dienstaufsichtsbeschwerde wird dann in Betracht kommen, wenn ein begründetes Mißtrauen an der Unparteilichkeit des Sachbearbeiters besteht. Wie sehr bietet es sich doch an, unter dem Vorwand der Wahrung des Staatsnutzens, insbesondere da dieser nicht näher konkretisiert zu werden braucht, persönliche Belange zu decken. Für den Fall, daß durch das Bekanntwerden des Akteninhalts der Beamte selbst mitbelastet wird, andere Unregelmäßigkeiten von ihm offenbar werden, oder daß der Beamte sonst in seinen persönlichen Interessen berührt

---

[30] RGSt 72, 275; für die Aussagegenehmigung: BGHSt 17, 384; a. A.: RGSt 44, 292.

130 D. Die Wirkung der Weigerungserklärung auf das Strafverfahren

wird, ist er von einer Mitwirkung bei der Entscheidung über die Aktenvorlage ausgeschlossen, wie dies allgemein für alle Entscheidungen gilt, die ein Beamter bei der Verwaltung zu treffen hat[31]. Durch die Dienstaufsichtsbeschwerde kann diese Befangenheit des behördlichen Prozeßsachbearbeiters gerügt werden[32].

Gegenvorstellung wie Dienstaufsichtsbeschwerde sind jedoch lediglich Rechtsbehelfe, d. h. die Behörde ist nicht verpflichtet, nochmals die Sache selbst rechtlich zu prüfen[33].

Das Gericht könnte jedoch, wie auch gegen den nicht herausgabewilligen Bürger, die Möglichkeit der Beschlagnahme haben.

I. Das setzt voraus, daß das Strafgericht in eigener Zuständigkeit nachprüfen kann, ob die Verweigerung rechtswidrig war. Dabei ergibt sich die Rechtswidrigkeit der Zurückhaltung ohne weiteres in den Fällen, in denen eine Erklärung der obersten Dienstbehörde, wie sie § 96 StPO vorschreibt, nicht abgegeben wurde.

Eine andere Frage ist, ob das Gericht nachprüfen kann, ob die allgemein von der obersten Dienstbehörde genannten Gründe eine Verweigerung überhaupt rechtfertigen. Das ist aber bestritten, denn es wird die Auffassung vertreten, daß das Gericht insoweit an die Entscheidung der obersten Dienstbehörde gebunden ist[34]. In Frage kommt außerdem, daß nicht das Strafgericht selbst die Nachprüfung vornehmen kann, sondern nur ein anderes, von ihm angerufenes Gericht.

Das führt zu dem übergeordneten Problemkreis, ob es der ersuchenden Behörde möglich ist, verweigerte Amtshilfe klagweise oder durch Beschwerde an das Oberlandesgericht (§§ 159, 168 GVG) zu erzwingen[35].

An einer allgemeinen gesetzlichen Regelung fehlt es. Aus der Strafprozeßordnung, insbesondere dem Wortlaut des § 96 StPO läßt sich nichts für eine Nachprüfungsmöglichkeit entnehmen.

---

[31] Preuss. OVG 78, 383; Fischbach, § 59 BBG Anm. IV.

[32] Vgl. hierzu: den Hinweis in BVerwGE 19, 179 ff.; sowie: Bank, RiA 1965, 61.

[33] Forsthoff, LB, 8. Aufl. S. 478; Lohmeyer, JR 1964, 172.

[34] Löwe-Rosenberg, § 96 StPO Anm. 4 d; Peters, LB S. 379; Linke, GA 1957, 253; RGSt 74, 472; LG Bremen vom 22. 9. 1955, NJW 1955, 1850; Vogel, in Anm. zu BVerwG vom 29. 5. 1959, NJW 1959, 1938; Keßler, AöR 49, 323.

[35] Wolff, 2. Bd. S. 116; Schmidt-Bleibtreu-Klein, Art. 35 GG Anm. 8; Krüger, DDB 1957, 24; Linke, GA 1957, 253; OVG NrhW v. 18. 12. 1957, abgedr. bei Schulz, GA 1958, 266; a. A.: Eyermann-Fröhler, § 14 VwGO RN 3; Klinger, § 14 VwGO Anm. 1, 2, 3, 4; Ule, § 14 VwGO Anm. II 2; Dreher, S. 125 ff.; Schunk-de Clerk, § 14 VwGO Anm. 4; Baring, ZBR 1956, 37; Kohlhaas, JR 1957, 41; Baumbach-Lauterbach, § 168 GVG Erl. 1; Wieczorek, § 168 GVG Anm. A; Zöller, Anm. zu § 168 GVG; offen gelassen von: Maunz-Dürig, Art. 35 GG RN 10.

(E) Rechtsmittel des Gerichts

1. Übereinstimmung herrscht, daß eine Beschwerdemöglichkeit wie bei verweigerter Rechtshilfe nach § 159 GVG für die Amtshilfe nicht besteht[36], denn in den §§ 156 ff. GVG ist ausdrücklich nur für die verweigerte Rechtshilfe ein Rechtsmittel gesetzlich vorgesehen.

2. Gegen eine Klagebefugnis wird vor allem vorgebracht, daß Art. 19, 20 GG den Behörden untereinander kein allgemeines Klagerecht gewähren, vielmehr gelte die Rechtsschutzgarantie des Grundgesetzes nur für die Bürger, woraus letztlich auch für unseren Fall geschlossen wird, daß das Gericht auf die Rechtsbehelfe der Dienstaufsichtsbeschwerde und Gegenvorstellung beschränkt bleibt[37]. Andernfalls würde das dazu führen, daß das Gericht als Staatsorgan gegen ein anderes Staatsorgan klage, weil dies es in seiner Aufgabe störe, bzw. nicht unterstütze. Forsthoff bezeichnet die Verweigerung von Amtshilfe daher auch als einen gerichtsfreien Hoheitsakt[38]. Darunter werden solche Akte verstanden, für die kein Rechtsweg offensteht.

Die Existenz gerichtsfreier Hoheitsakte ist heftig umstritten. *Forsthoff*[39] sieht die Rechtfertigung des Ausschlusses bestimmter Akte von der gerichtlichen Nachprüfung im Wesen der Justiz. Die Grenze gerichtlicher Nachprüfung soll dort gezogen werden, wo nicht mehr Rechtsentscheidungen, sondern wo politische Entscheidungen getroffen werden: das sind Handlungen von Staatsorganen in Ausübung materieller Regierungstätigkeit. Sie enthalten ein staatspolitisches Moment, sind Führungsentscheidungen, die die Politik betreffen.

Dazu gehören vor allem diplomatische Akte, Kommandoakte und Parlamentsentscheidungen etc. Die Zuständigkeit hierzu ist in der Regel den Regierungsorganen durch die Verfassung übertragen. Aus dem Zusammenhang, in dem Forsthoff die Verweigerung der Akten als justizlosen Hoheitsakt bezeichnet, geht hervor, daß er diese zu den Regierungsakten rechnet. Die Frage, ob Akten vorgelegt werden können, ist aber von Natur aus nicht politischer Art. Daß im Einzelfall die Entscheidung von höchster politischer Brisanz sein kann, versteht sich. Das aber kann bei jeder Verwaltungstätigkeit eintreten. Die Zuständigkeit zur Verweigerung ist der obersten Dienstbehörde auch nicht durch die Verfassung übertragen worden. Ihre Einordnung als Regierungsakt ist daher abzulehnen.

---

[36] Baumbach-Lauterbach, a.a.O.; Wieczorek, a.a.O.; Eb. Schmidt, § 168 GVG RN 4; Löwe-Rosenberg, § 168 GVG Anm. 3.

[37] Eb. Schmidt, Nachtragsbd., § 96 StPO RN 6; Löwe-Rosenberg, § 96 StPO Anm. 5 e; Vogel, NJW 1959, 1938; Rupp, JZ 1960, 66 und 1966, 35.

[38] Forsthoff, LB 8. Aufl. S. 469 Anm. 3; ebenso: Bachof, Verfassungsrecht, Verwaltungsrecht, Verfahrensrecht, S. 43.

[39] Forsthoff, LB 8. Aufl. S. 469; Eyermann-Fröhler, § 42 VwGO RN 36; Redeker-v. Oertzen, § 42 VwGO RN 39, jeweils m. w. Nachw.

132　D. Die Wirkung der Weigerungserklärung auf das Strafverfahren

Hinzu kommt, was gerade die Gerichte betrifft, daß sich ihre Lage, die die Vorlage notwendig macht, wesentlich unterscheidet von der sonstiger Behörden. Die Frage der allgemeinen Klagemöglichkeit bei verweigerter Amtshilfe kann hier deshalb zurückstehen, denn bei Gericht wirkt sich die Verweigerung der Akten unmittelbar auf alle Prozeßbeteiligten aus, wobei § 99 Abs. 2 VwGO zeigt, daß der Gesetzgeber dies auch berücksichtigte.

In Betracht kämen daher eine Klage vor einem Verwaltungsgericht oder ein Antrag auf gerichtliche Entscheidung an das Oberlandesgericht, §§ 23 ff. EGGVG. Eine Klage vor dem Verwaltungsgericht ist jedoch nur möglich, wenn nicht ein anderer Rechtsweg vorgeschrieben ist, § 40 Abs. 1 VwGO.

Das könnte ein Antrag auf gerichtliche Entscheidung an das Oberlandesgericht nach §§ 23 ff. EGGVG sein. Dieser scheidet jedoch ohne weiteres aus, soweit das Ersuchen von einer Verwaltungsbehörde abgelehnt wurde. § 23 EGGVG verlangt seinem Wortlaut nach, daß es sich um eine Maßnahme einer Justizbehörde handelt, gegen die in dieser Verfahrensart vorgegangen wird.

Selbst aber wenn eine Justizbehörde die Ablehnung aussprach, so erfolgte sie nicht auf dem Gebiet der Strafrechtspflege, was § 23 EGGVG außerdem voraussetzt, denn eine Maßnahme ergeht nur dann „auf dem Gebiet der Strafrechtspflege", wenn sie in den Formen eines gerichtlichen Verfahrens zustande kommt. Die Entscheidung, ob Amtshilfe zu gewähren ist, richtet sich aber nach allgemeinem Verwaltungsrecht und ist nicht — wie *Baring* meint[40] — dem Strafrecht zuzurechnen, nur weil das Beweisthema strafrechtlicher Natur ist. Es scheiden also gerade solche Akte der gerichtlichen Verwaltung aus. Damit entspricht die Abgrenzung der zwischen Rechts- und Amtshilfe.

Weil aber die Entscheidung verwaltungsmäßiger Natur ist, handelt es sich um Amtshilfe und entsprechend nicht um eine Maßnahme auf dem Gebiet der Strafrechtspflege[41]. Das Oberlandesgericht kann nach § 23 Abs. 3 EGGVG zudem nur dann angerufen werden, soweit die ordentlichen Gerichte nicht auf Grund anderer Vorschriften zuständig sind. Zu untersuchen ist daher, ob nicht das Strafgericht selbst zur Nachprüfung berufen ist. Auch in diesem Fall würde eine Klagemöglichkeit nach § 40 VwGO ausscheiden.

So findet entsprechend im Verwaltungsprozeß nach § 99 Abs. 2 VwGO (ebenso: § 86 Abs. 3 FinGO, ähnlich § 26 Abs. 2 BVerfGG) auf Antrag

---

[40] Baring, ZBR 1956, 73 f.; ebenso: Löwe-Rosenberg, § 23 EGGVG Anm. 3 a.
[41] Ebenso: Altenhain, DRiZ 1964, 298, sowie: OVG Rheinland-Pfalz v. 18. 7. 1962, zitiert bei Altenhain; OLG Bremen v. 18. 2. 1964, NJW 1964, 2175; Baumbach-Lauterbach, § 23 EGGVG Anm. 1; Kriegler, S. 32.

eines der Beteiligten ein Nebenverfahren statt, in dem das Verwaltungsgericht selbst durch förmlichen Beschluß feststellt, ob die Gründe der Verweigerung glaubhaft gemacht sind.

§ 99 VwGO gibt insofern wertvolle Hinweise, wie im Strafverfahren das Gericht vorgehen kann, denn mehr noch als das Verwaltungsstreitverfahren wird das Strafverfahren vom Untersuchungsgrundsatz beherrscht. Insbesondere zeigt § 99 Abs. 2 VwGO (ebenso § 86 Abs. 3 FinGO), daß das ersuchende Gericht sehr wohl selbst befugt sein kann, die Entscheidung der obersten Dienstbehörde nachzuprüfen.

Das Landgericht Bonn[42] überträgt in einem Beschluß vom 24. 5. 1965 daher auch die Regelung des § 99 VwGO im Wege der ergänzenden Rechtsfindung auf die Strafprozeßordnung[43]. Das Bundesverwaltungsgericht[44] begründet die Zuständigkeit des Strafgerichts außerdem mit § 162 StPO, wonach das Strafgericht nachzuprüfen hat, ob Anträge der Staatsanwaltschaft auf Vornahme einer richterlichen Untersuchungshandlung gesetzlich zulässig sind.

Dieser Auffassung widerspricht *Vogel*[45], da die Frage, ob eine Amtshilfepflicht bestehe, nicht mehr Verfahrensbestandteil sei. Der Strafrichter müsse sich aber nach dem Prinzip der Funktionsreinheit innerhalb des Strafverfahrens halten, weshalb nur die verfahrensrechtliche Zulässigkeit des Antrags der Staatsanwaltschaft seiner Prüfung unterliege.

Damit versteht Vogel aber § 162 StPO zu eng. Denn so wie auch sonst der Strafrichter bei der Aussageverweigerung die Aussage bei fehlender Genehmigung mit Hilfe der in § 70 StPO vorgesehenen Zwangsmittel durchsetzen kann, muß er auch hier die Verweigerung nachprüfen können[46]. Auch im Rahmen des § 54 StPO kann er vom Beamten verlangen, daß er die Tatsache, daß ihm die Aussagegenehmigung verweigert wurde, glaubhaft macht.

Daß die Verweigerung der Aussagegenehmigung selbst von ihm nicht nachgeprüft werden kann, liegt an ihrer besonderen beamtenrechtlichen

---

[42] JZ 1966, 33 mit ablehnender Anm. Rupp.
[43] Für die Übertragung auf die StPO auch: Erdsiek, NJW 1960, 618; Witten, NJW 1961, 758; sowie BVerwG vom 29. 5. 1959, JZ 1960, 65; LG Bremen vom 22. 9. 1955, NJW 1955, 1850.
a. A.: Vogel in Anm. zu BVerwG vom 29. 5. 1959, NJW 1959, 1938; Schwarz-Kleinknecht, § 96 StPO Anm. 2, der in § 99 VwGO eine Ausnahmeregelung sieht, ohne dies allerdings näher zu begründen. Eine Übertragung auf das Zivilverfahren soll nach OVG Münster vom 22. 6. 1965, DÖV 1965, 859 ebenfalls nicht möglich sein.
[44] BVerwGE 8, 324.
[45] Vogel, NJW 1959, 1938; ebenso: Kriegler, S. 32.
[46] Ebenso: Witten, NJW 1961, 757 f.

134 D. Die Wirkung der Weigerungserklärung auf das Strafverfahren

Natur[47]. Regelungen wie Art. 20 des Bayerischen Beamtengesetzes von 1946 und Art. 23 des Beamtengesetzes für Württemberg-Baden von 1946[48], wonach der Beamte auch ohne Genehmigung seiner Vorgesetzten vor Gericht auf dessen Verlangen aussagen mußte, blieben Einzelfälle. Eine ausdrückliche Nachprüfungsbefugnis wird nach den neueren Beamtengesetzen auch in diesen Ländern den Gerichten nicht mehr zugestanden.

Für eine eigene Entscheidungskompetenz des Strafgerichts spricht schließlich besonders, daß es näher liegt, dem Richter, der sich ohnehin mit dem Gegenstand befaßt, selbst die Entscheidung zu übertragen, als daß ein Gericht ein anderes anruft (Kompetenz kraft Sachzusammenhangs). Die Nachprüfung selbst erstreckt sich dabei auf die formelle wie materielle Seite der Ablehnungserklärung. Das bedeutet vor allem, daß nachgeprüft werden kann, ob das erklärende Organ nach außen zur Abgabe der Verweigerungserklärung zuständig war. Die materiellrechtliche Nachprüfung ist allerdings beschränkt. Die verweigernde Behörde muß nicht nachweisen, daß eine Vorlegung schwere Nachteile für das Staatswohl zur Folge hätte, denn damit würde gerade doch eine genaue Aufzählung der Gründe erforderlich, die die Behörde zu ihrer Entscheidung bewogen.

Vielmehr wird man, ähnlich wie im Verwaltungsprozeß, die Behörde nur für verpflichtet ansehen können, durch die Angabe der Gründe im weiteren Umfang glaubhaft zu machen, daß eine Verweigerung zu Recht erfolgte.

II. Kann aber das Strafgericht selbst nachprüfen, ob die Verweigerungsgründe glaubhaft gemacht sind bzw. ob derartige Gründe überhaupt eine Zurückhaltung tragen können, so bedeutet dies nicht notwendig, daß gegebenenfalls dann auch durch Beschlagnahme die Herausgabe erzwungen werden kann. So wird zu § 99 Abs. 2 VwGO die Auffassung vertreten, daß Vollstreckungsmaßnahmen nach §§ 167, 168, 172 VwGO nicht erlassen werden können, wenn die Herausgabe ohne Gründe abgelehnt wird, da auch sonst eine Erzwingung der Amtshilfe nicht möglich sei[49].

Auch für den Strafprozeß ist streitig, ob eine zwangsweise Durchsetzung des Beschlusses möglich ist. Die Strafprozeßordnung schweigt.

---

[47] BGH v. 10. 7. 1952, MDR 1952, 659; Vogel, NJW 1959, 1938; Plog-Wiedow, § 62 BBG Anm. 16; Fischbach, § 62 BBG Anm. VI; Krüger, DDB 1957, 24; Woesner, NJW 1961, 536.

[48] BayBeamtengesetz v. 28. 10. 1946, GVBl 1946, 349; Beamtengesetz für Württemberg-Baden (Gesetz Nr. 36), RegBl 1946, 249.

[49] Koehler, § 99 VwGO Anm. VI 8; Redeker-v. Oertzen, § 99 VwGO RN 1; Schunk-de Clerk, § 99 VwGO Anm. 2 c; Mang, BayVBl 1960, 183.
a. A.: Depenbrock, RiA 1962, 194 f.

(E) Rechtsmittel des Gerichts

Insbesondere spricht nicht § 99 StPO (ähnlich § 98 Abs. 4 StPO) für eine Beschlagnahme als mögliches Zwangsmittel gegen Behörden. Zwar ist danach die Beschlagnahme der an den Beschuldigten gerichteten Briefe etc. „auf der Post" zulässig. Dies besagt jedoch nur soviel, daß die betreffenden Sendungen auf der Post festgehalten werden dürfen, was aber nicht durch richterliche oder staatsanwaltschaftliche Vollzugsorgane geschieht, sondern nach Ersuchen im Wege der Amtshilfe durch die Post selbst. Das Gericht erhält durch § 99 StPO keine Weisungsbefugnis oder Zwangsgewalt gegenüber der Post[50].

Auch eine höchstrichterliche Rechtsprechung zur Frage der Beschlagnahmemöglichkeit fehlt. Die Meinungen im Schrifttum sind geteilt. Dabei hat sich nach zwei Entscheidungen des Landgerichts Bremen[51] und des Landgerichts Hannover[52] die Wissenschaft der Frage intensiver zugewendet. Das Landgericht Bremen bejahte das Beschlagnahmerecht des Gerichts, wenn keine Erklärung der obersten Dienstbehörde abgegeben wurde, während das Landgericht Hannover dem Gericht auch bei unberechtigter Verweigerungserklärung das Beschlagnahmerecht einräumte[53].

Beide Entscheidungen beziehen sich auf den engen Zusammenhang von § 96 mit § 94 StPO, wobei das Landgericht Hannover die Zulässigkeit der Beschlagnahme ferner aus einem Umkehrschluß herleitet: § 96 StPO schließe sich an § 95 an, der seinerseits auf § 94 StPO Bezug nehme. § 96 StPO wolle daher nicht nur die Herausgabepflicht, sondern auch das Recht zur Beschlagnahme einschränken, das danach von § 96 mit vorausgesetzt werde.

Düwel[54] schließt daraus, daß ein absolutes Junktim zwischen Editionspflicht und Beschlagnahmerecht bestehe, worauf auch die Überschrift zum 8. Abschnitt der Strafprozeßordnung hinweise: Beschlagnahme und Durchsuchung.

---

[50] Birkmeyer, S. 503; KMR-Müller-Sax, § 100 StPO Anm. 3; LG Freiburg, DRechtsZ 1948, 258; Löwe-Rosenberg, § 100 StPO Anm. II 1.
[51] Vom 22. 9. 1955, NJW 1955, 1850.
[52] Vom 26. 11. 1958, NJW 1959, 351.
[53] Ebenso: Entw. 1920: § 113; Entw. 1936: § 215; Düwel, S. 220 f.; LG Bremen vom 22. 9. 1955, NJW 1955, 1850; LG Hannover vom 26. 11. 1958, NJW 1959, 351 sowie LG Hannover vom 3. 1. 1962 NdsRechtspflege 1962, 40; Dalcke-Fuhrmann-Schäfer, § 96 StPO Anm. 3; Blaeser, S. 20; Beck, DJZ 1913, 1133; Peters, LB S. 378; Vogel, NJW 1959, 1939; KMR-Müller-Sax, § 96 StPO Anm. 1 b; Schwarz-Kleinknecht, § 96 StPO Anm. 3; Kern-Roxin, S. 158.
a. A.: Stratenwerth, JZ 1959, 694; Löwe-Rosenberg, § 96 StPO Anm. 1 a; Messmer, DStRdsch 1956, 315; Lohmeyer, JR 1964, 171 ff.; Niese, S. 140; Gerland, S. 242 Anm. 20 und S. 243; Koeniger, S. 47.
Siehe auch den oben S. 24 Anm. 1 zitierten Fall: Der Spiegel, Heft Nr. 21, vom 19. 5. 1969, S. 58.
[54] Düwel, S. 220 f.

D. Die Wirkung der Weigerungserklärung auf das Strafverfahren

Daß aber Herausgabepflicht und Beschlagnahmebefugnis sich nicht zu entsprechen brauchen, wurde schon oben[55] gezeigt. Auch der Umkehrschluß ist nicht zwingend, daß § 96 StPO nicht nur mit § 94 Abs. 1 in Zusammenhang steht, sondern auch auf § 94 Abs. 2 aufbaut, denn das soll doch gerade erst nachgewiesen werden.

Das Bayerische Oberste Landesgericht[56] lehnte eine Beschlagnahme von Behördenakten deshalb ab, weil diese nicht Gegenstände im Sinne des § 94 Abs. 2 StPO seien. Nach ganz herrschender Meinung ist der Begriff „Gegenstände" in § 94 Abs. 2 StPO jedoch so weit auszulegen, daß alle möglichen als Beweismittel infrage kommenden Sachen darunter fallen, das sind alle körperlichen Sachen: bewegliche Sachen, wie Grundstücke[57].

Im übrigen würde mit einer solchen engen Auslegung das Problem nur beschränkt gelöst, da eine behördliche Hilfe und Herausgabepflicht nicht nur für Akten, sondern auch für alle anderen Gegenstände besteht[58].

Dagegen kann andererseits gegen ein Beschlagnahmerecht nicht eingewandt werden, daß es nach der staatsrechtlichen Vorstellung zur Zeit des Erlasses der Strafprozeßordnung eine „unmögliche Vorstellung" war, daß ein Gericht behördliche Akten beschlagnahmen könne[59]. Denn es gab auch damals bereits Stimmen in der Literatur, die die Beschlagnahme nur für unzulässig hielten, wenn die Erklärung der obersten Dienstbehörde vorlag[60], ja, der kaum 30 Jahre später verfaßte Entwurf von 1908 formulierte den § 92 StPO so, daß eine „Beschlagnahme" nur zulässig war, wenn die Erklärung der obersten Dienstbehörde vorlag. Dabei wurde wie selbstverständlich davon ausgegangen, daß nicht nur eine Herausgabepflicht bestand, sondern daß auch eine Beschlagnahme zulässig war[61].

Bei der Untersuchung, ob ein derartiges gerichtliches Beschlagnahmerecht besteht oder nicht, wird jedoch in der Literatur jeweils nur allgemein von „der Beschlagnahme" gesprochen.

Das aber ist ungenau. Der Begriff der Beschlagnahme ist in der Strafprozeßordnung nämlich in doppeltem Sinn gebraucht: teils wird damit

---

[55] Vgl. S. 39.
[56] V. 21. 8. 1930, DRiZ 1931 II Nr. 130.
[57] KMR-Müller-Sax, § 94 StPO Anm. 1; Löwe-Rosenberg, § 94 StPO Anm. I 2 b; LG Hannover vom 26. 11. 1958, NJW 1959, 351.
[58] Vgl. oben B, (H).
[59] So: Eb. Schmidt, § 96 StPO Anm. 1
[60] Bennecke, S. 257; a. A. allerdings die ganz h. M.: Birkmeyer, S. 500; Holtzendorff, 1. Bd. S. 317; Ullmann, S. 316; Stenglein, § 96 StPO Anm. 5.
[61] Vgl. auch Prot. der Kom. für die Ref. d. StPO, 2. Lesung 73. Sitzung III (Bd. II S. 174); ebenso: Entw. 1920, § 113.

(E) Rechtsmittel des Gerichts

die ausdrückliche richterliche Anordnung bezeichnet (§§ 98 Abs. 1, 100 Abs. 1 und 2 StPO), teils die Anwendung der tatsächlichen Zwangsmittel, um den behördlichen Besitz etc. an der Sache herzustellen (Verstrickungsakt) (§§ 94 Abs. 2, 97 Abs. 1, 98 Abs. 2 und 3 StPO).

Da das Gericht — wie oben gezeigt — selbst nachprüfen kann, ob die Verweigerung rechtswidrig ist, besteht insoweit auch die „Beschlagnahmebefugnis". Entsprechen würde die richterliche „Anordnung" gegenüber Behörden dem Beschluß nach § 99 Abs. 2 VwGO. Gegen ihre Zulässigkeit bestehen keine weiteren Bedenken.

Anders steht es mit der gerichtlichen Beschlagnahmebefugnis, soweit darunter der Vollstreckungsakt verstanden wird. Zwar ist nicht grundsätzlich ausgeschlossen, daß gegen Hoheitsträger Maßnahmen zur Vollstreckung von gerichtlichen Entscheidungen verfügt werden[62]. Im Strafverfahren fehlt es jedoch an einer möglichen Vollstreckungsart. Eine Übertragung von entsprechenden Vorschriften anderer Verfahrensordnungen ist nicht möglich: Soweit sich Vorschriften über die Vollstreckung von Titeln gegen Hoheitsträger in der Verwaltungsgerichtsordnung, in der Finanzgerichtsordnung etc. finden, befassen sich diese entweder mit der Vollstreckung wegen einer Geldforderung. Das scheidet hier sofort aus.

Im übrigen enthält die Verwaltungsgerichtsordnung in § 172 eine Vorschrift zur Vollstreckung von sonstigen Leistungstiteln durch Festsetzung eines Zwangsgeldes.

Schon innerhalb der Verwaltungsgerichtsordnung ist aber streitig, ob Beschlüsse nach § 99 VwGO danach vollstreckbar sind[63]. Die Frage mag aber hier dahinstehen, denn bei § 172 VwGO handelt es sich um ein typischerweise den Verwaltungsgerichten zustehendes Vollstreckungsmittel, das in das Strafverfahren ohne gesetzliche Ergänzung nicht übernommen werden kann. Die Anwendung tatsächlicher Zwangsmittel wie gegenüber Bürgern kommt gegenüber anderen Behörden aber auch nicht in Betracht. Die Behörde hätte zudem immer — worauf Stratenwerth mit Recht hinweist[64] — die Möglichkeit, den gerichtlichen Zugriff praktisch zu verhindern.

Kann aber das Gericht seinen Beschluß, daß die Verweigerung rechtswidrig ist, nicht vollstrecken, so erschöpft sich seine Entscheidung in dieser Feststellung.

---

[62] Vgl.: §§ 167 ff. VwGO; § 882 a ZPO; §§ 151 ff. FinGO.
[63] Für die Vollstreckbarkeit: Depenbrock, RiA 1962, 193.
a. A.: Koehler, § 99 VwGO Anm. VI, 8; Görg-Müller, entsprechend für § 86 FinGO RN 442.
[64] JZ 1959, 694.

138 D. Die Wirkung der Weigerungserklärung auf das Strafverfahren

Die Feststellung der Rechtswidrigkeit der behördlichen Erklärung bleibt damit aber eine stumpfe Waffe. Zwar müßte es sich im Rechtsstaat von selbst verstehen, daß Hoheitsorgane gerichtlichen Entscheidungen entsprechend handeln. Andere Erfahrungen haben jedoch gerade Vorschriften wie die des § 172 VwGO notwendig gemacht[65]. Man verweilt daher auf dem halben Weg rechtsstaatlichen Schutzes, wenn dem Strafgericht nicht die Möglichkeit gegeben wird, seine Entscheidung auch zu vollstrecken[66].

Sich damit zu begnügen, daß nach einer Gegenvorstellung auf Regierungsebene der Justizminister und der jeweilige Ressortminister eine Lösung finden werden, hieße, die Unabhängigkeit der Gerichte grundlos zu beschränken; denn ihre Aufgabe ist es, in eigener Zuständigkeit die Wahrheit zu erforschen, dafür alle in Frage kommenden Beweismittel beizuziehen und dies nicht politischen Instanzen zu überlassen.

Es bedarf jedoch keiner Einrichtung einer besonderen unparteiischen zentralen Staatsbehörde, die zu entscheiden hat, welches der widerstreitenden Interessen im gegebenen Fall das wichtigere ist[67], denn ähnlich wie bei einem Kompetenzkonflikt kann man die Entscheidung dem Gericht überlassen, dem die Sache vorliegt. Es fehlt hier lediglich an einer Vollstreckungsmöglichkeit.

Die Aufnahme einer entsprechenden Regelung in die Strafprozeßordnung, wie hier in der VwGO §§ 167, 172 geschehen ist, genügt vielmehr.

(F) Rechtsmittel der Staatsanwaltschaft und des Angeklagten gegen die rechtswidrige Verweigerungserklärung

I. Wurden in der Hauptverhandlung behördliche Akten fehlerhaft nicht herangezogen, so können sich Rechtsmittel der Staatsanwaltschaft einmal richten gegen das fehlerhafte Verhalten des Gerichts: Ein Beweisantrag der Staatsanwaltschaft wurde ohne hinreichende Begründung abgelehnt, oder das Gericht hat nicht, oder nicht mit dem erforderlichen Nachdruck, auf der Vorlage bestanden. Dabei bleibt zu beachten, daß ein Antrag auf Beiziehung von ganzen Akten unter Um-

---

[65] Vgl. dazu: die amtl. Begr. zu § 172 VwGO.
[66] Eine gesetzliche Regelung halten gleichfalls für notwendig, ohne daß jedoch nähere Vorschläge gemacht werden: Stratenwerth, a.a.O.; Löwe-Rosenberg, § 96 StPO Anm. 5 e.
[67] So: der Vorschlag von Beling, Beweisverbote S. 36. Düwel S. 239 und Becker in Anm. zu BVerfG vom 15. 1. 1970, NJW 1970, 1075 schlagen eine entsprechende Ergänzung der §§ 156 GVG vor, was den Vorteil hätte, daß die Rechtskontrolle innerhalb eines Landes bei einem nicht unmittelbar mit der Sache befaßten Gericht konzentriert würde (§ 159 GVG).

ständen kein ordnungsgemäßer Beweisantrag ist. Vielmehr sind im Regelfall die beweiserheblichen Urkunden aus den Akten zu benennen[68]. In diesem Fall ist ein Rechtsmittel, Berufung oder Revision, gegen das Urteil möglich, weil das Gericht seine Aufklärungspflicht verletzt hat[69].

Innerhalb dieser Untersuchung interessiert jedoch mehr die Frage, welche Rechtsmittel oder sonstigen Möglichkeiten der Staatsanwaltschaft zustehen, wenn die Behörde rechtswidrig sich weigert, dem Gericht auf dessen Ersuchen die Akten auszuliefern.

Die Staatsanwaltschaft kann für ihre Ermittlungstätigkeit selbst Akten anderer Behörden anfordern. Dabei ist streitig, ob sich dies aus § 161 StPO ergibt oder aus anderen öffentlich-rechtlichen Bestimmungen (Art. 35 GG etc.) und ob die Staatsanwaltschaft gegebenenfalls die Vorlage klagweise erzwingen kann.

Mit diesen Fragen haben sich die Gerichte besonders im Zusammenhang mit einer Klage beschäftigt, auf Grund deren die Staatsanwaltschaft von der Oberfinanzdirektion Auskunft über den Namen eines Denunzianten begehrte; dazu ergingen nicht weniger als vier veröffentlichte Entscheidungen[70] sowie die im GeneralAnz. v. 28./29. 8. 1965 veröffentlichte Zuschrift des Bundesministerium der Finanzen[71].

Dabei war man nach anfänglich widersprüchlichen Entscheidungen zu dem Ergebnis gelangt, daß die Verwaltungsgerichte für eine Klage der Staatsanwaltschaft nicht zuständig sind, denn mit einer Entscheidung über die Zulässigkeit und Durchsetzbarkeit staatsanwaltschaftlicher Ermittlungsmaßnahmen würden sie auf den Ablauf eines Strafverfahrens einwirken, für das aber die ordentlichen Gerichte zuständig sind.

Dem kann nur voll zugestimmt werden; denn solange nicht die Sache in die gerichtliche Zuständigkeit übergegangen ist, indem die Voruntersuchung bzw. das Hauptverfahren eröffnet wurde, kann die Staatsanwaltschaft nach § 162 StPO beantragen (später durch entsprechenden Beweisantrag), daß durch richterliche Untersuchungshandlung die notwendigen Schritte auf Aktenvorlegung unternommen werden. Im Verfahren selbst aber kann die Staatsanwaltschaft durch einen entsprechenden Beweisantrag auf Beiziehung der Akten durch das Gericht hinwirken.

---

[68] BGHSt 6, 128.
[69] RGSt 72, 275; Löwe-Rosenberg, § 244 StPO Anm. 12, 39. m. w. Nachw.; Simader, S. 190 ff.
[70] LVG Köln v. 22. 2. 1957, GA 1957, 251 m. Anm. Linke; OVG Münster v. 18. 12. 1957, JZ 1958, 754 m. Anm. Rupp; BVerwG v. 29. 5. 1959, JZ 1960, 65 m. Anm. Rupp; LG Bonn v. 24. 5. 1965, JZ 1966, 33 m. Anm. Rupp.
[71] Vgl. auch: KMR-Müller-Sax, § 161 StPO Anm. 2 a; Kohlhaas, JR 1957, 43; Düwel, S. 186; Witten, NJW 1961, 757.

D. Die Wirkung der Weigerungserklärung auf das Strafverfahren

Legt dann die Behörde die Akten dem Gericht nicht vor, so wird dadurch nur das Gericht, nicht aber die Staatsanwaltschaft in ihren Rechten auf Erfüllung der Amtshilfe verletzt.

Soweit sich die Weigerung der Behörde auf die Stellung der Staatsanwaltschaft als mit der Strafverfolgung betrautes Staatsorgan auswirkt, bleibt diese beschränkt auf das Rechtsmittel gegen das Urteil, wenn das Gericht nicht hinreichend auf die Behörde eingewirkt hat, daß die Verweigerung rechtswidrig ist.

Das stimmt auch mit unserem obigen Ergebnis überein, wonach das Gericht selbst gleichfalls nicht vor dem Verwaltungsgericht klagen kann, sondern nur auf die eigene Feststellung der Rechtswidrigkeit beschränkt ist.

II. Auch dem Angeklagten, Nebenkläger oder Privatkläger vermittelt das Recht des Gerichts auf Amtshilfe kein eigenes materielles Recht. Allerdings erhalten diese Beteiligten durch die erfolgte Vorlage notwendig ein eigenes Einsichtsrecht, was jedoch lediglich einen Rechtsreflex darstellt; denn dieses Einsichtsrecht ist lediglich Ausfluß des allgemeinen Rechts auf Gehör und damit Ausfluß ihrer prozessualen Stellung, wonach Urteilsgrundlage nur sein darf, was ihnen bekanntgegeben und wozu Einsichtsmöglichkeit gegeben wurde (Art. 103 Abs. 1 GG). Sie können aber den Antrag stellen, daß das Gericht durch Beschluß im Prozeß feststellt, daß die Verweigerung rechtswidrig ist.

Unabhängig davon bleibt, ob die Beteiligten ein eigenes materielles Recht auf Vorlage von Beweismitteln haben (vgl. z. B. das Recht des Beamten auf Akteneinsicht in seine Personalakten, soweit diese als Beweismittel in Betracht kommen; ähnlich: Steuerakten), das durch selbständige verwaltungsgerichtliche Klage geltend gemacht werden kann[72]. Ein allgemeines, auf gesetzlichen Vorschriften beruhendes Vorlage- und Einsichtsrecht in Behördenakten oder gar Auslieferung außerhalb eines Rechtsstreits gibt es für Privatpersonen jedoch nicht. Vielmehr bleibt die Akteneinsicht etc. in der Regel dem pflichtgemäßen Ermessen der Behörde überlassen[73].

Eine andere Beurteilung ergibt sich für den Angeklagten jedoch aus seiner Stellung im Prozeß; denn ihm droht Gefahr für Freiheit, Vermögen und Ehre. Daraus kann sich unter Heranziehung von Grundrechtsartikeln ein unmittelbarer Anspruch auf Aktenvorlage ergeben,

---

[72] Schunk-de-Clerk, § 99 VwGO Anm. 4; Koehler, NJW 1956, 1462.
[73] Vgl. die Zusammenstellung der Literatur zu dieser Frage: Perschel, JuS 1966, 233 Anm. 21—30; sowie Wolff, 1. Bd. S. 257; ders. 3. Bd. S. 242.

(F) Rechtsmittel der Staatsanwaltschaft und des Angeklagten

insbesondere, wenn er sich anders nicht gegen den Angriff auf seine Rechte wehren kann[74].

Und ähnliches gilt auch für den Privatkläger, nachdem die Staatsanwaltschaft mangels öffentlichen Interesses an der Strafverfolgung auf den Privatklageweg verwiesen hat. Ist der Privatkläger gerade auf die Einsicht angewiesen, um das Strafverfahren durchführen zu können, so wird man ihm grundsätzlich auch ein Recht auf Akteneinsicht gewähren müssen[75].

Dieses Einsichtsrecht in behördliche Akten kann auch vermittels verwaltungsgerichtlicher Klage durchgesetzt werden[76]; denn es hängt mit dem Strafverfahren nur insofern zusammen, als die sonst im Ermessen liegende Einsichtsgewährung durch Ermessensschrumpfung der angegangenen Behörde keine weitere Wahl mehr läßt.

Das Einsichtsrecht steht daher völlig unabhängig neben der Pflicht anderer Behörden, dem Gericht ihre Akten zugänglich zu machen.

III. Im Ergebnis bedeutet das, daß weder die Staatsanwaltschaft noch der Angeklagte etc. durch die Verweigerung der Aktenvorlage vor Gericht nach dessen Ersuchen in ihren Rechten verletzt werden, denn der Amtshilfeanspruch steht allein dem Gericht zu.

Die genannten Prozeßbeteiligten bleiben vielmehr darauf angewiesen, Rechtsmittel gegen das Urteil einzulegen, wenn das Gericht versäumt hat, mit entsprechendem Nachdruck auf die Aktenvorlage hinzuwirken. Soweit der Angeklagte oder Privatkläger zudem in ihrem eigenen — sich aus ihrer besonderen prozeßrechtlichen Stellung ergebenden — materiellen Recht auf Aktenvorlage verletzt sind, können sie vermittels verwaltungsgerichtlicher Klage die entsprechende Vorlage durchsetzen.

---

[74] Vgl. ähnlich für die Benennung eines Denunzianten: BVerwG vom 30. 4. 1965, DVBl 1965, 647 mit Bespr. Perschel, JuS 1966, 231 ff. In seinem Urt. vom 2. 12. 1969 (abgedr. in DÖV 1970, 496) hat das BVerwG aus den entsprechenden Vorschriften der Richter- und Beamtengesetze ein Recht des Angeklagten auf Erteilung der Aussagegenehmigung für den als Zeugen benannten Richter hergeleitet. Maßgebend ist aber für ein derartiges materielles Recht des Angeklagten seine prozessuale Stellung, wie sie auch in dem vom Urteil angeführten § 220 Abs. 1 i.V. m. § 38 StPO zum Ausdruck kommt.

[75] Dagtoglou in Anm. zu HessVGH vom 23. 7. 1964, JZ 1965, 319. Ähnlich hat das BVerwG in einem jüngst veröffentlichten Urt. vom 2. 12. 1969 (abgedr. in DÖV 1970, 296) auf eine Klage auf Erteilung der Aussagegenehmigung für zwei als Zeugen benannte Richter einem Privatkläger nur wegen in diesem Einzelfall fehlenden Rechtsschutzinteresses die Klageabweisung bestätigt. Grundsätzlich wurde aber ein Recht des Privatklägers auf Erteilung der Aussagegenehmigung anerkannt.

[76] Vgl. die bei Perschel, JuS 1966, 232 genannten Fälle.

Zusammenfassung der Ergebnisse

1. Im römischen Strafprozeß waren amtliche Akten als Beweismittel anerkannt; der zuständige Richter konnte deren Vorlage zur Erforschung der Wahrheit verlangen.

2. Im älteren deutschen Recht wurden Urkunden dagegen nicht als selbständiges Beweismittel angesehen. In einem Staat mit geringer Zahl von Behörden bildete die Frage der gegenseitigen behördlichen Hilfe zudem nur ein unbedeutendes Problem.

3. Mit dem Zugeständnis an den Richter, daß er die Beweise frei würdigen konnte, und der gleichzeitig stark wachsenden Zahl der Behörden bekam die Frage nach der behördlichen Aktenvorlagepflicht Bedeutung. Verschiedene partikulare Strafprozeßordnungen des 19. Jahrhunderts enthielten demzufolge auch bereits Bestimmungen über die Vorlage von Behördenakten.

4. Die Reformentwürfe zur Strafprozeßordnung aus den Jahren 1908, 1920 und 1936 sahen eine Erstreckung der Vorlagepflicht auf alle Gegenstände vor, die sich im Gewahrsam einer Behörde oder auch einer gesetzgebenden Versammlung befanden. § 96 StPO der gültigen Strafprozeßordnung enthält demgegenüber nur eine behördliche Vorlagepflicht für Akten und Schriftstücke.

5. Das Ersuchen des Gerichts an eine Behörde um Vorlage ihrer Akten und die Entscheidung der ersuchten Behörde haben eine prozessuale und eine materiell-rechtliche Seite, die beide miteinander verknüpft sind. Sie sind doppelfunktionelle Prozeßhandlungen.

6. Die Pflicht von Privatpersonen zur Herausgabe von Beweismitteln ist allgemeine Gerichtspflicht und entspricht der Zeugnispflicht, die Pflicht der Behörden zur Vorlage ihrer Akten vor Gericht ist Ausfluß der allgemeinen Amtshilfepflicht, wie sie Art. 35 GG verankert. § 96 StPO ist ebenso wie § 99 VwGO, § 86 FinGO, § 119 SGG eine Bestimmung, die die Rahmenvorschrift des Art. 35 GG näher umreißt. § 96 StPO ist daher keine Vorschrift, die sich folgerichtig an die §§ 94 ff. StPO anschließt.

7. § 96 StPO hat auch prozessuale Bedeutung: Die Untersuchungspflicht des Gerichts wird auch auf Behördenakten erstreckt.

8. Für landesrechtliche Bestimmungen, wie sie § 168 GVG vorsieht, bleibt kein Raum mehr, soweit sie den Umfang der behördlichen Vorlagepflicht betreffen.

9. Landesrechtliche Vorschriften können dagegen bestimmen, ob die Originalurkunde dem Gericht übersandt oder ob lediglich Abschrift erteilt wird. Das Original kann dann nur bei der ersuchten Behörde eingesehen werden.

10. Zur Amtshilfe, und damit zur Aktenvorlage vor Gericht, sind alle deutschen Behörden, gleichgültig ob sie ihren Sitz innerhalb oder außerhalb des Geltungsbereichs des Grundgesetzes haben, verpflichtet.

11. Wer herausgabepflichtige Behörde i. S. d. Art. 35 GG ist, läßt sich nur aus dem Sinn und Zweck dieser Vorschrift ermitteln. Der Begriff der Behörde ist danach weit auszulegen. Amtshilfepflichtig sind die Organe aller juristischer Personen des öffentlichen Rechts, mit Ausnahme der Kirchen.

12. Akten sind auch dann herauszugeben, wenn sie sich auf die in privatrechtlicher Form durchgeführte Leistungsverwaltung oder auf Hilfsgeschäfte der öffentlichen Hand beziehen. Soweit jedoch der Leistungsträger privatrechtlich organisiert ist, besteht keine Pflicht zur Amtshilfe, es besteht dann die allgemeine Pflicht zur Herausgabe nach §§ 94 ff. StPO.

13. Eine Herausgabepflicht von gesetzgebenden Versammlungen und deren Ausschüsse ergibt sich aus der entsprechenden Anwendung des Art. 35 GG.

14. Zur Herausgabe der Akten ist die Behörde zuständig, die berechtigt ist, über die Akten zu verfügen. Das ist in der Regel die Behörde, die die Akten angelegt hat.

15. Die unzuständige Behörde hat das an sie ergangene Ersuchen daher an die zuständige Behörde weiterzureichen. Sie ist nicht berechtigt, ohne deren Zustimmung die Akten dem Gericht vorzulegen.

16. Die Herausgabepflicht beschränkt sich nicht auf die in § 96 StPO genannten Schriftstücke und Akten, sondern umfaßt nach Art. 35 GG alle Gegenstände.

17. § 96 StPO läßt sich zur Abgrenzung der Herausgabepflicht für andere Gegenstände entsprechend heranziehen.

18. Die Pflicht zur Amtshilfe ist grundsätzlich unbeschränkt. Beschränkungen, soweit sie nicht im Einzelfall gesetzlich geregelt sind, ergeben sich nur aus allgemeinen Rechtsgrundsätzen: die ersuchte Behörde darf insbesondere durch die ersuchte Handlung nicht im Verfolg ihrer Aufgaben gehindert werden.

Zusammenfassung der Ergebnisse

19. Die prozessuale Unzulässigkeit von Untersuchungshandlungen berechtigt die ersuchte Behörde grundsätzlich nicht zur Verweigerung der Aktenvorlage.

20. Die ersuchte Behörde ist nicht berechtigt, Schriftstücke, die sie für das Strafverfahren für unerheblich hält, auszusondern, wenn um Vorlage einer bestimmten Akte ersucht wurde. Das Gericht hat aber die Pflicht, die begehrten Schriftstücke genau zu bezeichnen und zu erwägen, ob ihre Vorlage wirklich notwendig ist.

21. Die ersuchte Behörde erhält, wenn sie zu einem anderen Haushaltsbereich als das ersuchende Gericht gehört, ihre Auslagen erstattet; sie hat jedoch keinen Anspruch auf Gebühren oder sonstigen Aufwendungsersatz.

22. Die Beschränkung der behördlichen Aktenvorlagepflicht ist im Zusammenhang zu sehen mit der Genehmigung zur Aussage für Richter, Beamte usw. und der Erteilung einer behördlichen Auskunft. Um sich gegenseitig sinngemäß zu ergänzen, sind die Grenzen einheitlich auszulegen.

23. „Das Wohl des Bundes oder eines deutschen Landes" in § 96 StPO ist ein unbestimmter Rechtsbegriff, der gleich auszulegen ist wie die in § 62 BBG, § 39 BRRG genannten Grenzen der Verweigerung der Aussagegenehmigung für Richter, Beamte usw.

24. Ob die ersuchte Behörde trotz der Möglichkeit, daß Nachteil für das Wohl des Bundes oder eines deutschen Landes eintritt, vorlegen will, steht in ihrem Ermessen. Maßstab ist, ob nicht das gerichtliche Aufklärungsinteresse der Geheimhaltung vorgehen muß (Prinzip der Güter- und Pflichtenabwägung).

25. § 96 StPO bildet eine abschließende Regelung nur, soweit es um öffentliche Geheimhaltungsinteressen geht.

26. Die Gefährdung des Wohles des Bundes oder eines deutschen Landes i. S. d. § 96 StPO kann sich sowohl auf den Außenbereich (Staatsgeheimnisse) wie auf den Innenbereich (Verwaltungsgeheimnisse etc.) des Staates beziehen.

27. Auch fiskalische Nachteile können zur Verweigerung der Vorlage genügen, wenn diese bedeutend sind, die Strafsache dagegen bagatellartigen Charakter hat.

28. Öffentliches und privates Geheimhaltungsinteresse können zusammentreffen. Im Einzelfall ist zu untersuchen, ob sie beide rechtlichen Schutz genießen, oder ob lediglich der rechtliche Schutz des einen sich auf das andere begünstigend auswirkt.

Zusammenfassung der Ergebnisse

29. Private Geheimnisse können und dürfen von der ersuchten Behörde nur berücksichtigt werden, wenn sie verfassungsrechtlich geschützt sind.

30. Verfassungsrechtlich geschützt sind insbesondere durch Art. 2 Abs. 1 GG ein enger Bereich der Privatsphäre, durch Art. 4 GG die Bekenntnisfreiheit und durch Art. 10 GG das Postgeheimnis.

31. § 96 StPO und der verfassungsrechtliche Schutz von Privatgeheimnissen erstreckt sich auch auf private, bei einer Behörde hinterlegte Schriftstücke und Akten.

32. Eine Vorlage unter der Bedingung der vertraulichen Benutzung ist unzulässig, denn Urteilsgrundlage können nur solche Akten sein, die Gegenstand der Beweisaufnahme waren.

33. Die Verweigerungserklärung kann auch noch nach Vorlage abgegeben werden, wenn der Akteninhalt noch nicht bekannt gegeben wurde.

34. Die für die Abgabe der Verweigerungserklärung zuständige oberste Dienstbehörde ist die oberste Fachaufsichtsbehörde. Soweit Behörden keiner Fachaufsicht unterliegen, entscheiden sie in eigener Zuständigkeit.

35. Gesetzgebende Körperschaften entscheiden gleichfalls selbst oder vertreten durch ihren Präsidenten, ob die Vorlage der Akten möglich ist.

36. Die Verweigerungserklärung der obersten Dienstbehörde enthält kein Verwertungsverbot. Wenn daher die Akten versehentlich in der Beweisaufnahme verlesen wurden, so ist auch ihre Verwertung möglich.

37. Der behauptete Akteninhalt ist bei Vorlageverweigerung zugunsten des Angeklagten als wahr zu unterstellen, spräche er zum Nachteil des Angeklagten, ist zu unterstellen, daß die Akten nicht den behaupteten Inhalt haben.

38. Die Verweigerungserklärung unterliegt selbst der Beweiswürdigung.

39. Das Gericht hat, wenn die Vorlage erfolgte, nur bei Staatsgeheimnissen, verfassungsrechtlich geschützten Privatgeheimnissen und sonstigen kraft zwingender Vorschrift geschützten Geheimnissen die Möglichkeit, die Verwertung zu verhindern. Soweit aber die Vorlage im Ermessen der vorlegenden Behörde stand, besteht keine Nachprüfungsmöglichkeit.

40. Die ersuchte Behörde und deren oberste Dienstbehörde brauchen keine konkreten Angaben über die Verweigerungsgründe zu machen.

41. Das Gericht hat die Möglichkeit, durch Gegenvorstellung und Dienstaufsichtsbeschwerde gegen die Verweigerung der Vorlage vorzugehen.

42. Darüber hinaus kann das Gericht durch Beschluß feststellen, daß die Verweigerung rechtswidrig ist. Nur insoweit ist eine „Beschlagnahme" von Behördenakten möglich. Der Beschluß ist jedoch nicht vollstreckbar. Auch eine entsprechende Anwendung des § 172 VwGO scheidet aus. Die Aufnahme einer solchen Vorschrift in die Strafprozeßordnung empfiehlt sich jedoch.

43. Die Staatsanwaltschaft hat keine Möglichkeit, unmittelbar gegen die Verweigerung der Amtshilfe gegenüber dem Gericht vorzugehen. Ihr bleibt, wie dem Angeklagten, dem Nebenkläger und dem Privatkläger nur die Berufung bzw. die Revision gegen das strafgerichtliche Urteil, wenn das Strafgericht nicht alles versuchte, um die Vorlegung der Akten zu erreichen.

44. Daneben kann dem Angeklagten, dem Nebenkläger und dem Privatkläger ein eigenes Recht auf Akteneinsicht zustehen, was vermittels verwaltungsgerichtlicher Klage durchgesetzt werden kann.

Literaturverzeichnis

Wurden von einem Verfasser mehrere Werke herangezogen, so sind sie nach dem in diesem Verzeichnis enthaltenen Titelschlagwort oder nach der Fundstelle zitiert. Bei verschiedenen Auflagen ist, sofern nicht anders vermerkt, jeweils die neueste hier aufgeführte gemeint.

Alsberg-Nüse: Der Beweisantrag im Strafprozeß, 3. Aufl., Köln 1967

Altenhain, Gustav A.: Die Rechtsprechung der Strafsenate zum Rechtsschutz gegen Justizverwaltungsakte auf dem Gebiet des Strafrechts, in DRiZ 1964, 297 ff.

Anschütz, Gerhard: Die Verfassung des deutschen Reiches vom 11. 8. 1919, 14. Aufl., Berlin 1932

Arndt, Adolf: Umwelt und Recht — Rechtliches Gehör (Art. 103 GG) und Zeugnis vom Hörensagen — in NJW 1963, 432

— Umwelt und Recht — Das Tonband als Aktenbestandteil (§ 147 StPO), in NJW 1966, 2204

Arnold, Hans: Behördenakten als Beweismittel im Zivilprozeß, in NJW 1953, 1283 ff.

Aschrott, Paul, Felix: Der Entwurf einer Strafprozeßordnung und Novelle zum Gerichtsverfassungsgesetz (Beiträge zur Reform des Strafprozesses), Berlin 1908

Bachof, Otto: Beurteilungsspielraum, Ermessen und unbestimmter Rechtsbegriff im Verwaltungsrecht, in JZ 1955, 97 ff.

— Verfassungsrecht, Verwaltungsrecht, Verfahrensrecht in der Rechtsprechung des Bundesverwaltungsgerichts, 2. Aufl., Tübingen 1964

Bank, B.: Personalakten eines unbeteiligten Beamten und Beamtenbefangenheit im Verwaltungsprozeß, in RiA 1965, 61

Baring, M.: Die Ablehnung der Aussagegenehmigung, in ZBR 1956, 35 ff., 71 ff.

Baumbach-Lauterbach: Zivilprozeßordnung mit Gerichtsverfassungsgesetz und anderen Nebengesetzen, 29. Aufl., München - Berlin 1966

Baumbach-Hefermehl: Wettbewerbs- und Warenzeichenrecht, Bd. I, 9. Aufl., München - Berlin 1967

Baumgärtel, Gottfried: Wesen und Begriff der Prozeßhandlung einer Partei im Zivilprozeß, Berlin - Frankfurt 1957

Beck: Die Verpflichtung der Notare zur Herausgabe notarieller Urkunden im Strafprozeß, in DJZ 1913, Sp. 1133

Becker-Riewald-Koch: Reichsabgabenordnung mit Nebengesetzen, Kommentar, 9. Aufl., Köln 1966

Beling, Ernst: Die Beweisverbote als Grenzen der Wahrheitserforschung im Strafprozeß, Strafr. Abhandl. Heft 46, 1903 (zitiert: Beweisverbote)
— Deutsches Reichsstrafprozeßrecht mit Einschluß des Strafgerichtsverfassungsrechts, Berlin - Leipzig 1928 (zitiert: LB)

Bennecke, Hans: Lehrbuch des deutschen Reichs-Strafprozeßrechts, Breslau 1895

Bennecke-Beling: Lehrbuch des deutschen Reichs-Strafprozeßrechts, 2. Aufl., Breslau 1900

Berg, Klaus: Grenzen der Amtshilfe zwischen den Bundesländern. Zugleich ein Beitrag zu den Schranken der Vollstreckbarkeit von Pressebeschlagnahmeanordnungen im Bundesstaat, Diss. jur. Frankfurt 1967

Bernard-Hoffmann: Landesbeamtengesetz für Baden-Württemberg, Kommentar, Wiesbaden 1964

Beuter, Rudi: Das Steuergeheimnis im Strafverfahren, Kriminalistik 1964, 308

Binding, Karl: Grundriß des deutschen Strafprozeßrechts, 5. Aufl., Leipzig 1904

Birkmeyer, Karl: Deutsches Strafprozeßrecht mit eingehender Bezugnahme auf die preußischen und bayerischen Ausführungsbestimmungen und unter Berücksichtigung des österreichischen Strafprozeßrechtes, Berlin 1898

Birkner, Erwin: Die Amtshilfe der Gemeinden und ihre kostenrechtliche Behandlung, in BayBgm 1962, 8

Blaeser, Wolfgang: Die Beiziehung und Verwertung von Behördenakten durch das Bundesverfassungsgericht, Diss jur. Frankfurt 1966

Bochalli, Alfred: Bundesbeamtengesetz, Kommentar, 2. Aufl., München 1958

Bockelmann, Paul: Die Unverfolgbarkeit der Abgeordneten nach deutschem Immunitätsrecht, Göttingen 1951
— Öffentlichkeit und Strafrechtspflege, in NJW 1960, 217

Böckenförde, Christoph: Strafverfahren und Wahlgeheimnis, in NJW 1967, 239

Böckenförde, Ernst W.: Die Organisationsgewalt im Bereich der Regierung, Schriften zum öffentlichen Recht, Bd. 18, Berlin 1964

Bonner Kommentar: Kommentar zum Bonner Grundgesetz, Hamburg, Stand Dezember 1967 (zitiert: BK)

Broggini, Gerardo: Judex arbiterve, Köln 1957

Brunner, Heinrich: Deutsche Rechtsgeschichte, 2 Bde., 2. Aufl., bearbeitet von V. Schwerin, Leipzig 1928

Bruns, Rudolf: Der Begriff der Parteiprozeßhandlung, in JZ 1959, 204

Buß, Hugo: Sind juristische Personen des öffentlichen Rechts Behörden?, in DÖV 1959, 293

Consbruch-Möller: Kreditwesengesetz, München - Berlin 1965

Crisolli-Schwarz: Hessisches Beamtengesetz, Kommentar, Loseblattausg. Neuwied, Stand Mai 1968

Czermak, Fritz: Die Behördenakten im Verwaltungsprozeß, in DVBl 1969, 612

Dalcke-Fuhrmann-Schäfer: Strafrecht und Strafverfahren, 37. Aufl., Berlin 1961

Dahm, Georg: Völkerrecht, Bd. I, Stuttgart 1958

Delius, Hans: Handbuch des Rechtshilfeverfahrens, 4. Aufl., Nürnberg und Leipzig 1911

Depenbrock, Johann: Zur Verpflichtung der Behörden, dem Verwaltungsgericht die Akten vorzulegen, in RiA 1962, 193

Dreher, Martin: Die Amtshilfe. Die Problematik der gegenseitigen behördlichen Untersuchungspflicht unter besonderer Berücksichtigung der Situation im Bundesstaat, Göttingen 1959

Dreyer, W.: Beweisaufnahmen in Reichstagswahlprüfungssachen durch preußische Amtsgerichte. in JW 1912, 623

Dürig, G.: Die Personalakten und das Recht auf Akteneinsicht im Bundesbeamtengesetz, in ZBR 1956, 403

Düwel, Peter: Das Amtsgeheimnis, Schriftenreihe der Hochschule Speyer Bd. 23, Berlin 1965

Eckner: Rechts- und Amtshilfe, in ArchPF 1954, 720

Ehmke, Horst: Parlamentarische Untersuchungsausschüsse und Verfassungsschutzämter, in DÖV 1956, 417 ff.

Erbs, Georg: Handkommentar zur Strafprozeßordnung, Frankfurt 1950

Erdsiek, Gerhard: Umwelt und Recht (Persönlichkeitsrecht und behördliche Auskunft), in NJW 1960, 616

Eschenburg, Theodor: Staat und Gesellschaft in Deutschland, München 1963

Eyermann-Fröhler: Verwaltungsgerichtsordnung, Kommentar, 4. Aufl., München - Berlin 1965

Feisenberger, Albert: Strafprozeßordnung und Gerichtsverfassungsgesetz, Berlin - Leipzig 1926

Felmy, H.: Soll das Steuergeheimnis dem öffentlichen Interesse an einer lückenlosen Strafverfolgung geopfert werden?, in FinRdsch 1960, 337

Feneberg-Kreis: Bundeswahlgesetz, Handkommentar, 5. Aufl., München 1965

Feuerbach, Paul Johann A.: Betrachtungen über die Öffentlichkeit und Mündlichkeit der Gerechtigkeitspflege, Bd. I, 1821

Fink, Berthold: Geheimnislüftung in Hessen durch Offenlegung der Prüfungsakten, in NJW 1969, 1239

Fischbach, Oskar: Verschwiegenheitspflicht und Zeugnisverweigerungsrecht, in NDBZ 1956, 203 ff.

— Bundesbeamtengesetz i. d. F. des Gesetzes vom 1. 10. 1961, 3. Aufl., Köln 1964

Forsthoff, Ernst: Der Staat als Auftraggeber. Unter besonderer Berücksichtigung des Bauauftragswesens in res publica. Beiträge zum öffentlichen Recht. Herausgegeben von Professor Dr. Ernst Forsthoff, Band 12, 1963

— Lehrbuch des Verwaltungsrechtes, 9. Aufl., München 1966 I. Band, 8. Aufl., München - Berlin 1961 (zitiert: LB)

Frentzel, Gerhard: Wirtschaftsverfassungsrechtliche Betrachtungen. Zur wirtschaftlichen Betätigung der öffentlichen Hand, in Recht und Staat, Heft 235, Tübingen 1961

Gabrian, Karl: Das Zeugnisverweigerungsrecht der Abgeordneten, Diss jur. Köln 1953

Geib, Gustav: Geschichte des römischen Criminalprozesses bis zum Tode Justinians, Leipzig 1842

Geiger, Willi: Gesetz über das Bundesverfassungsgericht vom 12. 3. 1951, Kommentar, Berlin 1952

Geisler, Rolf: Das Steuergeheimnis im Widerstreit mit anderen Rechtsgütern, Diss. jur., Heidelberg 1968

Gerland, Heinrich: Der Deutsche Strafprozeß. Eine systematische Darstellung, Mannheim - Berlin - Leipzig 1927

Gerner-Decker-Kauffmann: Deutsches Richtergesetz, Köln 1963

Gerth, Erich: Die juristischen Personen des öffentlichen Rechts, ihre Organe und ihre Behörden, in DÖV 1959, 849

Giese-Schunck: Grundgesetz für die Bundesrepublik Deutschland vom 23. Mai 1949, 6. Aufl., Frankfurt 1962, 69

Görg-Müller: Finanzgerichtsordnung, Kommentar, Neuwied 1966

Gönnenwein, Otto: Gemeinderecht, Tübingen 1963

Goldschmidt, James: Der Prozeß als Rechtslage. Eine Kritik des prozessulen Denkens, Berlin 1925

Groß, Rolf: Zum Amtsgeheimnis, in RiA 1966, 81

— Amtshilfeersuchen und absolute Schweigegebote, in RiA 1964, 6

Grünwald, Gerald: Beweisverbote und Verwertungsverbote in Strafverfahren, in JZ 1966, 483

Guradze, Heinz: Die Europäische Menschenrechtskonvention, Kommentar, Berlin - Frankfurt 1968

Habscheid, Walther, J.: Das Persönlichkeitsrecht als Schranke der Wahrheitsfindung im Prozeßrecht, in Gedächtnisschrift Hans Peters, S. 840, Heidelberg - New York 1967

Häberle, Peter: Die Wesensgehaltsgarantie des Art. 19 Abs. 2 Grundgesetz Freiburger Rechts- und Staatswissenschaftliche Abhandlungen, 21. Bd., Karlsruhe 1962 (zitiert: Wesensgehaltsgarantie)

— „Fiskalische" Interessen als „öffentliche" Interessen i. S. d. § 80 Abs. 2 Nr. 4 VwGO, in DVBl 1967, 220

— „Gemeinwohljudikatur" und Bundesverfassungsgericht, in AöR 95. Bd. (1970), S. 86, 260

Hahn, C.: Die gesammelten Materialien zur Strafprozeßordnung und dem Einführungsgesetz zu derselben vom 1. 2. 1877, Erste Abth., 2. Aufl., hrsg. von Eduard Stegemann 3. Bd., Berlin 1885

Halbach, Günter: Die Untersuchungsausschüsse des Bundestages, Diss. jur. Köln 1957

Halstenberg, Friedrich: Das Verfahren der parlamentarischen Untersuchung nach Art. 44 GG unter besonderer Berücksichtigung des Verhältnisses zur Gerichtsbarkeit, Diss. jur. Köln 1957

Hamann, Andreas: Das Grundgesetz für die Bundesrepublik Deutschland vom 23. Mai 1949. Ein Kommentar, 2. Aufl., Berlin 1961

Hartwig, Bernd: Die Begriffe der Rechts- und Amtshilfe und ihre Unterscheidung, Diss. jur., Kiel 1955

Hatschek, Julius: Das Interpellationsrecht im Rahmen der modernen Ministerverantwortlichkeit. Eine rechtsvergleichende Studie, Leipzig 1909

Hefele-Schmidt: Bayerisches Beamtengesetz, Kommentar, Neuwied 1961

Heinitz, Ernst: Die Verwertung von Tagebüchern als Beweismittel im Strafprozeß, in JR 1964, 441

Heldmann: Die Pflicht öffentlicher Behörden und Beamten zur Vorlegung ihrer Urkunden in Zivilprozessen, in ZZP Bd. 42 (1912), 79

Hellwig, Konrad: System des deutschen Zivilprozeßrechts, 2 Bd., Leipzig 1912

Henkel, Heinrich: Strafverfahrensrecht. Ein Lehrbuch, 1. Aufl., Stuttgart-Köln 1953, 2. Aufl. 1968

Hentschel, Siegfried: Die innerstaatliche Rechts- und Amtshilfe, Diss. jur., Göttingen 1957

Hildebrandt-Demmler-Bachmann: Kommentar zum Beamtengesetz für das Land Nordrhein-Westfalen, Berlin, Loseblattausgabe, Stand 2.1.1968

v. Hippel, Fritz: Zur modernen konstruktiven Epoche der „deutschen Prozeßrechtswissenschaft". Gedanken zu Werner Nieses „Doppelfunktionelle Prozeßhandlungen", in ZZP 65 (1952), 424

v. Hippel, R.: Über Grenzen der Beschlagnahme, in ZStW 47 (1927), 523

— Der deutsche Strafprozeß, Lehrbuch, Marburg 1941 (zitiert: LB)

Höppner, Horst-Dieter: Zur verfassungsrechtlichen Gewährleistung des Steuergeheimnisses, in DVBl 1969, 723

v. Holtzendorff, Fr.: Handbuch des Strafprozeßrechts, 2 Bd., Berlin 1879

Hubmann, Heinrich: Das Persönlichkeitsrecht, 2. Aufl., Köln 1967

Hübschmann-Hepp-Spitaler: Kommentar zur Reichsabgabenordnung, Finanzgerichtsordnung und den Nebengesetzen, 1.—5. Aufl., Köln 1966

Jansen, Paul: Freiwillige Gerichtsbarkeit, Hand-Kommentar, Berlin 1959, Ergänzung 1962

Jesch, Dietrich: Unbestimmter Rechtsbegriff und Ermessen in rechtstheoretischer und verfassungsrechtlicher Sicht, in AöR 82, 161 ff.

Jescheck, Hans-Heinrich: Pressefreiheit und militärisches Staatsgeheimnis, Berlin 1964

John, Richard: Strafprozeßordnung für das deutsche Reich nebst Einführungsgesetz, 3 Bände, Erlangen 1884

Josef, Eugen: Streitfragen aus der freiwilligen Gerichtsbarkeit. Teil II: Rechtsbehelfe bei verweigerter Übersendung von Akten, in Zeitschrift für die freiwillige Gerichtsbarkeit und die Gemeindeverwaltung in Württemberg und Jahrbücher der württembergischen Rechtspflege, 69. Jahrgang 1927, S. 243

Kahn, Willy: Die Beschlagnahme nach den §§ 94 ff. Strafprozeßordnung, Diss. jur., Würzburg 1927

Kaser, Max: Das römische Zivilprozeßrecht, München 1966

Kaufmann, Paul: Die Edition von Urkunden, Diss. jur., Freiburg/Schweiz 1951

Kehl-Zeller: Die Gegenseitige Akten-Editionspflicht der Verwaltungsbehörden und der Zivilgerichte im schweizerischen Recht, Zürich 1955

Keidel, Fritz: Freiwillige Gerichtsbarkeit, 9. Aufl., München 1967

Kern-Roxin: Strafverfahrensrecht. Ein Studienbuch, 9. Aufl., München 1969
— Zur Lehre von den Prozeßhandlungen im Strafprozeß, in Festschrift für Lenel, S. 52, Leipzig 1923

Kessler, Uwe: Die Aktenvorlage und Beamtenaussage im parlamentarischen Untersuchungsverfahren. Zum Verhältnis zwischen Parlament und Regierung, in AöR n. F. Bd. 49 (1963), S. 313 ff.

Kienzle, Werner: Die Pflicht der Verwaltungsbehörden zur Vorlage von Akten an Gerichte, in Die Justiz, Amtsblatt des BaWü. Justizministeriums 1955, 257

Kleinknecht, Theodor: Die Beweisverbote im Strafprozeß, in NJW 1966, 1537 ff.

Kleinknecht-Müller-Reitberger: Kommentar zur Strafprozeßordnung und zum Gerichtsverfassungs- und Ordnungswidrigkeitengesetz, 6. Aufl., herausgegeben von Müller-Sax, 2 Bände, Darmstadt 1966 (zitiert: KMR-Müller-Sax)

Klickermann, Hans: Unbeschränkte Aktenvorlagepflicht der Behörden im Verwaltungsgerichtsverfahren, in BaWüVBl 1959, 34

Klinger, Hans: Verwaltungsgerichtsordnung, Kommentar, 2. Aufl., Göttingen 1964

Koch-Hartmann: Das Angestelltenversicherungsgesetz, Kommentar, 2. Aufl., Wiesbaden 1968/69

Koch-Wolter: Das Steuergeheimnis, Köln 1958

Koehler, Alexander: Verwaltungsgerichtsordnung vom 21. 1. 1960, Berlin-Frankfurt 1960

Koeniger, Hans: Die Hauptverhandlung in Strafsachen, Köln - Berlin 1966

Köttgen, Arnold: Die rechtsfähige Verwaltungseinheit, Berlin 1939

Kohlhaas, Max: Zulässigkeit, Brauchbarkeit und Preisgabe vertraulicher Gewährsleute im Strafverfahren, in JR 1957, 41

Kohlrust: Verletzt die Überlassung von Erhebungsunterlagen zur Berechnung des Gewerbe-Steuerausgleichs an andere Behörden das Steuergeheimnis?, in KStZ 1961, 109

Kopacek, Werner: Grenzen des Steuergeheimnisses, in NJW 1964, 854

Kormann, Karl: Beziehungen zwischen Justiz und Verwaltung, in JöR a. F. 7. Bd. S. 1

Kottenberg, Kurt: Gemeindeordnung für das Land Nordrhein-Westfalen, Kommentar, 7. Aufl., Siegburg 1963

Krause, Friedrich Wilhelm: Zum Urkundenbeweis im Strafprozeß, Kieler Rechtswissenschaftliche Abhandlungen Nr. 8, Hamburg 1966

Kreis, Werner: Auskünfte behördlicher Arbeitgeber und Art. 35 GG, in DÖV 1961, 56

Krey, Volker: Zum Begriff des „Wohls der Bundesrepublik Deutschland" in §§ 99 Abs. 1 und 2 StGB, in ZStW Bd. 79 (1967), S. 103 ff.

Kriegler, Wolfgang: Beeinträchtigungen des Rechtsschutzes durch staatliche Geheimhaltungsmaßnahmen unter Ausschluß patentrechtlicher Maßnahmen, Diss. jur., München 1968

v. Kries, August: Lehrbuch des deutschen Strafprozeßrechts, Freiburg 1892

Kröninger, Alois: Amtshilfe, I. Allgemeine Rechtsregeln des Amtshilferechts, II. Amtshilferecht und Sozialversicherungsträger, in Die Sozialversicherung 1968, 257

Krüger, Hildegard: Aktenvorlage und Aussagegenehmigung, in DDB 1957,22

Kühn, Rolf: Abgabenordnung, Finanzgerichtsordnung, 8. Aufl., Stuttgart 1966

Kunze-Schmid: Gemeindeordnung für Baden-Württemberg, Kommentar, 2. Aufl., Stuttgart 1964

Laternser, Hans: Die andere Seite im Auschwitz-Prozeß 1963/65. Reden eines Verteidigers, Stuttgart 1966

Leisner, Walter: Privatinteressen als öffentliches Interesse, in DÖV 1970, 217

Lent-Jauernig: Zivilprozeßrecht. Ein Studienbuch, 14. Aufl., München -Berlin 1969

Lepper, Manfred: Die Aktenvorlage im Verwaltungsprozeß, in DÖV 1962, 813 ff.

— Die staatlichen Archive und ihre Benutzung, in DVBl 1963, 315

Lindenmaier-Möhring: Nachschlagewerk des Bundesgerichtshofs, München, Stand: 25—27/1969 (zitiert: LM)

Löwe-Rosenberg: Die Strafprozeßordnung und das Gerichtsverfassungsgesetz mit Nebengesetzen, Großkommentar, 21. Aufl., 1. Band, Berlin 1963, 2. Band 1965, 2. Nachtrag zur 19. Aufl., bearbeitet von Hartung und Niethammer, 1940

Lohmeyer, Heinz: Beschlagnahme von Fahndungsakten und Steuergeheimnis, in JR 1964, 171

Maassen: Schützt das Steuerrecht Denunzianten?, in ZStWiss 1955, 155

Maetzel, Wolf B.: Beweisverbote zwecks Geheimniswahrung, in DVBl 1966, 665

Mang, Johann: Aktenvorlage und Akteneinsicht im verwaltungsgerichtlichen Verfahren, in BayVBl 1960, 183

v. Mangoldt, Hermann — *Klein*, Friedrich: Das Bonner Grundgesetz, 2. Aufl., Bd. II, Berlin - Frankfurt 1964

Martens, Wolfgang: Öffentlich als Rechtsbegriff, Berlin - Zürich 1969

Mattern, Gerhard: Das Steuergeheimnis, Tübingen 1958

Maunz-Dürig: Grundgesetz, Kommentar, 2. Aufl., Bd. I, München - Berlin 1966

Maunz-Sigloch-Schmidt-Bleibtreu-Klein: Bundesverfassungsgerichtsgesetz mit Nebengesetzen, München - Berlin 1967

Maurach, Reinhart: Deutsches Strafrecht. Besonderer Teil, 5. Aufl., Karlsruhe 1969

Maus, Heinz: Die Beistandspflicht der ordentlichen Gerichte gegenüber den Verwaltungsbehörden und Verwaltungsgerichten, in Annalen des deutschen Reiches 1914 S. 241 ff., 451 ff.

Mayer, Otto: Das Amtsgeheimnis, Diss. jur. 1911

Meikel-Imhof-Riedel: Grundbuchrecht, Kommentar zur Grundbuchordnung, 6. Aufl., Berlin 1965, 1968

Mellwitz, Artur: Sozialgerichtsgesetz nebst ergänzenden Vorschriften, München - Berlin 1956

Menzel, Eberhard: Die Aussagegenehmigung für Beamte und Soldaten vor Gericht. Zur Verwirklichung der Rechtsstaatlichkeit im Verfahrensrecht, in DÖV 1965, 1 ff.

Messmer, Kurt: Das Steuergeheimnis bei Anzeigen Dritter gegen Steuerpflichtige und die Beschlagnahme von Steuerakten im Strafverfahren, in DStRdsch 1956, 315 ff.

Miesbach-Ankenbrank: Sozialgerichtsgesetz einschl. der neuen Kostengesetze, 4. Aufl., Frankfurt 1967

Mittermaier, C. J. A.: Die Lehre vom Beweise im deutschen Strafprozesse nach der Fortbildung durch Gerichtsgebrauch und deutsche Gesetzbücher in Vergleichung mit den Ansichten des englischen und französischen Strafverfahrens, Darmstadt 1834

Mittermaier, Joseph: Theorie des Beweises im Peinlichen Prozesse nach den gemeinen positiven Gesetzen und den Bestimmungen der französischen Criminalgesetzgebung, 1. Teil, Darmstadt 1821

Moll, Rudolf, R.: Die Grundlagen der Amtshilfe, in RiA 1957, 214 ff.

— Das Problem der Amtshilfe, in DVBl 1954, 697

Mommsen, Theodor: Römisches Strafrecht, Graz 1955 (Unveränderter fotomechanischer Nachdruck der 1899 erschienenen Ausgabe)

Mothes: Die Beschlagnahme nach Wesen, Art und Durchführung, Leipzig 1903

Müller, Claus: Weitergabe amtsärztlicher Gutachten an den Dienstherrn, in NJW 1966, 1152 ff.

Müller-Beck: Das Beamtenrecht in Baden-Württemberg, Kommentar, Loseblattsammlung, Stuttgart, Stand: Oktober 1967

Müller-Dietz, Heinz: Die Beschlagnahme von Krankenblättern im Strafverfahren, Diss. jur., Freiburg 1965

Müller-Henneberg-Schwarz: Gesetz gegen Wettbewerbsbeschränkungen und Europäisches Kartellrecht, Gemeinschaftskommentar, 2. Aufl., Köln 1963

v. Münch, Ingo: Zur Offenlegung der Prüfungsakten im ersten und zweiten Staatsexamen, in JuS 1969, 46

Naß: Die drei Arten der Diensthilfe. Ein Beitrag zur Lehre von Justiz und Verwaltung im Dritten Reich, in RVBl Bd. 56, S. 949 ff.

Nebinger, Robert: Verwaltungsrecht, Allgemeiner Teil, 2. Aufl., Stuttgart 1949

Niemann, Heinz: Beistandsleistung zwischen Behörden, Diss. jur., Berlin 1944/45

Niese, Werner: Doppelfunktionelle Prozeßhandlungen. Ein Beitrag zur allgemeinen Prozeßrechtslehre, Göttingen 1950

— Narkoanalyse als doppelfunktionelle Prozeßhandlung, in ZStW 63 (1951), 199

Nipperdey, Hans C.: Freie Entfaltung der Persönlichkeit, in Die Grundrechte, herausgegeben von Bettermann-Nipperdey, Bd. IV/2, S. 741, Berlin 1962

Nüse, Karl-Heinz: Zu den Beweisverboten im Strafprozeß, in JR 1966, 281

Obermayer, Klaus: Verwaltungsakt und innerdienstlicher Rechtsakt, Stuttgart 1956

Papai, Friedrich: Die Wahrung des ärztlichen Berufsgeheimnisses bei der Amtshilfe, in BABl 1962, 1021 ff.

Partsch, Karl Josef: Empfiehlt es sich, Funktionen, Struktur und Verfahren der parlamentarischen Untersuchungsausschüsse grundlegend zu ändern? Gutachten für den 45. deutschen Juristentag, in Verhandlungen des 45. deutschen Juristentages (1964), Bd ... Teil ... S...

Perschel, Wolfgang: Der geheime Behördeninformant, in JuS 1966, 231

Peters, Karl: Strafprozeß. Ein Lehrbuch, 2. Aufl., Karlsruhe 1966 (zitiert: LB)
— Beweisverbote im deutschen Strafverfahren. Gutachten für den 46. deutschen Juristentag, in: Verhandlungen des 46. deutschen Juristentages (1966), Bd. I, Teil 3 A, S. 93 (zitiert: Gutachten)

Pleitner, Karl: Begriff und kostenrechtliche Behandlung der Amtshilfe, in BayVBl 1964, 247 ff.

Plog-Wiedow: Kommentar zum Bundesbeamtengesetz, Loseblattausgabe, Berlin, Stand Mai 1968

Prost, Gerhard: Die Amtshilfe nach Bundesrecht, in DÖV 1956, 80

Puchelt, Ernst Sigismund: Die Strafprozeßordnung für das deutsche Reich, Leipzig 1881

Quaritsch, Helmut: Kirchen und Staat. Verfassungs- und staatstheoretische Probleme der staatskirchenrechtlichen Lehre der Gegenwart, in Der Staat, Bd. 1, 1962, S. 175, 289, erschienen auch in: Staat und Kirchen in der BRD, 1967, S. 265, 311

Radbruch, Gustav: Wahrunterstellung im Strafprozeß, in Die Reichsgerichtspraxis im deutschen Rechtsleben, 5. Bd. (Strafrecht und Strafprozeß), S. 202, Berlin - Leipzig 1929

Rasch, Ernst: Die staatliche Verwaltungsorganisation, Köln 1967
— Die Behörde. Begriff, Rechtsnatur, Errichtung, Einrichtung, in VerwArch 1959 (50), 1

Redeker, Konrad: Verfahrensrechtliche Bindungen der Untersuchungsmaxime im Verwaltungsprozeß, in Staatsbürger und Staatsgewalt, Jubiläumsschrift zum hundertjährigen Bestehen der deutschen Verwaltungsgerichtsbarkeit und zum zehnjährigen Bestehen des Bundesverwaltungsgerichtes, Bd. II, S. 475 ff., Karlsruhe 1963 (zitiert: Staatsbürger und Staatsgewalt)

Redeker-v. Oertzen: Verwaltungsgerichtsordnung, 2. Aufl., Stuttgart 1965

Roeckner-Bluschke: Bundesversorgungsgesetz, Kommentar, Bad-Godesberg 1963

Rosenberg-Schwab: Lehrbuch des deutschen Zivilprozeßrechts, 10. Aufl., München 1969

Rosenthal, Walther: Rechtshilfeverkehr mit der „DDR", in Deutsche Fragen 1968, 4

Rothländer, Albrecht: Die Rechtsfolgen der Aussagegenehmigung, in DDB 1963, 67 ff.

Rüfner, Wolfgang: Formen öffentlicher Verwaltung im Bereich der Wirtschaft, Schriften zum öffentlichen Recht, Bd. 44, Berlin 1967

Rüggeberg, Jörg: Wohl der Allgemeinheit und öffentliche Interessen, in DVBl 1968, 631

Rupp, Hans-Heinrich: Beweisverbote im Strafprozeß in verfassungsrechtlicher Sicht. Gutachten für den 46. deutschen Juristentag, in Verhandlungen des 46. deutschen Juristentages (1966), Bd. I, Teil 3 A, S. 167 (zitiert: Gutachten)

— Wohl der Allgemeinheit und öffentliche Interessen — Bedeutung der Begriffe im Verwaltungsrecht, in: Wohl der Allgemeinheit und öffentliche Interessen, Schriftenreihe der Hochschule Speyer, 39. Bd., Berlin 1968

Ryffel, Hans: Öffentliche Interessen und Gemeinwohl — Reflexionen über Inhalt und Funktion, in: Wohl der Allgemeinheit und öffentliche Interessen, Schriftenreihe der Hochschule Speyer, 39. Bd., Berlin 1968

Sachse-Topka: Niedersächsisches Beamtengesetz, Kommentar, Neuwied 1961, Ergänzungsband 1963

Sarstedt, Werner: Beweisregeln im Strafprozeß, in Berliner Festschrift für Ernst E. Hirsch, S. 171, Berlin 1968

Sauer, Wilhelm: Grundlagen des Prozeßrechts, 2. Aufl., Stuttgart 1929 (zitiert: Grundlagen)

— Grenzen des richterlichen Beweises, in JR 1949, 500

Sax, Walter: Über die Zulässigkeit der prozessualen Verwertung privater Tagebuchaufzeichnungen als Beweismittel. Ein Beitrag zur Bestimmung der „Verletzung" des Rechts auf freie Persönlichkeitsentfaltung nach Art. 2 I GG, in JZ 1965, 1 ff.

Schaeder, Reinhard: Gemeinwohl und öffentliche Interessen im Recht der globalen Wirtschafts- und Finanzplanung, in: Wohl der Allgemeinheit und öffentliche Interessen, Schriftenreihe der Hochschule Speyer, 39. Bd., Berlin 1968

Schafheutle: Beschlagnahme, Durchsuchung, Untersuchung, in Das kommende deutsche Strafverfahren, herausgegeben von Franz Gürtner, Berlin 1938

Scheld, Rudolf: Gerichtliche Ersuchen an oberste Bundes- und Landesbehörden, in DRiZ 1960, 182 f.

Schieckel, Horst: Kindergeldgesetze, Kommentar, München, Stand 1. 2. 1967

Schirmeister, Heinz: Begriff und Umfang innerstaatlicher Amtshilfe, Diss. jur., Göttingen 1935

Schmidt, Eberhard: Lehrkommentar zur Strafprozeßordnung und zum Gerichtsverfassungsgesetz, Teil I, 2. Aufl., Göttingen 1964, Teil II, Göttingen 1957, Nachträge und Ergänzungen zu Teil II Göttingen 1967 (zitiert: Nachtragsband), Teil III, Göttingen 1960

— Die Verletzung der Belehrungspflicht gemäß § 55 II StPO als Revisionsgrund, in JZ 1958, 596

— Deutsches Strafprozeßrecht. Ein Kolleg, Göttingen 1967 (zitiert: Kolleg)

Schmidt, Walther: Wesen und Funktion der dienstlichen Zusammenarbeit unter den Behörden, Diss. jur., Erlangen 1951

Schmidt, W. K.: Rechts- und Amtshilfe, in DJ 1940, 589 f.

Schmidt-Bleibtreu-Klein: Kommentar zum Grundgesetz für die Bundesrepublik Deuschland, Neuwied 1967

Schmidt-Räntsch, Günter: Gegenstand, Sinn und Grenzen des Beratungsgeheimnisses, in JZ 1958, 329

— Deutsches Richtergesetz, Kommentar, München 1962

Schneider, Peter: Pressefreiheit und Staatssicherheit, Mainz 1968

Schnur, Roman: Gemeinwohl und öffentliche Interessen in den Verfassungen und den Gesetzen des sozialen Rechtsstaates, in: Wohl der Allgemeinheit und öffentliche Interessen, Schriftenreihe der Hochschule Speyer, 39. Bd., Berlin 1968

Schönke-Schröder: Strafgesetzbuch, Kommentar, 14. Aufl., München 1969, 12. Aufl., München, Berlin 1965

Schönke-Schröder-Niese: Lehrbuch des Zivilprozeßrechts, 8. Aufl., Karlsruhe 1956

Schoetensack, August: Der Strafprozeß der Carolina, Leipzig 1904

Schorn, Hubert: Der Schutz der Menschenwürde im Strafverfahren, Strafrecht — Strafverfahren — Kriminologie, Band 1, Neuwied - Berlin 1963

Schulz, Georg: Bekanntgabe von V-Leuten an die Staatsanwaltschaft, in GA 1958, 264 ff.

Schunk-de-Clerk: Verwaltungsgerichtsordnung mit ergänzenden Bundesgesetzen und den Ausführungsgesetzen der Länder, Kommentar, 2. Aufl., Siegburg 1967

Schwarz-Dreher: Strafgesetzbuch mit Nebengesetzen und Verordnungen, Kommentar, 30. Aufl., München 1968

Schwarz-Kleinknecht: Strafprozeßordnung, Gerichtsverfassungsgesetz, Nebengesetze und ergänzende Bestimmungen, 28. Aufl., München 1969

Schweitzer: Die Versagung der Aussagegenehmigung, in ZBR 1956, 201

Sczostak, Günter: Zur Problematik der gerichtsfreien Hoheitsakte, in JR 1958, 445

Seifert, Karl-Heinz: Das Bundeswahlgesetz, Bundeswahlordnung und wahlrechtliche Nebengesetze, 2. Aufl., Berlin 1965

Seiler, Robert: Der strafrechtliche Schutz der Geheimsphäre, Grazer Rechts- und Staatswissenschaftliche Studien, Bd. 4, Graz - Köln 1960

Seybold-Hornig: Bundesnotarordnung vom 24. 2. 1961, 4. Aufl., Berlin 1962

Simader, Walter: Die Ablehnung von Beweisanträgen in der Hauptverhandlung, Würzburger Abhandlungen zum deutschen und ausländischen Prozeßrecht, Heft 27, Leipzig 1933

Spangenberg, Ernst: Die Lehre von dem Urkundenbeweise in Bezug auf alte Urkunden, Heidelberg 1827

Spendel, Günter: Beweisverbote im Strafprozeß, in NJW 1966, 1102

Spitaler, Armin: Steuerverleumder und Denunziant in der demokratischen Rechtsordnung, in FinRdsch 1954, 265 ff.

Staege, Friedrich: Zur Aktenvorlagepflicht nach § 99 VwGO, in RiA 1963, 15

Stein-Jonas: Kommentar zur Zivilprozeßordnung, 18. Aufl., Tübingen 1960

Stenglein, M.: Die Strafprozeßordnung für das deutsche Reich vom 1. 2. 1877 nebst dem Gerichtsverfassungsgesetz vom 27. 1. 1877, 3. Aufl., München 1898

Stern, Klaus: Verwaltungsprozessuale Grundprobleme in der öffentlichrechtlichen Arbeit, in JuS 1965, 183 ff.

Stock, Ulrich: Strafprozeßrecht. Ein Grundriß, Tübingen 1952

Stoetter, Karin: Die Rechts- und Amtshilfe in Strafsachen im Verhältnis zur sowjetisch besetzten Zone Deutschlands, Diss. jur., Freiburg 1959

Stratenwerth, Günter: Zur Beschlagnahme von Behördenakten im Strafverfahren, in JZ 1959, 693

Stree, Walter: In dubio pro reo, Tübingen 1962

— Zur Problematik des publizistischen Landesverrats, in JZ 1963, 527

Stübel, Christoph, Carl: Das Criminalverfahren in den deutschen Gerichten mit besonderer Rücksicht auf das Königreich Sachsen, Bd. 5, Leipzig 1811

Tiedemann, Klaus: Strafrecht und Wahlrecht, in NJW 1967, 1013

Thomä, K. E.: Das Auskunftsrecht der Kartellbehörden in den Entwürfen zu einem Gesetz gegen Wettbewerbsbeschränkungen, in BB 1955, 359

Ule, Carl-Hermann: Verwaltungsprozeßrecht. Ein Studienbuch, 4. Aufl., München - Berlin 1966

— Verwaltungsgerichtsbarkeit, 2. Aufl., Köln 1962 (v. Brauchitsch: Verwaltungsgesetze des Bundes und der Länder I, 2) (zitiert nach Paragraphen)

Ullmann, Emanuel: Lehrbuch des deutschen Strafprozeßrechts, München 1893

Voigt, Ingo: Das Recht auf Einsicht in die Akten der Verwaltungsbehörden unter vergleichender Darstellung des Rechts auf Einsicht nach der schwedischen Pressefreiheitsordnung, Diss. jur., Hamburg 1957

Waibel, Wolf-Wilhelm: Die Rechtsprechung auf dem Gebiet des Hochschulrechts seit 1945. Zugleich ein Beitrag zur wissenschaftlichen Bearbeitung des Hochschulrechts, Diss. jur., Freiburg 1965

v. Weber, Hellmuth: Internationale Rechtshilfe zur Beweisaufnahme im Strafverfahren, in Festschrift für H. Mayer, Berlin 1966

Weber, Werner: Die Gegenwartslage des Staatskirchenrechts, in VVdStrL Heft 11 (1954), S. 153

Weimar, Wilhelm: Der Beamte als Zeuge, in RiA 1962, 115

Weiß-Kranz-Niedermaier: Bayerisches Beamtengesetz mit beamtenrechtlichen Nebengesetzen und Vollzugsvorschriften, Handkommentar, Loseblattausgabe, München, Stand Juli 1967

Weustenfeld, Wilfried: Die Bedeutung des „Gemeinwohls" im Rechts- und Staatsdenken der Gegenwart, Diss. jur., Münster 1962

Wieczorek, Bernhard: Zivilprozeßordnung und Nebengesetze, 5 Bde., Berlin 1957

Witten, E.: Die Zulässigkeit des Verwaltungsrechtsweges und die Praktikabilität des Grundgesetzes, in NJW 1961, 753

Woesner, Horst: Rechtsstaatliches Verfahren in Staatsschutzsachen, in NJW 1961, 533

Wolff, Hans J.: Verwaltungsrecht. Ein Studienbuch, 1. Bd., 7. Aufl. 1968, 2. Bd., 2. Aufl. 1967, 3. Bd., 2. Aufl. 1967 München - Berlin

Würtenberger, Thomas: Die geistige Situation der deutschen Strafrechtswissenschaft, Freiburger rechts- und staatswissenschaftliche Abhandlungen, Nr. 7, 2. Aufl., Karlsruhe 1959 (zitiert: Geistige Situation)

— Der Schutz des Berufsgeheimnisses und das Zeugnisverweigerungsrecht des Sozialarbeiters. Ein Beitrag zur Reform des Strafrechts und Strafprozeßrechts, in Gedächtnisschrift Hans Peters, S. 923, Heidelberg - New York 1967 (zitiert: Berufsgeheimnis)

Zachariae, Heinrich A.: Handbuch des deutschen Strafprozesses, 2 Bde., Göttingen 1861/1868

Ziemer-Birkholz: Finanzgerichtsordnung, Kommentar, München 1966

Zinn, Georg August: Der Bund und die Länder, in AöR 75 (1949), 291

Zöller, Richard: Zivilprozeßordnung mit Gerichtsverfassungsgesetz und Nebengesetzen, 10. Aufl., München 1968

Printed by Libri Plureos GmbH
in Hamburg, Germany